非正规部门生产规模及其影响的统计研究

Statistical Research on the Informal Sector Production Scale and Its Influence

徐蔼婷 著

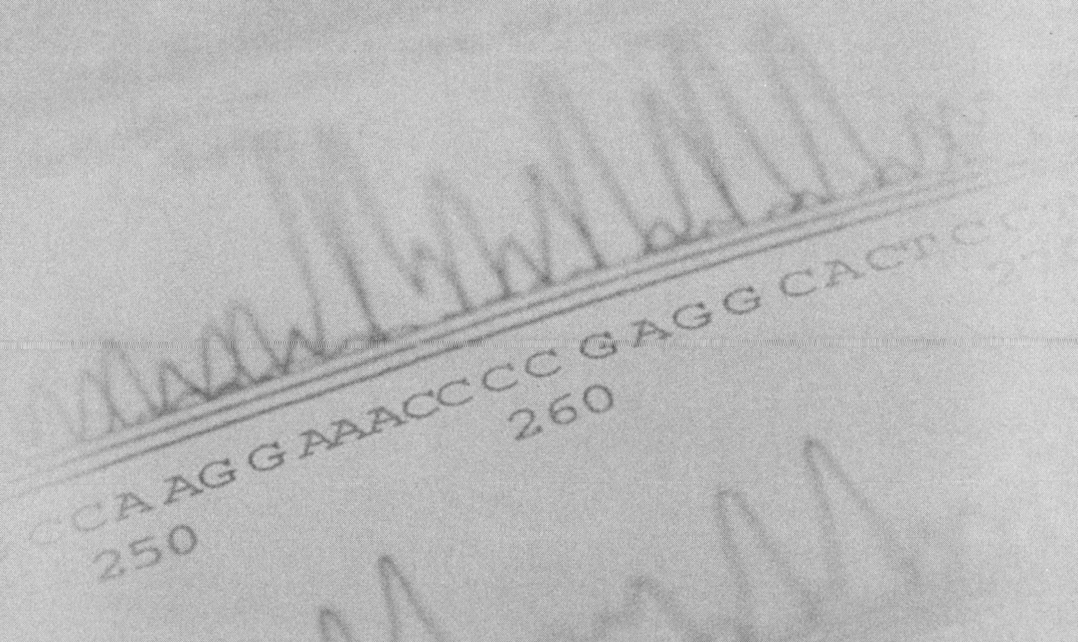

浙江工商大学出版社
ZHEJIANG GONGSHANG UNIVERSITY PRESS

图书在版编目(CIP)数据

非正规部门生产规模及其影响的统计研究 / 徐蔼婷著. —杭州 ：浙江工商大学出版社，2014.2

ISBN 978-7-5178-0431-4

Ⅰ. ①非… Ⅱ. ①徐… Ⅲ. ①非生产领域经济学—生产规模—经济统计—研究—中国 Ⅳ. ①F123.6

中国版本图书馆 CIP 数据核字(2014)第 017839 号

非正规部门生产规模及其影响的统计研究

徐蔼婷 著

责任编辑 梁春晓 尤锡麟

责任印制 汪 俊

封面设计 包建辉

出版发行 浙江工商大学出版社

(杭州市教工路 198 号 邮政编码 310012)

(E-mail:zjgsupress@163.com)

(网址:http://www.zjgsupress.com)

电话:0571—88904980,88831806(传真)

排 版 杭州朝曦图文设计有限公司

印 刷 杭州杭新印务有限公司

开 本 710mm×1000mm 1/16

印 张 15.5

字 数 253 千

版 印 次 2014 年 2 月第 1 版 2014 年 2 月第 1 次印刷

书 号 ISBN 978-7-5178-0431-4

定 价 39.00 元

浙江工商大学出版社营销部邮购电话 0571—88804228

摘　要

自20世纪70年代以来,以小型企业、个体经营户为典型经营方式的非正规部门在全世界发展中国家高速扩展,国际劳工组织(ILO)、世界银行(WB)、诺贝尔和平奖选拔委员会(NPPSC)等国际权威机构一再指陈这一事实。作为世界上最大的发展中国家,中国的这一特征更为显著。非正规部门具有积极作用:拥有巨大的产出潜力,可以弥补正规部门的产出缺口;能提供大量的工作岗位,缓解就业压力;能提高部分居民收入,对扩大内需具有不可低估的作用。但是,毕竟无法摆脱其"低、小、散"的经营特征所带来的工作条件相对劣、创新能力相对弱、产出效率相对低和职工待遇相对差等缺陷,非正规部门的发展致使流入该部门的资源无法实现最优配置。面对不断扩展的非正规部门及其日益凸显的"双刃效应",政府被迫陷入进退两难的政策困境:对非正规部门规模是加以适当遏制还是继续任由扩展?要回答这个问题,首先需要估算非正规部门生产规模,对其产生的各类效应进行量化分析,这就需要借助科学有效的估算方法。本书基于国民经济机构部门视角,通过对非正规部门生产主体、生产范围、表现形式等基本范畴的探讨,尝试提出适合我国国情的非正规部门生产规模估算方法,展开生产规模的实际估算并据此分析非正规部门发展引致的系列效应,提出科学引导该部门发展的政策建议。全书共分七章,各章内容安排如下:

第一章为基于统计视角的"非正规部门生产"内涵探讨。本章致力于明晰估算对象,解析非正规部门及非正规部门生产的统计内涵,基于中国SNA框架对非正规部门生产范围、判断标准、部门归类和表现形式展开系统阐述。同时,为澄清相关研究对系列术语的混淆和误解,本章还区分了非正规部门与非正规就业、非市场生产等类似术语的区别以进一步突显其统计特征。

第二章为非正规部门生产规模估算方法研究。基于对国内外非正规部门生产规模估算方法的设计原理、重难点、应用条件、优缺点及典型运用的情况进行系统阐述和评价，本章尝试提出若干种适合中国国情的非正规部门生产规模估算方法。比如：结合中国现行的统计调查体系和非正规部门特征，本章设计出了以人口普查为依托的非专项调查、以经济普查为依托的非专项调查、基于居民支出角度调查非正规部门生产规模的调查思路；通过对现有基础数据种类、性质、来源及数据间关系的考察，提出了两种估算非正规部门生产规模的间接估算法——数据比较法和劳动力投入分析法。

第三章为非正规部门生产规模的实际估算。以浙江省为例，本章借助数据比较法和劳动力投入分析法对浙江省非正规部门的生产规模进行了实际估算。估算结果显示，数据比较法和劳动力投入分析法是可行的，其估算结果也是合理的。

第四章为非正规部门的产出效应分析。通过对非正规部门综合效应与政策含义的理论归纳，本章基于“非正规部门总量和增速分析”“非正规部门产出弹性分析”“非正规部门对全社会总产出的贡献度与拉动度分析”“非正规部门与全社会总产出的协整检验”和“非正规部门与全社会总产出的因果关系检验”等角度，运用水平分析、速度分析、弹性分析、协整检验、Granger因果关系检验等方法全方位地考察了非正规部门的产出效应。分析表明，非正规部门的产出效应是显著的，其对全社会总产出的贡献是巨大的。

第五章为非正规部门的就业效应分析。通过亚非拉国家、发达国家以及国内文献对非正规部门就业效应贡献证据的归纳，本章围绕“名义非正规部门就业发展的基本描述”“名义非正规部门就业效应测度”“名义非正规部门就业效应解读”“实际非正规部门就业效应测度”和“实际非正规部门就业效应的比较分析”等内容，基于名义和实际两个维度较全面地对非正规部门就业效应进行了测度、比较与分析。分析表明，非正规部门已然成为重要的劳动力吸纳部门之一。

第六章为非正规部门的周期效应分析。基于非正规部门周期性发展规律的理论归纳，本章分整体和高低层两个视角构建并估计非正规部门的周期性反应函数。估计结果并不支持主流观点认可的市场分割假说，“不对称的逆周期”发展轨迹暗示着非正规部门内部并非同质，而存在“高层非正规部门”和“低层非正规部门”的分化。面对在衰退期比繁荣期更为敏感的特征，我们提出了一种理论假说，即非正规部门发展是受经济周期与正规部门后向关联效应相互作用的一个可解释的结果。进一步地，利用投入产出表的相关数据证实了上述假说。

第七章为研究总结与政策启示。本章概括了本书得出的结论，分析了本书的不足之处，探讨了本书研究的政策启示。

徐蔼婷

2013 年 7 月

目　录

导 论

一、问题的提出

自20世纪70年代以来，以小型企业、个体经营户为典型经营方式的非正规部门在全世界发展中国家高速扩展，国际劳工组织（ILO）、世界银行（WB）、诺贝尔和平奖选拔委员会（NPPSC）等国际权威机构均一再指陈这一事实。中国作为世界上最大的发展中国家，这一特征更为显著。刚刚结束的第二次经济普查显示，非正规部门中占有相当比重的私营企业与有证照个体经营户数分别比2004年增长了81.4%和31.4%（国家统计局，2009），在国民经济结构中占据越来越重要的地位。非正规部门具有积极作用：拥有巨大的产出潜力，可以弥补正规部门的产出缺口，满足广大中低收入者的消费需求；能提供大量的工作岗位，缓解就业压力；能提高部分居民收入，对扩大内需具有不可低估的作用。但是，非正规部门毕竟无法摆脱其“低、小、散”的经营特征所带来的工作条件相对劣、创新能力相对弱、产出效率相对低和职工待遇相对差等缺陷，致使流入该部门的各类资源无法实现最优配置。同时，非正规部门的这种特征也直接加大了政府的规制成本与治理难度。面对不断发展的非正规部门及其日益凸显的“双刃效应”，政府被迫陷入进退两难的政策困境：对非正规部门规模是加以适当遏制还是继续任由其扩展？要回答这个问题，就需要对非正规部门的规模进行估算，对其产生的各类效应进行科学的量化分析。因此，估算非正规部门的规模并量化其效应，已成为现阶段迫切需要解决的问题之一。

我们高兴地看到，经过长达10年的修订工作，欧盟（EC）、国际货币基金组织（IMF）、联合国（UN）、经济合作发展组织（OECD）和世界银行（WB）五大国际机构联合推出了2008版国民经济核算体系（简称2008版SNA）。在2008版SNA中，“非正规部门”作为独立的修订主题被列入了国民经济机构部门分类，并作为住户部门的子部门与政府部门、金融机构部门、非金融企业部门等其他机构部门共同构成了国民经济运行的主体，共同参与以产品实物运动和货币资金运动为表现形式的国民经济运行全过程。这无疑为基于国民经济系统开展非正规部门研究支起了新的框架。

基于上述背景，本书紧扣2008版SNA核定的“Informal Sector”概念，基于国民经济机构部门视角对非正规部门生产规模的估算方法展开了探索并实际估算了其生产规模,本书进一步较全面地考察了非正规部门的产出效应、就业效应和周期效应。本书研究具有如下意义:

首先,可以提升非正规部门的研究高度,完善非正规部门理论。以往对非正规部门的研究大多局限于劳动力市场或生产环节,缺乏基于国民经济运行内在联系的整体研究。将非正规部门纳入 2008 版 SNA 框架进行研究,则可以全面梳理这一"新机构部门"与其他机构部门间的脉络关系,明确其在社会再生产各环节及国民经济整体系统中的地位,从而也进一步完善了非正规部门理论。

其次,可以为进一步推进我国国民经济核算工作积累经验。从 MPS 到 1993 版 SNA,再到 2008 版 SNA,我国国民经济核算理论和实践经历着"转变→适应→完善→发展"的轨迹。可以预见,以 2008 版 SNA 为蓝本,我国必将进一步推进国民经济核算工作,必将开展一系列结合我国国情的研究工作。因此,本书的研究不仅可以检验最新 SNA 的修订意义,更可为我国国民经济核算工作的全面有效推进积累一定的经验。

最后,可以为科学制定非正规部门引导政策提供依据。与国内研究从就业性质角度判断"非正规"属性不同,本书根据生产单位性质来确定"非正规"属性,这不仅便于通过对非正规部门就业规模变化和非正规部门产出规模变化的考察,实现非正规部门对劳动就业与经济增长影响的综合回应,更可满足基于宏观视角开展非正规部门研究的基本要求,为科学制定非正规部门的引导政策提供现实依据。

二、研究目标与整体框架

(一)研究目标

本书的研究目标是基于国民经济机构部门视角,通过对非正规部门生产主体、生产范围、表现形式等基本范畴的分析,提出适合我国国情的非正规部门生产规模估算方法并开展生产规模的实际估算,据此分析非正规部门发展引致的系列效应,提出科学引导非正规部门发展的政策建议。

(二)整体框架

本书遵循"明确估算对象→阐述估算方法→进行实际估算→展开效应分析"的基本思路,整体研究框架如图 1 所示。

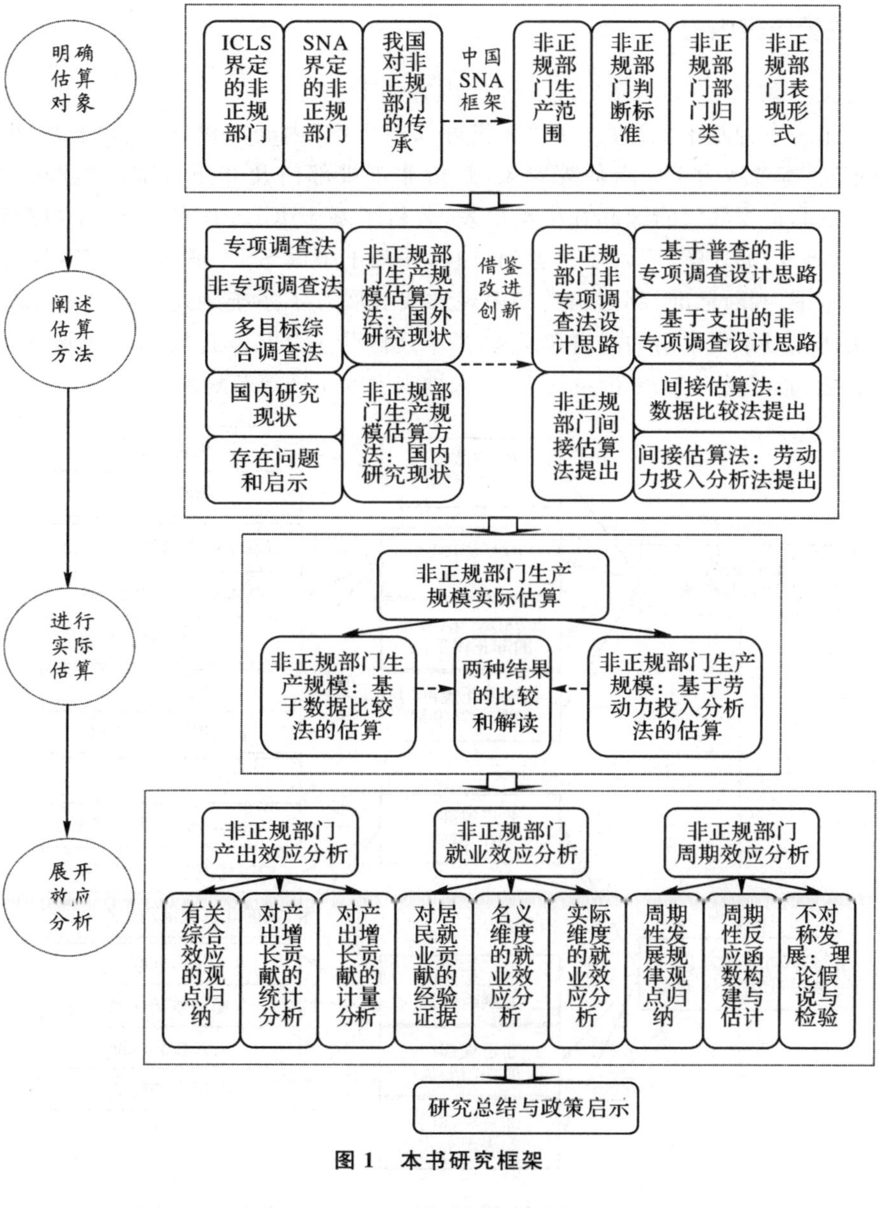
明确估算对象
阐述估算方法
进行实际估算
展开效应分析
ICLS界定的非正规部门
SNA界定的非正规部门
我国对非正规部门的传承
中国SNA框架
非正规部门生产范围
非正规部门判断标准
非正规部门归类
非正规部门表现形式
专项调查法
非专项调查法
多目标综合调查法
国内研究现状
存在问题和启示
非正规部门生产规模估算方法：国外研究现状
非正规部门生产规模估算方法：国内研究现状
借鉴改进创新
非正规部门非专项调查法设计思路
非正规部门间接估算法提出
基于普查的非专项调查设计思路
基于支出的非专项调查设计思路
间接估算法：数据比较法提出
间接估算法：劳动力投入分析法提出
非正规部门生产规模实际估算
非正规部门生产规模：基于数据比较法的估算
两种结果的比较和解读
非正规部门生产规模：基于劳动力投入分析法的估算
非正规部门产出效应分析
非正规部门就业效应分析
非正规部门周期效应分析
有关综合效应的观点归纳
对产出增长贡献的统计分析
对产出增长贡献的计量分析
对居民就业贡献的经验证据
名义维度的就业效应分析
实际维度的就业效应分析
周期性发展规律观点归纳
周期性反应函数构建与估计
不对称发展：理论假说与检验
研究总结与政策启示

图 1 本书研究框架

三、主要研究内容

全书共分七章，各章的主要研究内容如下：

第一章为基于统计视角的“非正规部门生产”内涵探讨（研究内容如图 2 所示）。本章致力于明晰估算对象，解析非正规部门及非正规部门生产的内涵。从非正规部门的缘起和传承出发，分析了基于 ICLS 视角和 SNA 视角对非正规部门的理解，厘清了两者的分歧，并基于中国 SNA 框架对非正规部门生产范围、判断标准、部门归类和表现形式等展开了系统阐述。同时，为澄清相关研究对系列术语的混淆和误解，本章还区分了其与非正规部门就业、非正规就业、非市场生产、未记录的生产、未被观测的生产等范畴的区别。

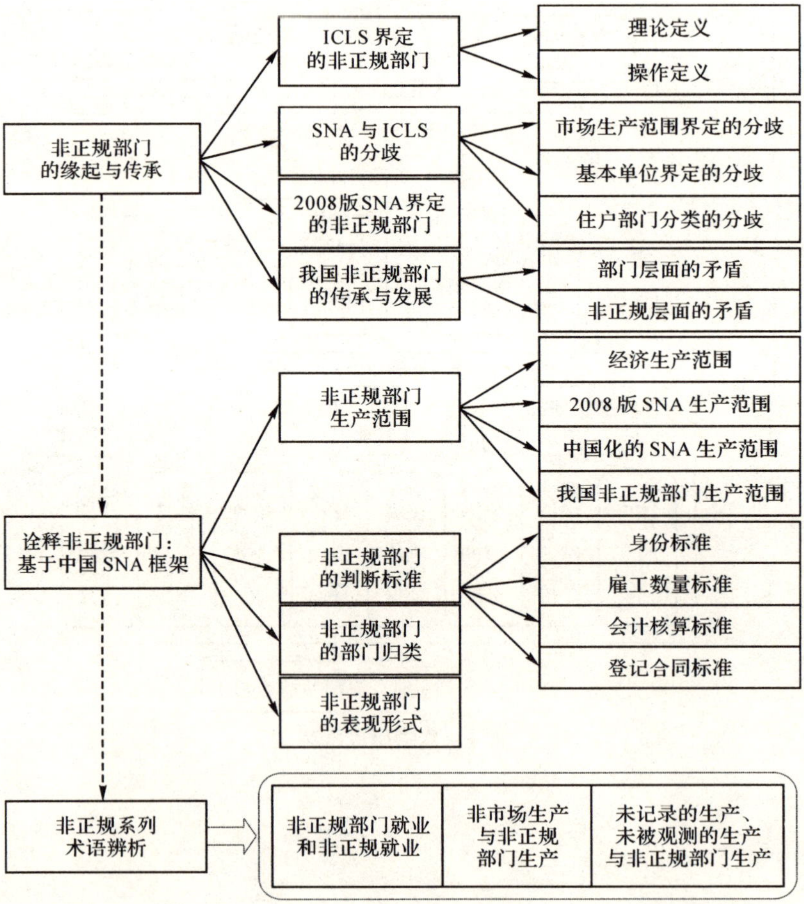

图 2　第一章主要内容

第二章为非正规部门生产规模估算方法研究(研究内容如图 3 所示)。围绕“非正规部门生产规模估算方法:国外方法”和“非正规部门生产规模估算方法:国内方法”两个主题,对目前国际上流行的非正规部门规模估算方法进行梳理。本章对各方法的设计原理、重难点、应用条件、优缺点及典型运用情况进行系统阐述和评价,全面展现了非正规部门规模估算方法的研究水平。基于此,本章一方面结合中国现行的统计调查体系和非正规部门特征,重点探讨了运用直接调查法来估算我国非正规部门生产规模的可行性,给出了以人口普查为依托的非专项调查、以经济普查为依托的非专项调查、基于居民支出角度调查非正规部门生产规模的设计思路。另一方面,本章通过对中国现有有关非正规部门基础数据种类、性质、来源及数据间关系的考察,提出了非正规部门生产规模的两种间接估算法——数据比较法和劳动力投入分析法。

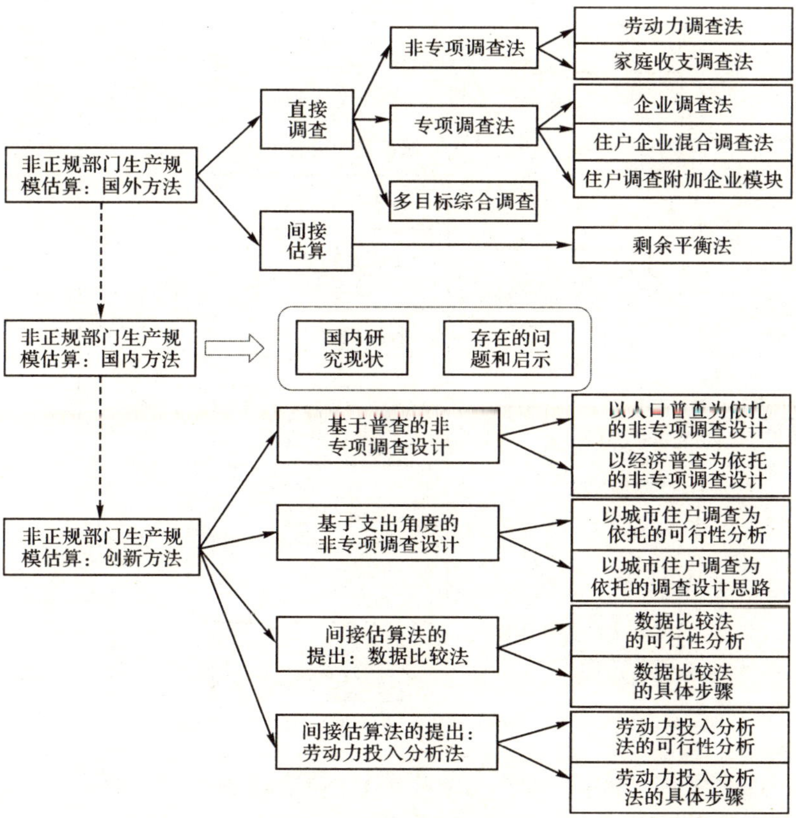

图 3 第二章主要内容

第三章为非正规部门生产规模的实际估算——以浙江省为例(研究内容如图 4 所示)。以浙江省为例,本章借助数据比较法和劳动力投入分析法对浙江省非正规部门的生产规模进行了实际估算,并对两种估算结构进行了比较和解读。估算结果显示,数据比较法和劳动力投入分析法是可行的,其估算结果也是合理的。

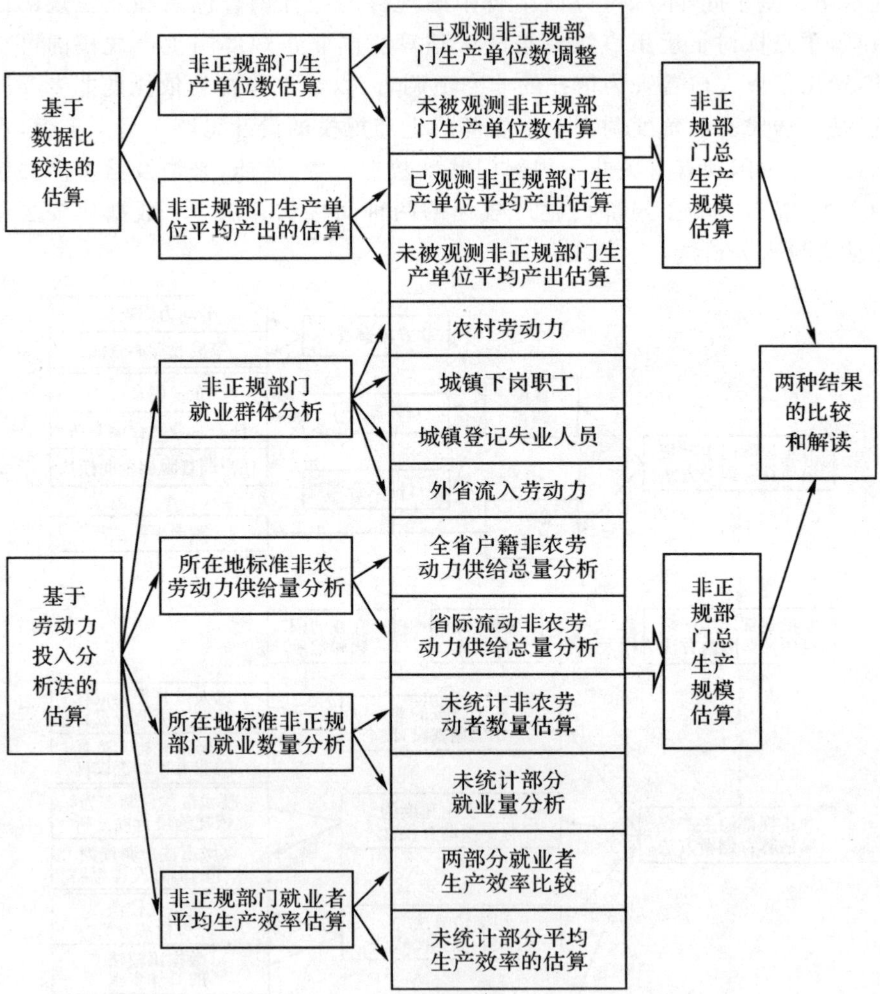

图 4　第三章主要内容

第四章为非正规部门的产出效应分析(研究内容如图 5 所示)。通过非正规部门综合效应与政策含义的理论归纳,本章基于“非正规部门和全社会实际总产出的总量和增速分析”“非正规部门的产出弹性分析”“非正规部门对全社会实际总产出的贡献度与拉动度分析”“非正规部门与全社会总产出的协整检验”和“非正规部门与全社会总产出的因果关系检验”等角度，运用水平分析、速度分析、弹性分析、协整检验、Granger 因果关系检验等方法全方位地考察了非正规部门的产出效应。分析表明，非正规部门的产出效应是显著的，其对全社会总产出的贡献是巨大的。

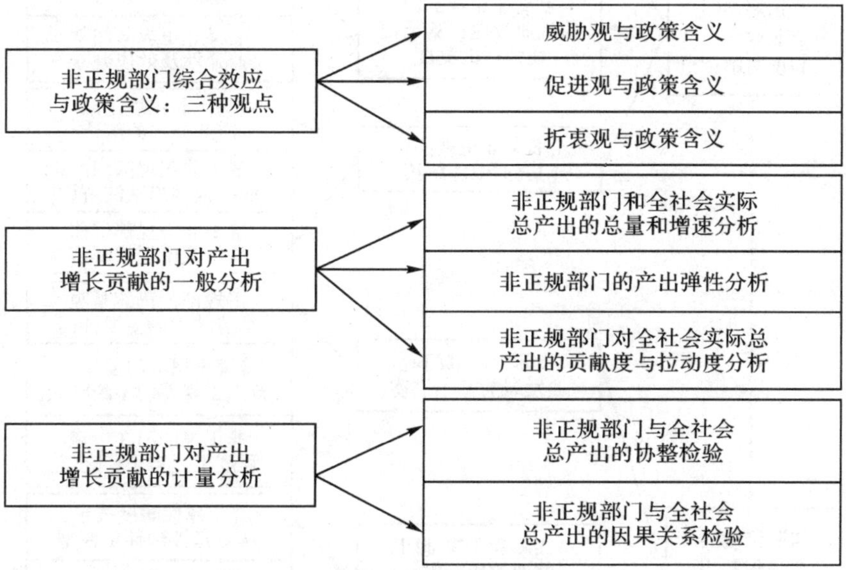

图 5 第四章主要内容

第五章为非正规部门的就业效应分析（研究内容如图 6 所示）。通过亚非拉国家、发达国家以及国内文献对非正规部门就业效应贡献证据的归纳，本章围绕“名义非正规部门就业发展的基本描述”“名义非正规部门的就业效应测度”“名义非正规部门就业效应解读”和“实际生产部门就业发展的基本描述”“实际非正规部门就业效应测度”“实际非正规部门就业效应的比较分析”等内容，基于名义维度和实际维度较全面地对非正规部门就业效应进行了测度、比较与分析。分析表明，非正规部门对缓解全社会的就业压力起着不可低估的作用，已然成为重要的劳动力吸纳部门之一。

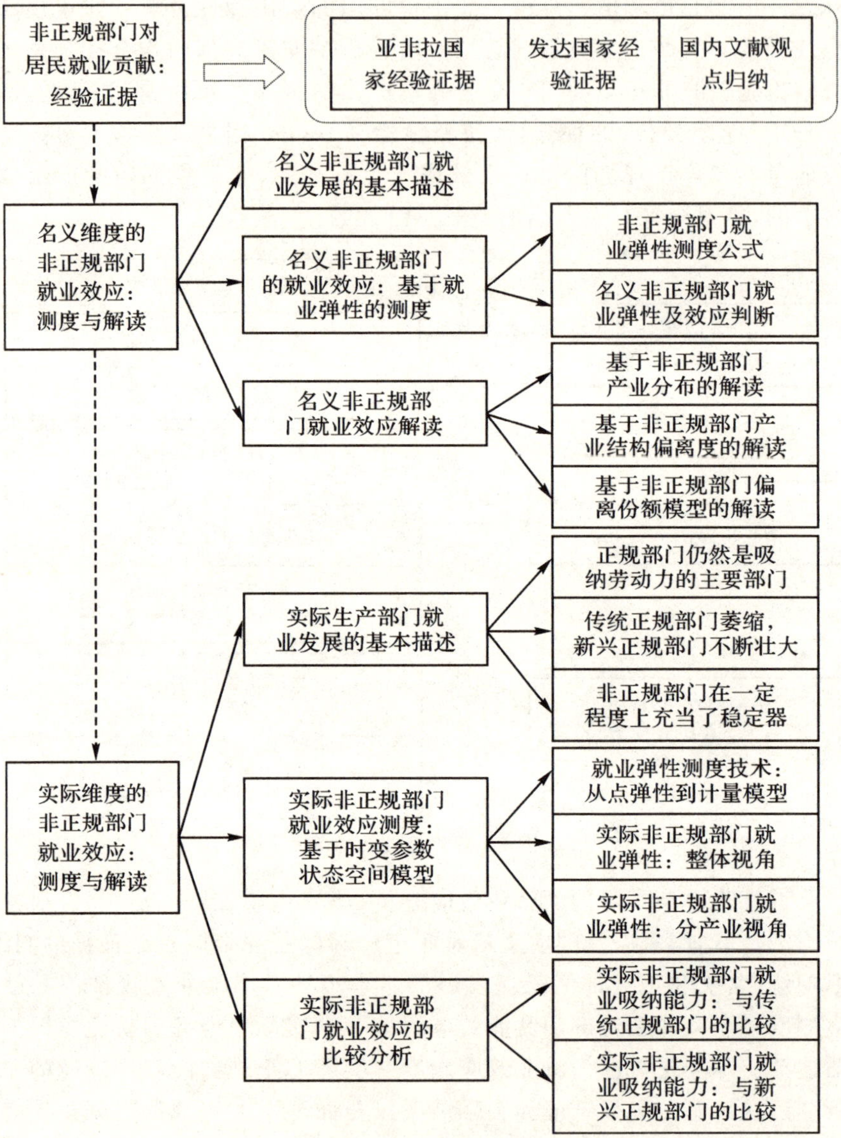

图 6　第五章主要内容

第六章为非正规部门的周期效应分析（研究内容如图 7 所示）。基于非正规部门周期性发展规律的理论归纳，本章分整体和高低层两个视角构建并估计非正规部门的周期性反应函数。估计结果并不支持主流观点认可的市场分割假说，“不对称的逆周期”发展轨迹暗示着非正规部门内部并非同质，而存在"高层非正规部门"和"低层非正规部门"的分化。面对在衰退期比繁荣期更为敏感的特征，笔者提出了一种理论假说，即非正规部门发展是受经济周期与正规部门后向关联效应相互作用的一个可解释的结果。进一步地，利用投入产出表的相关数据证实了上述假说。

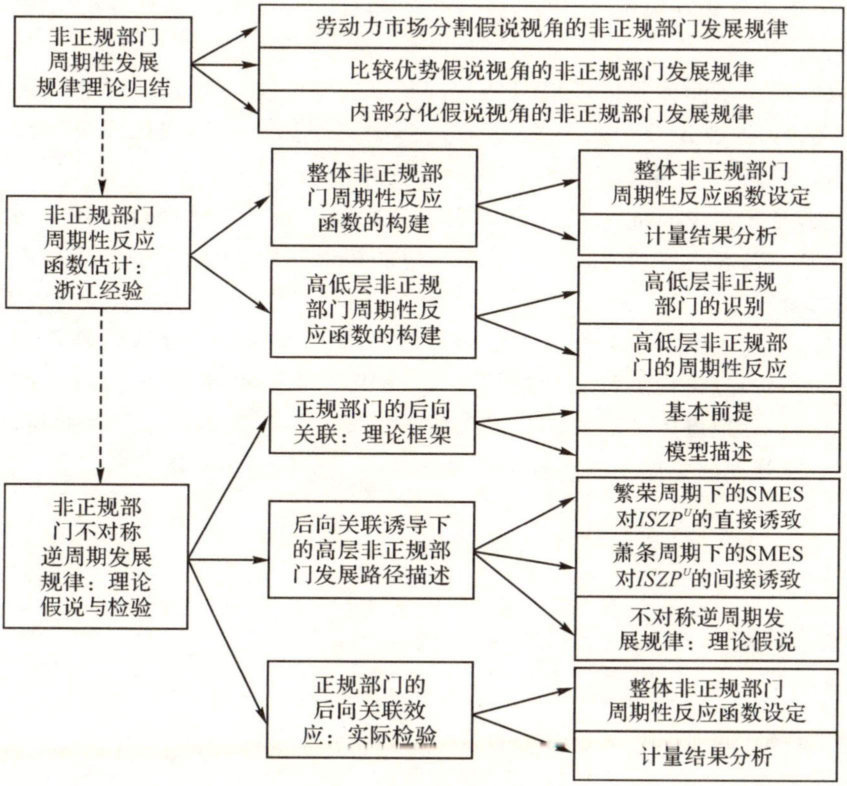

图 7 第六章主要内容

第七章为研究总结与政策启示。本章概括了全书得出的结论，从数据、方法和效应分析三方面对研究的不足进行了总结，并基于官方统计机构和经济政策制定者两方面探讨了项目研究的政策启示。

四、本书的创新点

本书研究具有以下几点创新之处：

(1)不同于国内已有文献基于就业特征视角考察非正规部门的规律及相关现象，本书紧扣 2008 版 SNA 核定的新标准，基于机构部门视角考察了非正规部门的中国化特征，在统一对非正规部门整体认识的同时，也为开展非正规部门及相关现象的研究提供了一个全新的分析视角。

(2)提出了若干种适合中国国情的非正规部门非专项调查思路。本书结合现行的统计调查体系，提出了以人口普查为依托的非专项调查、以经济普查为依托的非专项调查、基于居民支出角度开展非正规部门生产规模调查的设计思路。

(3)提出了两种非正规部门生产间接估算法。本书通过对现有基础数据种类、性质、来源及数据间关系的考察，提出了两种非正规部门生产规模的间接估算法——数据比较法和劳动力投入分析法。

(4)基于国民经济核算框架，本书较全面地分析了非正规部门发展引致的系列效应，客观展现了我国非正规部门的积极作用，揭示了非正规部门的宏观发展规律。

(5)不同于国内已有文献基于整体视角及静态视角考察非正规部门的发展，本书通过机构单位的筛选与分类，触及了非正规部门内部的"二次分化"并创新性地提出了诠释正规部门与非正规部门关系的产业关联假说，为解释非正规部门发展及制定科学的非正规部门引导政策提供了新证据。

第一章 基于统计视角的『非正规部门生产』内涵探讨

一个好的概念体系要为所研究的事物在现实世界中的测量提供一个兼备信度和效度的指导性框架。欲估算非正规部门的生产规模并对其产生的影响进行定量分析，一个必要的前提就是明确估算对象，为“非正规部门生产”界定一个清晰的范围。现有文献显示，对“非正规部门生产”的理解根源于“非正规部门”内涵的历史演化，我们的探讨也从“何为非正规部门”开始。

第一节 “非正规部门”的缘起与传承

“非正规部门(Informal Sector)”一词最早出现在美国经济人类学家Hart于1971年写的一篇讨论加纳城市就业的论文中。1972年，国际劳工组织(ILO)在报告《就业、收入和平等：肯尼亚增加生产性就业的战略》中引用了该术语，并将“那些未被政府承认、记录、保护和管理的经济现象”统称为非正规部门。ILO并未对非正规部门下一严格的定义，而仅仅归纳了其部分特征，如“进出市场相对容易、对当地资源具有较强的依赖性、一般为家庭所有、经营规模较小、技术含量低、具有较强的市场竞争性、劳动者往往通过非正规教育系统获得相关技能等”[①]。然而，“非正规部门”术语一经提出就得到了世界各国，特别是发展中国家的广泛关注。一些权威的国际机构，如联合国(UN)、世界银行(WB)、经济合作与发展组织(OECD)、国际劳工组织(ILO)等，也纷纷开始研究非正规现象，衍生出对非正规部门的种种理解。

很长一段时间内，不同国家赋予“非正规部门”不同的含义。在欧洲国家及部分说法语的非洲国家中，非正规部门被认为是由不遵守法律法规的单位组成；在拉丁美洲、亚洲及部分说英语的非洲国家中，则视非正规部门为一种特殊的生产形式，需依据企业的组织形式和活动开展方式予以性质界定；美国经济学家Portes和Castells(1989)认为非正规部门是“在社会环境中所有与有系统管理的经济活动相区别的、无管理的、赚取收入的活动”[②]；秘鲁经济学家Soto和Schmidheiny(1991)的观点则更为独到，他们认为非正规部门是“个体所从事的独立于国家机构和法律范围的经济活动”[③]；世界银行(WB)在1990年出台的《世界发展报告》中认为：“非正规部门的收

---

① ILO, 1972, *Employment, Income and Equality: A Strategy for Increasing Productive Employment in Kenya*, Geneva: ILO Publication.

② Alejandro Portes, Manuel Castells, Lauren Benton, 1989, *The Informal Economy: Studies in Advanced and Less Developed Countries*, Baltimore: Johns Hopkins University Press.

③ De Soto H, Schmidheiny S, 1991, *The New Rules of the Game: towards Sustainable Development in Latin America, Bogota, Comobia*, Fundacion Parael Desarrollo Sostenible, Editorial Oveja Negra.

入结构和活动是多种多样的，其主要由一个人开设的公司和只有几个学徒（多为亲属）和雇佣工人的小公司构成。”此外，也有人将各种未付酬的服务活动视为非正规活动，如家庭主妇的家务劳动、抚养小孩、志愿者工作等。总体而言，尽管非正规部门受到了普遍关注，但在文献中的含义局限于“政治性”“法律性”“地理性”的特殊现象。

一、ICLS 界定的非正规部门

为量化非正规部门对 GDP 的贡献，在 1991 年召开的第 78 届国际劳工大会上，与会者一致认为应基于生产单位性质的角度来界定非正规部门，而非劳动者工作性质的角度。大会报告《局长报告：非正规部门的困境》强调了非正规部门对广大发展中国家的贡献，并再次界定了非正规部门是“存在于发展中国家城市地区的那些低收入、低报酬、无组织、无结构的小规模生产或服务单位”①。1993 年 1 月，第 15 届国际劳动统计学家大会（ICLS）发布了《关于非正规部门就业统计的方案》。在该方案中，国际劳工组织（ILO）正式核准了非正规部门的理论定义与操作定义，细分了其主体构成，提出了若干判断标准。②

（一）理论定义

ICLS 指出，所谓非正规部门是“以为有关人员创造就业机会和提供收入为主要目的从事市场生产活动的单位”。通常这些单位组织水平低下、经营规模微小，作为生产要素的劳动力和资本区别甚小；其就业者的劳动关系并非基于具有保障的正规合同协议，而往往形成于个人的社会关系。

（二）操作定义

1. 概念

从统计角度看，非正规部门可视为一系列住户非法人企业的合成，其单位性质与国民经济核算体系中的住户非法人企业（Household Enterprises）相当。

---

① ILO，1991，*The Dilemma of the Informal Sector*，*Report of the Director-General*，International Labour Conference，78th Session，Geneva.

② ILO，1993，*Resolution Concerning Statistics of Employment in the Informal Sector*，Adopted by the 15th International Conference of Labour Statisticians（January 1993）.

2. 分类

非正规部门归为两类：一类为非正规自给性企业（Informal Own-account Enterprise）。该类企业是指劳动者单独或与住户成员（也可以是其他住户成员）合伙所有并经营的住户企业，它不需连续雇用家庭工人或雇员，但允许偶尔雇用工人。另一类为非正规雇主企业（Informal Employer Enterprise）。该类企业是指劳动者单独或与住户成员（也可以是其他住户成员）合伙所有并经营的住户企业，它常常连续雇用工人。

3. 判断标准

ICLS强调，对非正规部门的识别与生产地点、固定资产使用情况、生产持续时间、从事主要生产还是辅助生产等特征无关。识别非正规自给性企业和非正规雇主企业依据不同的判断依据。对于前者，主要根据“单位是否注册”标准来判断，即企业是否按照工厂法、商业法、税收法、保险法、职业组织管理法等法令法规向有关政府机构进行登记。鉴于非正规自给性企业一般不履行登记义务，因此，在部分国家，非正规部门可能覆盖所有的自给性企业；而对部分国家而言，非正规部门可能仅涉及其中的未注册部分。对非正规雇主企业的判断，ICLS认为至少需满足以下标准中的一条：①企业未达到一定的规模。ICLS建议，可用连续雇用的工人数来衡量企业规模。对存在多个基层单位的企业而言，仅当各基层单位的雇员数量均未超过规定规模的上限时才可被视为非正规雇主企业。②单位未注册（按非正规自给性企业的方式予以确定）。③雇员未注册。如果雇员没有与雇主签订就业合同或学徒合同，可认为该企业的雇员未注册。

4. 生产单位及范围的特殊规定

ICLS对非正规部门的生产范围及部分生产主体予以了特殊规定，分别是：①不包括非市场生产。为有效开展就业统计，ICLS不建议将非市场活动纳入非正规部门生产范围，即住户成员为自身最终使用而从事的货物与服务生产被排除于非正规部门生产范围之外。②不包括农业活动。ICLS指出，区分正规部门和非正规部门的主要动机是出于对广大发展中和落后国家经济情况的考虑，将农业活动纳入非正规部门的调查内容是不合适的。一方面，在广大发展中和落后国家中，农业仍然是支撑国民经济的支柱，大量住户家庭以从事农业活动为主。纳入农业生产活动将极大提升非正规部门的数据采集成本，对资金并不宽裕的组织者来说势必对调查质量的控制带来负面的影响。另一方面，在多数发展中及落后国家，农业普查或相关的农业专业调查已相对完善，住户家庭从事的农业活动通常已包括在农业专项调查范围中，如若再将农业生产活动纳入非正规部门的调查范围，不免显得重复和累赘。[①] ③外聘工人可视为非正规部门构成。ICLS 认同 SNA 对外聘工人（Outerworker）的定义，建议一旦其所服务的企业满足判断标准，则将外聘工人纳入非正规部门。[②] ④部分从事专业技术活动的自雇佣个人可视为非正规部门构成。ICLS 建议，对于医生、律师、会计师、建筑师、工程师等自雇佣个人而言，不应以较高的技术水平或其他原因将其从非正规部门中排除，对提供专业技术服务的自雇佣个人的判断标准应与其他企业一致。

ICLS 的贡献无疑是巨大的，它将原先趋于分散、杂乱、片面，甚至错误的定义进行了规整、概括和提升。然而，将上述建议与标准应用于各国实践时，许多问题仍然无法找到充分依据，如究竟该如何确定企业的规模标准，无须注册的单位是否归属于非正规部门，付酬家庭雇员提供的服务是否应纳入非正规部门的生产范围，是否应考虑住户的自给性货物生产等。更为重要的是，ICLS 对市场生产（Market Production）的认定，对部门（Sector）、企业（Enterprise）、非法人企业（Unincorporated Enterprise）、住户（Household）等基本单位的理解与普遍接受的 SNA 呈现较多的分歧，无法进行对接。因此，ICLS 终将非正规部门界定成一种“分析的、政治的”概念，而非“统计的”概念[③]。

二、SNA 与 ICLS 的分歧

以“更新、澄清、简化与协调一致”为指导思想的 1993 版 SNA 引入了“非正规部门”，将其列于第四章“住户及其子部门（The Household Sector and Its Subsectors）”下属内容，并在附录中转载了 ICLS 的决议。然而，除沿袭 ICLS 的决议之外，SNA 并未就协调 ICLS 与 SNA 的概念分歧、非正规部门的机构归属与细分、非正规部门生产的估算方法等问题提出任何建议。综合来看，1993 版 SNA 与 ICLS 的主要分歧体现在以下方面：

---

① ILO, 1993, *Resolution Concerning Statistics of Employment in the Informal Sector*, Adopted by the 15th International Conference of Labour Statisticians(January 1993).

② 1993 版 SNA 认为，所谓外聘工人是指根据事先安排或合同，为某一企业工作或为其提供产品与服务，但工作地点不属于该企业任何机构单位的工人，详细情况可参见 1993 版 SNA，第 7 章第 26 节（7.26）。

③ 吴润生、左颖：《关于中国开展非正规部门核算的几个问题》，《统计研究》2001 年第 5 期。

(一)分歧之一:市场生产范围的界定

1993 版 SNA 具有独特的生产观,它将生产活动归为三类:市场生产、为自身最终使用的生产和其他非市场生产。其中,市场生产是指“以具有经济意义的价格在市场上销售大部分或全部产品的生产活动”。SNA 在突出产品交易需具有“经济意义”的价格为前提的同时,强调了交易产品的“大部分或全部”的数量特征。

不同的是,出于对市场交换行为的强调,ICLS 将生产活动分为“市场生产”和“为自身最终使用的生产”两类,更将 SNA 界定生产属性所依赖的“大部分或全部产品”原则替换为“一些或全部产品”原则。如此一来,市场生产的范围被放大,大多数农民的生产活动可能因偶然的非农劳动雇佣行为而被纳入市场生产范围,尽管其大部分农产品并未进行市场交换。

(二)分歧之二:基本单位的界定

1. 企业(Enterprise)

根据活动性质及地点的异质性,1993 版 SNA 将基本生产单位分为“机构单位(Institutional Unit)”和“基层单位(Establishment)”两类。其中,机构单位是指能以自己的权利拥有资产、承担负债、从事经济活动,能与其他实体进行交易并可编制出一整套会计账户的经济实体。在实际经济活动中,机构单位体现为两种形式:一类是个人或以住户形式存在的个人群体;另一类则是得到法律或社会承认的法律实体及社会实体,如企业(Enterprise)[①]、政府单位和非营利机构。基层单位是结合经济活动性质和地点对单位进行的分类,指位于一个地点、仅从事一种生产活动,或虽然从事几种活动,但其主要活动的增加值占绝大比重的单位。[②] 机构单位和基层单位之间的最大区别在于前者具有法律和财务上的独立自主权,能编制一套完整的会计账户;而后者只在生产领域中具有相对的组织管理权,不能够独立地拥有货物或资产、得到收入和支出。

与 SNA 相比,ICLS 提供了一个宽泛的企业概念。并非基于法律地位

---

① 一般地,企业(Enterprise)与公司(Corporation)同义。

② 基层单位可根据具体活动类型、地点、生产性质等标准进一步细分,分化出诸如“活动类型单位”“本地单位”“同质生产单位”等术语。

而以从事市场生产活动为必要前提，ICLS 所谓的“Enterprise”与“市场生产单位（Market Production Unit）”相当。约束条件的放松使得企业的门槛大为降低，不仅居民群体可构成企业，居民个人也可被视为一个企业；同时，市场生产范围的拓展又进一步丰富了企业类型。ICLS 理解的企业类型包括具有固定地点和雇佣工人的生产单位，包括归劳动者个人所有并单独经营的生产单位，甚至还包括没有固定地点的自雇佣劳动个人，如街头流动商贩、出租车司机等。

2. 住户（Household）

与 Enterprise 一样，1993 版 SNA 将 Household 视为机构单位的一种形式，并将其定义为“共享同一生活设施、部分或全部收入和财产，共同消费住房、食品等商品和服务的常住个人或个人群体”①。为突显住户的“共同”特征，如共同拥有资产、共同承担责任、共同做出消费决策等，SNA 重视住户成员与住户整体的差异，住户成员并不构成单独的机构单位。进一步地，SNA 基于多个视角对住户进行了考察，如生产角度、收入角度、消费角度等，以此形成不同的归类。

ICLS 对 Household 的理解体现出两方面差异：①重视个体行为，忽视“共同”特征。ICLS 将住户成员视作独立的生产单位，将多成员住户家庭一一分化成独立的个体。②重视生产行为，忽视其他特征。ICLS 并不考察住户家庭的消费结构及收入来源，唯一关注的是住户成员是否发生生产行为。

3. 部门（Sector）

部门（Sector）是国民经济机构部门分类的结果，是机构部门的简称。1993 版 SNA 在常住机构单位的基础上将整个国民经济分成五个相对独立的部门：非金融公司部门、金融公司部门、一般政府部门、为住户服务的非营利机构部门、住户部门。SNA 对各机构部门的界定侧重于对一系列账户的形成和描述，如生产与收入形成账户、收入分配与再分配账户、收入使用账户、积累账户等。

根据 ICLS 的理解，部门只是市场生产单位的分类结果。ICLS 在市场生产单位的基础上将从事市场生产的单位划分为正规部门和非正规部门。ICLS 对各部门的界定仅围绕生产行为，因此，非正规部门或正规部门并不

---

① UN, EC, IMF, et al., 1993, *System of National Accounts* 1993, Brussels/Luxembourg, New York, Paris, Washington D C.

能形成一系列账户，而仅能形成产值、中间消耗、收入形成等与生产活动相关的项目。

(三)分歧之三:住户部门分类

1. SNA 的"四分法"

SNA 对住户部门采取四分法。首先，出于对没有充分自主行动能力或自主经济决定权的考虑，SNA 将"在特殊机构中永久居住，或准备长时间居住的住户，如在修道院中生活的宗教团体成员、医院的长期病患、长期服刑的囚犯和长期居住在养老院的老人等"分离出来，命其名为"机构住户"。其次，根据是否从事 SNA 生产活动，将其余住户划分成"自然人住户(Natural Household)"和"非法人企业住户(Unincorporated Enterprises Household)"两类。其中，自然人住户不从事 SNA 生产活动，主要指永久居住，或准备长时间居住的自然人，其对经济事务不具备充分的决策权和自主权。非法人企业住户从事 SNA 生产活动，包括从事用于交换的非农生产活动，也包括从事供住户成员自身消费的农业生产活动。一般地，非法人企业住户的资产归住户成员所有，企业主需以个人身份承担生产过程中债务或欠款的无限责任。非法人企业主通常具有双重身份:作为资产的拥有者，企业主负责整个企业的创办和管理;作为生产者，企业主也提供部分的劳动供给。第三，根据生产目的，非法人企业住户可进一步细分成"非法人市场企业住户(Unincorporated Enterprises Household for Market Production)"和"非法人自用企业住户(Unincorporated Enterprises Household for Own Use)"。前者主要从事市场销售(或实物交换)的商品生产，以获取货币收入为主要生产目的;后者主要从事满足自身需求的商品生产，但并不排除当产品出现剩余时偶尔出售剩余产品的行为，如农户出售多余的农产品等。

需要指出的是，SNA 将"从事自用住房服务的住户和雇用家庭工人的住户"视为非法人企业，并归入"非法人自用企业住户"类别。

2. ICLS 的"三分法"

ICLS 并未涉及所有的住户类型，而是以经济生产活动为筛选前提。基于对"住户""企业"和"市场生产活动"的认识，ICLS 将住户部门分为"住户"和"企业"两类。前者是对从事非市场生产活动住户的合称，后者则是对从事市场生产活动住户的合称。进一步地，根据企业规模、会计核算账户、单位或员工的注册情况将企业细分为"非正规部门企业"和"正规部门企业"，由此形成“住户”“非正规部门企业”和“正规部门企业”的划分。

与 SNA 不同的是，ICLS 并没有将“从事自用住房服务的住户和雇用家庭工人的住户”归入企业类别，原因是两种活动均不属于市场生产(表 1-1)。

表 1-1　SNA 和 ICLS 对住户部门的不同归类

<table>
<tr><th>SNA“四分法”</th><th>ICLS“三分法”</th></tr>
<tr><td>非法人市场企业住户</td><td rowspan="2">正规部门企业</td></tr>
<tr><td rowspan="2">非法人自用企业住户</td></tr>
<tr><td>非正规部门企业</td></tr>
<tr><td>自然人住户</td><td>住户</td></tr>
<tr><td>机构住户</td><td>/</td></tr>
</table>

三、2008 版 SNA 界定的非正规部门

如何解决 ICLS 与 SNA 的分歧进而将非正规部门彻底纳入 SNA 框架便成为对 1993 版 SNA 修订的重要议题之一。(Ivo Havinga et al., 2006) 2009 年 12 月，经过近 10 年修订形成的 2008 版 SNA 正式发布，其第 25 章以“经济的非正规方面(Informal Aspects of the Economy)”为题，对非正规部门及相关概念进行了专门探讨。(EC et al., 2009)

为将非正规部门有效纳入 SNA 框架，在第 479 页中，2008 版 SNA 提出了基于住户部门机构单位识别非正规部门的步骤。第一步，将“非法人市场企业住户”直接纳入非正规部门；第二步，剔除“自然人住户”“机构住户”和非法人自用企业住户中的“生产自用住房服务的住户和雇用家庭工人的住户”；第三步，根据产品的自用程度来识别剩余的非法人自用企业住户。具体来看，当所有产品均由住户自身消费时，该住户不属于非正规部门；当住户成员消费大部分产品(并非全部)时，则其归入非正规部门。据此，原有的机构部门(特别是住户部门)重新按照登记行为、雇员规模、生产目的和市场行为的差异进行了细分(表 1-2)，细分后的子部门——“具有市场行为的企业(表 1-2 中阴影部分)”就与 ICLS 定义的非正规部门相当。至此，非正规部门实现了与 SNA 的对接，并作为住户部门的子部门与公司部门、政府部门、为住户服务的非营利机构等其他机构部门一并构成国民经济系统的主体。

表 1-2　ICLS 定义的非正规部门与 2008 版 SNA 的对应关系

<table>
<tr><td>政府</td><td>公司</td><td colspan="8">住户</td><td>非营利机构</td></tr>
<tr><td rowspan="4"></td><td rowspan="4"></td><td>登记或雇员数大于限额</td><td colspan="3">自雇佣
（非正规自给性企业）</td><td colspan="3">非法人雇主
（非正规雇主企业）</td><td>其他住户</td><td rowspan="4"></td></tr>
<tr><td rowspan="3"></td><td>市场生产者</td><td colspan="2">自用生产者</td><td>市场生产者</td><td colspan="2">自用生产者</td><td rowspan="3"></td></tr>
<tr><td>出售大部分</td><td>出售部分</td><td>不出售</td><td>出售大部分</td><td>出售部分</td><td>不出售</td></tr>
<tr><td colspan="2">Informal Sector</td><td></td><td colspan="2">Informal Sector</td><td></td></tr>
</table>

四、我国对非正规部门的传承与发展

我国的“非正规”现象历史并不久远。改革开放之前，高度集中的计划经济体制使得国民经济运行方式相对单一，非正规现象尚不多见。如果说改革开放酝酿了非正规部门的产生，那么 20 世纪 90 年代初的经济体制向市场经济的全面转轨则极大地催生了个体经济、家庭作坊等多元化的经济形式。人们开始从国外引入“非正规部门”“非正规就业”“非正规经济”等一系列术语，开始了对我国非正规现象的关注。遗憾的是，国内学术界对什么是“非正规部门”，什么是“非正规部门生产”等基本命题仍然仁者见仁、智者见智。笔者选取了若干有代表性的观点，如表 1-3 所示。

表 1-3　国内学术界对非正规部门的理解

定义者	对非正规部门的定义	典型分类
谭琳、李军峰、刘丁①（2000）	城镇中以个体或家庭经营为基础的小规模的经济部门	个体雇主、个体雇员、受雇于个人或家庭的服务人员、自我雇佣者
劳动和社会保障部②（2001）	合法成立的企业之外的小规模企业	微型企业、家庭企业、独立的自我服务者

① 谭琳、李军峰、刘丁：《非正规部门劳动者的就业问题与对策》，《南方人口》2000 年第 15 期。

② 劳动和社会保障部规划财务司：《十城市下岗职工、失业人员、离退休人员基本情况抽样调查报告》，2001 年 9 月。

续　表

定义者	对非正规部门的定义	典型分类
谢媛、王鹏①(2001)	依法设立的独立于国有企事业单位、政府机构以及社团组织之外的规模很小的经济活动单位	以私营企业形式存在的小型或微型企业、以家庭为单位从事简单的加工生产和服务活动的家庭企业、独立的服务者
张兴华、刘建进②(2002)	从事生产和流通的小规模的单位	个体经济单位、由私营独资企业和私营合伙企业构成的小型私营企业
黄乾、原新③(2003)	投资规模小、生产技术水平和劳动生产率低的以私营为基础的部门	私营企业、个体劳动者
李晓春、马铁群④(2004)	相对于“正规”工作而言的小资本、非组织性行业的总和，又被称之为“小资本部门”“非组织部门”等	卖报纸、擦皮鞋、做保姆等
尹晨⑤(2005)	城市地区低收入、低报酬、无组织、无结构的小规模生产或服务单位	微型或小型企业、家庭型的生产服务单位、独立的个体劳动者
姚裕群⑥(2005)	规模很小的从事商品生产流通和服务的单位	微型企业、以家庭为单位的生产服务组织、独立的个体劳动者或服务者、个体工商户

① 谢媛、王鹏:《对中国非正规部门就业的研究和思考》,《职业技术教育》2001 年第 22 卷第 19 期。

② 张兴华、刘建进:《我国非正规部门的发展与政策取向》,《中国劳动》2003 年第 11 期。

③ 黄乾、原新:《非正规部门就业:效应与对策》,《财经问题研究》2002 年第 4 期。

④ 李晓春、马铁群:《我国户籍制度下的劳动力转移》,《管理世界》2004 年第 11 期。

⑤ 尹晨:《对城市非正规部门的环境监管:发展中国家的实践及对我国的启示》,《生产力研究》2005 年第 6 期。

⑥ 姚裕群:《论我国的非正规部门就业》,《人口学刊》2005 年第 3 期。

续 表

定义者	对非正规部门的定义	典型分类
薛昭均①(2003) 贾宁②(2006)	在依法设立的独立法人单位(企事业、政府机构和社会团体、社会组织)之外的规模很小的经营单位	由个人、家庭或合伙自办的为社会需要提供商品和服务的微型经营实体;以社区、企业、非政府社团组织为依托,以创造就业和收入为主要目标的生产自救性和公益性劳动组织、其他自负盈亏的独立劳动者
万向东③(2009)	与正规部门相对应而言的,在产业规模和类型上是小规模的从事商品生产、流通和服务的单位	/
张彦④(2010)	发展中国家的城市地区中那些低收入、低报酬、无组织、无结构的很小生产规模的生产或服务单位	/
尹晓颖、闫小培、薛德升⑤(2010)	没有登记注册的那部分个体经济	/

表1-3中定义均符合经济学角度的定义方式,可构成阐述非正规部门经济机理、归纳经济特征、描述其与居民就业、居民收入等关系的依据。尽管笔者归纳出国内学者对"非正规部门"的主要阐释,如"非正规部门"为一集合名词概念,是对所有从事非正规经济活动主体的统称;其生产规模较小,主要由劳动者个人或家庭经营;一般独立于合法成立的企业而存在;家庭企

① 薛昭均:《对我国发展非正规部门和鼓励非正规就业的几点认识和建议》,劳动和社会保障部非正规部门就业研讨会论文,2000年。

② 贾宁:《市场经济条件下采取非正规就业的思考》,《中国集体经济》2006年第2期。

③ 万向东:《农民工非正式就业研究的回顾与展望》,《中山大学学报(社会科学版)》2009年第1期。

④ 张彦:《社会转型期城市非正规就业政策调整和制度创新研究》,《科学发展》2010年第1期。

⑤ 尹晓颖、闫小培、薛德升:《国内外对非正规部门的政策》,《城市问题》2010年第8期。

业和个体劳动者是非正规部门的典型代表等。然而，当笔者进一步探究非正规部门在整个国民经济体系中的逻辑地位、估算非正规部门的生产总量时，上述各定义便显得亦此亦彼，模棱两可了，具体表现为“部门”和“非正规”判断标准两个层面的矛盾。

(一)“部门”层面的矛盾

何为“部门”？表 1-3 的解释分八种，分别是“企业”“单位”“经营单位”“生产或服务单位”“行业总和”“就业人员”“经济活动单位”“经济部门”。首先，“企业”是我国国民经济机构部门划分的产物，归属于非金融企业部门(金融机构不叫企业)，家庭企业、独立的自我服务者不属于企业部门。因此，将“部门”理解成“非金融企业部门”的话，就明显与多种定义所列举的“微型企业、家庭企业和独立的自我服务者”等典型分类矛盾。其次，“行业总和”的必要前提是对我国国民经济活动的行业划分，而无论哪种标准的行业归类无外乎依赖于社会生产活动的历史发展顺序、生产活动的性质或是产品的属性等，与生产单位的性质并无直接关联。再次，将“部门”理解成“经营单位、生产或服务单位、经济活动单位”也是有歧义的，我们无法区分生产主体是机构单位还是基层单位，不仅难以归纳其生产性质，更无从寻找相关的统计数据来源。

(二)“非正规”层面的矛盾

国内学者对“非正规”性质的判断主要依赖两个标准：企业的法律地位标准，即是否合法成立；企业的规模标准，即规模是否小于“临界值”。部分学者主张同时考虑两个标准才能判定企业是否正规，如劳动和社会保障部、薛昭均、贾宁、谢媛、王鹏；而姚裕群、尹晨、张兴华、黄乾、谭琳、李军峰、刘丁、万向东、尹晓颖等则偏重企业的规模标准。值得一提的是，所有定义均未涉及企业规模的具体度量形式。衡量标准的差异必然导致属性判断结果的分歧，如当考察一个规模很小但从事合法生产的单位时，倘若只考虑其规模，则应判断其为非正规部门；如果同时参照两个标准，则被排除在非正规部门之外。

第二节 诠释非正规部门:基于中国SNA框架

国民经济是一个由相互联系、相互作用、具有特定功能的子系统所组成的庞大而复杂的经济大系统,它既是部门系统的综合体,又是社会再生产过程环节的综合体,也是地区经济系统的综合体。每一个经济实体将通过错综复杂的生产关系融于整个国民经济大系统中,同时又能够在其中找寻到自己的部门归属;每一种经济活动将贯穿于社会运行的各个环节,他们影响着国民经济整体,又同样能在其中找到合适的经济归类。支起我国整个国民经济大系统框架、厘清各经济实体的脉络关系及各经济活动的类型归属的基础就是现行的国民经济核算体系——中国化的SNA。基于中国的SNA框架,借鉴ICLS的决议及2008版SNA的修订内容,笔者对非正规部门的理解如下。

一、非正规部门的生产范围

界定我国非正规部门的生产范围的前提是区分"经济生产范围""2008版SNA生产范围"和"中国化的SNA生产范围"。

(一)经济生产范围

经济生产包括所有的"在一个机构单位控制和负责下使用劳动、资本、货物和服务的投入以生产一种能够在发送或提供给其他机构单位的货物和服务产出"的活动。[①] 经济生产隐含两个条件:一是支配性("人类控制的活动")。这表示"一个机构单位对其控制和负责下所生产的产品拥有所有权",同时也意味着那些纯自然的、没有人类参与或指导的活动或过程被排除在外。二是准市场性("产生能够进行交换的产出")。它强调了可交换能力的存在,并没有强调实际交换的发生。据此,任何活动如果可以委托给非受益人的其他人,就可认为是生产性活动。

---

① Commission of the European Communities, International Monetary Fund, Organisation for Economic Cooperation and Development, et al., 1993, *System of National Accounts* 1993, New York.

（二）2008 版 SNA 生产范围

2008 版 SNA 修正了经济生产范围，提出了一个较为严格的生产观。就货物生产而言，2008 版 SNA 的生产范围包括了所有的货物生产，并提供了一个属于该生产范围内所有生产类型的清单，而忽略了生产动机。例如，农业和其他初级产品的生产包括：①农产品的生产及随后的储存、野果或其他野生作物的采集、植树、伐木和焦炭的采集、狩猎和捕鱼等；②其他初级产品的生产，如采盐、供水等；③农产品的加工、脱粒生产、磨面生产等；④其他类型的加工，如织衣、裁缝、陶瓷和家具制作等。[①]

就服务生产而言，2008 版 SNA 对住户部门的经济生产范围进行了限制，仅将住户家庭中付酬人员提供的服务和自有住房服务列入其生产范畴，排除了住户家庭为自用消费所进行的个人服务或家庭服务等活动。同时，2008 版 SNA 还对住宅的修理进行了特别规定，认为仅当较大型的住宅修理活动发生时，该活动才可视为生产。

2008 版 SNA 生产范围，其与经济生产范围和一般生产范围的隶属关系如表 1-4 和图 1-1 所示。

表 1-4　2008 版 SNA 生产范围

所有货物生产（不管是用于市场出售还是自用目的）	部分服务生产		
	所有提供或准备提供给其他单位的服务生产	住户家庭中付酬人员的服务生产	住户家庭中自有住房服务

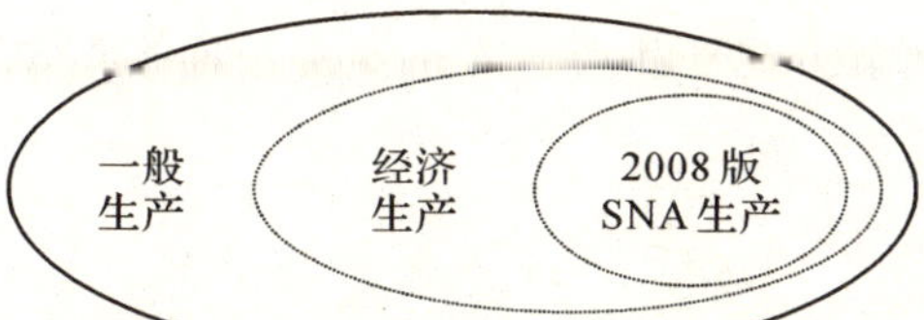

图 1-1　一般生产、经济生产和 2008 版 SNA 生产的隶属关系

① Commission of the European Communities, International Monetary Fund, Organisation for Economic Cooperation and Development, et al., 1993, *System of National Accounts 1993*, New York.

(三)中国化的 SNA 生产范围

我国现行的生产核算范围基本与 2008 版 SNA 一致,两者均涵盖三类活动:①所有提供或准备提供给其他单位的货物和服务的生产;②生产者用于自身最终消费和资本形成的一切货物的自给性生产;③自有住房服务和付酬家庭雇员提供的家庭或个人服务的生产[①]。但我国现行的核算体系将非法活动排除在生产范围之外,之所以这样做,主要是出于非法经济活动有悖于社会生产目的及资料不易获得两方面的考虑。

中国化 SNA 生产范围、2008 版 SNA 生产范围、经济生产范围的关系如图 1-2 所示。

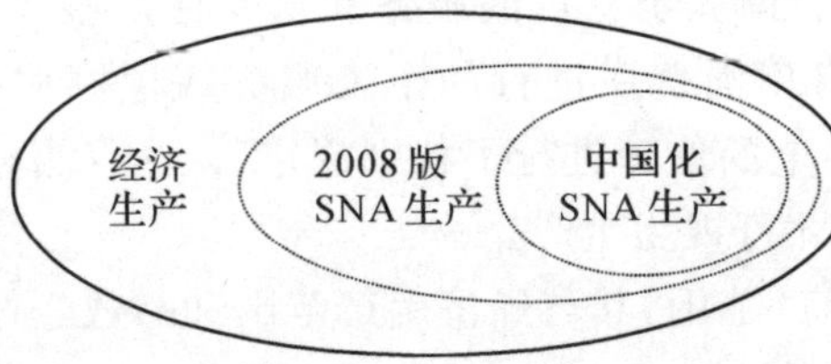

图 1-2 经济生产、2008 版 SNA 生产和中国化 SNA 生产的隶属关系

(四)我国非正规部门的生产范围

理论上,非正规部门的生产范围应从属于中国化的 SNA 生产观,即包括所有合法的货物生产(不区别何种目的)和经济主体作为付酬人员提供的合法服务及自有住房服务,并排除自用消费的个人服务生产和家庭服务生产。然而,笔者未将农业生产活动列入正规部门的生产范围,原因包括以下两方面。

1. 满足国际对比口径一致性的需要

第 15 届国际劳动统计学家大会明确规定,非正规部门的生产范围并不包括非法生产和农业生产。从非洲、亚洲、拉美等部分已实施非正规部门调查的国家来看,农业生产均未被列入调查范围。为遵循 ICLS 的决议并满足国际对比口径一致性的需要,我国的非正规部门可排除农业生产。

① 国家统计局编:《中国国民经济核算体系:2002》,中国统计出版社 2003 年版。

2. 已建立农业专项调查制度

我国已经建立起周期性的农业普查制度和经常性的农村住户抽样调查制度。前者调查涉及从事第一产业活动单位和农户的生产经营情况，乡(镇)、村委会及社区环境情况，农业土地利用情况，农业和农村固定资产投资情况，农村劳动力就业及流动情况，农民生活质量情况；后者调查涵盖农村居民居住的社区发展情况、农村居民家庭基本情况、农村居民家庭人口基本情况和农村居民家庭现金收支、实物收支情况等。农业生产信息可参考相关的专项调查资料，不必列入非正规部门的生产范围，进行重复调查。

二、非正规部门的判断标准

对于生产单位“非正规性”的判断，ICLS 核准了四条标准，分别是“是否具有法人身份、雇工人数是否大于临界值、是否拥有自我核算账户、企业是否登记”[①]。结合中国的具体情况，笔者对上述标准的诠释如下。

(一)身份标准

ICLS 核定，非正规部门的生产单位不具有法人身份。

将生产单位区分为法人或非法人，是根据经济主体参与民事活动所拥有的法律权利的不同而划分的。基于大陆法系传统的二分法立法体例，我国民法将民事主体划分为两类——自然人和法人。《民法通则》第 37 条规定“法人是具有民事权利能力和民事行为能力，依法独立享有民事权利和承担民事义务的组织”，法人的成立必须同时满足四个条件：①依法成立；②有必要的财产和经费；③有自己的名称、组织机构和场所；④能够独立承担民事责任。我国的法人可根据其从事的业务活动分为“企业法人”和“非企业法人”两类。其中，企业法人是以营利为目的，从事经济活动的法人，是社会经济活动的最主要的主体。根据所有制形式及投资者的国籍及投资方式等，企业法人又可分为“全民所有制企业法人”“集体所有制企业法人”“私营企业法人”“联营企业法人”“中外合资经营企业法人”“中外合作经营企业法人”“外资企业法人”七类；非企业法人是从事非经济活动，并不以营利为目的的法人，其又分为“机关法人”“事业单位法人”和“社会团体法人”三类，如图 1-3 所示。

---

① 详见第 15 届国际劳动统计学家大会(ICLS)发布的《关于非正规部门就业统计的方案》。

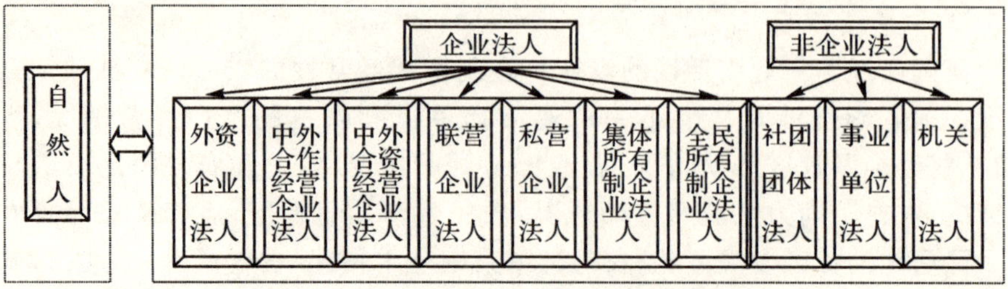

图 1-3　我国民法关于民事主体的划分

我国民法虽未对介于自然人和法人之间的“非法人组织”作出规定，但在《合同法》《合伙企业法》《著作权法》等其他法律中明确规定存在既不同于自然人也不同于法人的另一类民事主体——“非法人组织”（有时也称为“第三类民事主体”）。就目前来看，国内对“非法人组织”的性质及分类虽未达成统一认识，但较多研究者推崇参考最高人民法院在《关于适用〈中华人民共和国民事诉讼法〉若干问题的意见》（简称《意见》）中关于“其他组织”的性质及种类规定，即“其他组织”可理解成“非法人组织”。《意见》明文规定，“其他组织是指依法成立、有一定的组织机构和财产，但又不具备法人资格的组织”，具体包括：①依法登记领取营业执照的私营独资企业、合伙组织；②依法登记领取营业执照的合伙型联营企业；③依法登记领取我国营业执照的中外合作经营企业、外资企业；④经民政部门核准登记领取社会团体登记证的社会团体；⑤法人依法设立并领取营业执照的分支机构；⑥中国人民银行、各专业银行设在各地的分支机构；⑦中国人民保险公司设在各地的分支机构；⑧经核准登记领取营业执照的乡镇、街道、村办企业；⑨其他依法成立、有一定组织机构和财产、不具备法人资格的组织。[①]

必须指出的是，《民法通则》将个体工商户定义成自然人（西方国家则多将其归为“非法人组织”），其第 26 条指出“公民在法律允许的范围内，依法经核准登记，从事工商业经营的，为个体工商户”。因此，我们不难得出“个体工商户是在法律允许的范围之内，依法经核准登记，从事工商业经营的自然人”的结论。基于我国非法人组织大量存在的事实，我们赞同民事主体分为“自然人、法人和非法人组织”的三分法。

---

① 最高人民法院：《关于适用〈中华人民共和国民事诉讼法〉若干问题的意见》的通知（法发〔1992〕22 号），找法网，1992 年 7 月 14 日，http://china.findlaw.cn/fagui/cxf/23/24598.html。

据此，ICLS 的第一个标准“非正规部门的生产单位不具有法人资格”，在我国可被诠释成“非正规部门由自然人或非法人组织构成”。

(二)雇工数量标准

ICLS 核定，非正规部门企业的雇工人数一般不超过 5 人。

界定我国的企业规模可根据从业人员数、销售额和资产总额三项指标。从从业人数角度看，不同行业的从业人数规定并不统一。《中小企业标准暂行规定》的划分标准如表 1-5 所示。数据显示，目前我国对小企业的人数界定准则不仅是多元的，也是广泛的。以 100、300、400、500、600 为上限的人数标准显然无法满足对“微型企业、个体企业”等强调规模过小企业的理解，当然也无法从中有效分离出非正规部门企业的规模特征。

表 1-5　不同行业大中小型企业从业人数划分标准①

企业行业类型	大　型	中　型	小　型
工业企业	≥2000	300—2000	≤300
建筑业企业	≥3000	600—3000	≤600
批发业企业	≥200	100—200	≤100
零售业企业	≥500	100—500	≤100
交通运输业企业	≥3000	500—3000	≤500
邮政业企业	≥1000	400—1000	≤400
住宿和餐饮业企业	≥800	400—800	≤400

从雇工人数看，规模最小的生产单位应为个体工商户。《城乡个体工商户管理暂行条例》第 4 条规定：“个体工商户可以个人经营，也可以家庭经营。个体工商户可以根据经营情况请一两个帮手；有技术的个体工商户可以带三五个学徒，但总人数一般不超过 7 人。”也就是说，个体工商户可以不雇用工人，完全由自己经营，也可雇用工人，但总从业人数一般不超过 7 人。那么，一旦从业人数超过 7 人，该生产主体又该属于何种类型了呢？根据《中华人民共和国私营企业暂行条例》第 2 条规定：“私营企业是指企业资产属于私人所有，雇工 8 人以上的营利性的经济组织。私营企业包括独资企业、合伙企业和有限责任

① 国家经贸委、国家计委、财政部、国家统计局：《关于印发中小企业标准暂行规定的通知》(国经贸中小企〔2003〕143 号)，国家统计局官方网站，www.stats.gov.cn。

公司三种形式。"个体工商户容易与私营企业中的独资企业，尤其是个人独资企业相混淆。根据《中华人民共和国私营企业暂行条例》《城乡个体工商户管理暂行条例》《民法通则》《中华人民共和国个人独资企业法》等相关法律依据，我们对两者的差别进行了总结，如表 1-6 所示。显然，个体工商户与个人独资企业的差异不仅仅体现在雇工人数上，两者的差别是巨大的。

表 1-6 个体工商户与个人独资企业比较

比较项目	个人独资企业	个体工商户
出资人	个人	个人或家庭
生产场所和企业名称	必须有固定的生产经营场所和合法的企业名称	可以没有固定的生产经营场所，也可没有字号
投资者与经营者	可以分离，即投资者与经营者为不同人	必须统一，即个人投资、个人经营，家庭投资、家庭经营
对债务承担形式	以个人财产承担无限责任，或以家庭财产承担无限责任	个人经营以个人财产承担无限责任，家庭经营以家庭财产承担无限责任
财务制度	必须建立财务制度，进行会计核算	一般不建账，达到规定规模的才建账
纳税人认定	可以认定为一般纳税人	小规模纳税人，实行定额税
法律地位	非法人组织	存在争论

据此，我们将 ICLS 核定的第 2 条标准"非正规部门企业的雇工人数一般不超过 5 人"诠释成"非正规部门的从业人员数一般不超过 7 人"。

(三)会计核算标准

ICLS 核定，非正规部门的经济主体不具有自我核算账户，无法进行会计核算、编制资产负债表。

目前，我国的会计核算制度体系包括企业会计核算制度体系和政府及民间非营利组织会计核算制度体系两部分。前者以企业会计准则、企业会计制度、金融企业会计制度和小企业会计制度为主体，后者以总预算会计制度、行政单位会计制度、事业单位会计准则、事业单位会计制度和民间非营利组织会计制度为主体。具体来讲，哪些单位需要设置会计账户呢？经 1993 年、1999 年两次修订形成的《中华人民共和国会计法》(也称为"新会计法")第 2 条、第 3 条明确规定："国家机关、社会团体、公司、企业、事业单位和其他组织必须依照本法办理会计事务。各单位必须依法设置会计账簿，并保证其真实、完整。”这里对“国家机关、社会团体、公司、企业、事业单位和其他组织”的规定与《中华人民共和国刑法》对单位的规定基本上是一致的。具体来看，“国家机关”指从事国家管理和行使国家权力的机关，包括权力机关、行政机关和司法机关；“社会团体”指为一定目的而由一定数量的社会成员（包括自然人、法人）所组成的并取得法人资格的社会组织，包括人民群众团体、社会公益团体、学术研究团体等；“公司、企业”指依法设立的、以营利为目的的、从事生产经营和服务等活动的经济组织；“事业单位”指不以营利为目的，从事文教、体育、卫生、科研等事业的社会组织；“其他组织”指除国家机关、社会团体、公司、企业、事业单位以外的依法应当设置会计账簿和进行会计核算的社会组织，如农村的村民委员会、外国在我国的常驻机构等（高宏道，2004）。[①]

特别值得一提的是，新会计法并没有将个体工商户纳入调整范围，而在第51条另文规定“个体工商户会计管理的具体办法由国务院财政部门根据本法的原则另行规定”。那么，我国的个体工商户究竟需不需要建立会计账簿呢？个体工商户一般规模较小、业务活动较为简单。在经营过程中，发生在生产、流通、销售等方面的收支经常与家庭日常消费及个人其他收入混合在一起，的确存在较大的困难来编制生产经营的会计账簿。为规范个体工商户的会计建账工作，国务院于1997年出台了《国务院关于批转国家税务总局加强个体私营经济税收征管强化查账征收工作意见的通知》和《国家税务总局关于贯彻国务院批转的加强个体私营经济税收征管强化查账征收工作意见的通知》，规定“从1997年4月1日起，凡有固定经营场所的个体私营经济业户，都必须按照国家统一会计制度的规定设置会计账簿……经营规模小、确无建账能力的业户，经县以上税务机关批准，可暂不建账或不设置账簿”。国家税务总局和财政部又颁布了《个体工商户建账管理暂行办法》《个体工商户会计制度（试行）》，对个体工商户的建账要求、建账种类等内容做出了具体、明确的规定。因此，我们可以认为，在1997年4月1日之前，个体工商户不需建账，而在1997年4月1日之后，个体工商户的建账要求依然较为灵活，个体工商户可按税务机关的要求建账，如税务部门不作要求的，则可不建账。[②]

---

① 高宏道：《谈谈〈中华人民共和国会计法〉法律关系的主体》，法律图书馆论文资料库，http://www.law-lib.com/Lw/lw_view.asp? no=2534。

② 对个体工商户建账的具体要求可详见《个体工商户建账管理暂行办法》《个体工商户会计制度（试行）》等规定。

基于新会计法，结合《中华人民共和国刑法》对“国家机关、社会团体、公司、企业、事业单位和其他组织”的规定，笔者对各类民事主体的建账要求进行了推断，如表 1-7 所示。可见，在我国只有自然人(包括个体工商户)的建账要求较为灵活，存在不进行会计核算的可能。据此，ICLS 核定的第 3 条标准“非正规部门不具有自我核算账户”可被诠释成“非正规部门对会计账簿的设置较为灵活，可以不进行会计核算”。

表 1-7　对各类民事主体建账要求的推断①

民事主体类型		是否建账	判断依据
自然人(包括个体工商户)		灵活	/
法人	企业法人	是	公司、企业
	非企业法人	是	国家机关、社会团体、事业单位
非法人组织	依法登记领取营业执照的私营独资企业、合伙组织	是	企业
	依法登记领取营业执照的合伙型联营企业	是	企业
	依法登记领取我国营业执照的中外合作经营企业、外资企业	是	企业
	经民政部门核准登记领取社会团体登记证的社会团体	是	社会团体
	法人依法设立并领取营业执照的分支机构	是	其他组织
	中国人民银行、各专业银行设在各地的分支机构	是	其他组织
	中国人民保险公司设在各地的分支机构	是	其他组织
	经核准登记领取营业执照的乡镇、街道、村办企业	是	企业
	其他依法成立、有一定组织机构和财产、不具备法人资格的组织②	是	其他组织

① 表中第四列“判断依据”是指各类民事主体可归类于新会计法的适用对象(国家机关、社会团体、公司、企业、事业单位和其他组织)的具体类别。

② 表中将个体工商户列为非法人组织的一类。事实上，个体工商户是否能够作为其他组织的一种形式，一直是国内民法学家的争论对象，目前尚未形成统一认识。若个体工商户不属于非法人组织，则归属于“自然人”范畴。

(四)登记合同标准

ICLS 认为，非正规部门大多不进行注册和登记，不与雇员签订劳动合同。对该标准的诠释可从以下两方面展开：

(1)单位是否注册，也称有无登记，是指按照工厂或商业法令、税收或社会保险法、职业组织管理法以及类似的法令、法规进行的登记。我国法律规定，各级工商、民政、编制等部门是单位审批登记的行政主管部门。工商部门主要管理经营性的企业法人及所属的分支机构(产业活动单位)。开展经营性活动的单位要取得法人资格必须在工商行政部门注册登记；编制部门主要管理机关法人和事业法人，编制部门管编制序列，各级政府设多少工作部门由编制部门负责；民政部门主要管理社会团体法人、民办非企业法人和村委会、社区居委会三类单位。另外，根据《城乡个体工商户管理暂行条例》“申请从事个体工商业经营的个人或者家庭，应当持所在地户籍证明及其他有关证明，向所在地工商行政管理机关申请登记，经县级工商行政管理机关核准领取营业执照后方可营业”，即个体工商户也归工商部门管理。各类单位一经上述部门批准，就具有了在社会经济生活中与其他单位进行交往的各种权利，而其行使各种权利的基本证明就是领取的各类执照和证书，如企业法人营业执照、事业法人证书、个人独资企业营业执照、个人独资企业分支机构营业执照、合伙企业营业执照、合伙企业分支机构营业执照、个体工商户营业执照、社会团体法人登记证书、民办非企业单位(法人)登记证书等。然而，《城乡个体工商户管理暂行条例》明确指出：没有“固定经营场所”，就不能办理工商营业执照，不能成为个体工商户。一方面，法律上的不完善使得如擦鞋修鞋、修理自行车、临时性小贩等大量无固定场所的个体经营户，不得不沦为“无照经营一族”；另一方面，由于法律意识缺乏、逃避税费意识作祟、惩罚力度不够等原因致使无照经营现象层出不穷。据各级工商部门发布的消息，如“2002 年上半年，国家工商行政管理总局在集贸市场专项整治中取缔无照经营户 6 万户”[①]“2003 年上半年，湖南省怀化市仅 2 个多

① 国家工商行政管理总局：《全国工商系统上半年查案 67 万件》，新华网，2002 年 7 月 31 日，http://www.chinaiprlaw.com/yycj/yycj41.htm。

月时间，就清理出无照经营户 4.4 万多户，其中 4.1 万多户为个体工商户”[①]，“2005 年全国各级工商机关共查处取缔无照经营 80.05 万起，个体工商户无照经营占 73.26%”[②]，“2006 全国工商行政管理机关在食品安全专项整治中，取缔无照经营户 15.18 万户”[③]，“2007 年以来，福建省共查处无照无证经营案件 15 万余件。2008 年，江苏省工商局共清理无照经营户 10 万余户”[④]，“2009 年上半年，全国工商系统查处无照经营案件 21.67 万件”[⑤]，无照经营现象在我国经济发展过程中日益突出，而无照经营的主体为个体工商户。

(2)是否存在用工合同，是指用人单位与用工有无签订劳动合同。我国历来就存在劳动合同制度，只是不同时期劳动合同的适用对象、签订方式、劳动关系等特征大为不同。20 世纪 80 年代中期以前，劳动合同主要适用于国营企业与临时工、季节工、轮换工，私营企业、个体工商户与其职工之间，其他绝大部分职工实行固定工制度，并未规定订立劳动合同。到了 80 年代中期，原劳动人事部发出《关于积极试行劳动合同制的通知》之后，劳动合同便普遍运用于全民所有制单位、集体所有制单位与新招收的工人之间，用以规定双方当事人的权利与义务。1994 年《劳动法》的颁布确立了“全员劳动合同”时代的开始，其第 16 条明确规定：“劳动合同是劳动者与用人单位确立劳动关系、明确双方权利和义务的协议。建立劳动关系应当订立劳动合同。”而这里“用人单位”包括个体经营户。2008 年 1 月 1 日起正式实施的《中华人民共和国劳动合同法》再一次明确了劳动合同的适用对象及形式——“中华人民共和国境内的企业、个体经济组织、民办非企业单位等组织与劳动者建立劳动关系，订立、履行、变更、解除或者终止劳动合同，适用

---

① 怀化市工商行政管理局：《“红盾”飓风刮向无照经营》，怀化市工商行政管理局红盾信息网，2003 年 9 月 19 日，http://www.hh315.com/Article/ShowInfo.asp? ID=238。

② 国家工商行政管理总局：《工商总局公布 2005 年查处取缔无照经营案件基本情况》，中央政府门户网站，2006 年 4 月 18 日，www.gov.cn。

③ 国家工商行政管理总局：《2006 年全国工商行政管理机关查处的食品安全违法案件部分案例》，国家工商行政管理总局门户网站，2007 年 5 月 31 日，www.saic.gov.cn。

④ 《监管的睿智，服务的激情——全国工商系统促进个私经济发展加强查处取缔无照经营工作座谈会经验交流综述》，国家工商总局门户网站，2009 年 4 月 24 日，www.saic.gov.cn。

⑤ 国家工商行政管理总局：《今年以来工商系统共查传销案件 1012 件》，中央政府门户网站，2009 年 7 月 10 日，www.gov.cn。

本法。用人单位自用工之日起即与劳动者建立劳动关系。建立劳动关系，应当订立书面劳动合同”。可见，在《劳动法》颁布之前，劳动合同多与“用人单位非正规用工”或“非正规部门用工”相联系，且没有法律或相关规章明确规定劳动合同签订的强制性。在《劳动法》颁布之后，劳动合同普遍运用于各类单位，其签订时间、形式、内容等事项有了明确的法律规定。然而，在现实生活中，出于对用工成本等因素的考虑，许多用人单位不愿与劳动者签订劳动合同，特别是私营企业、个体经营户常常找借口拒绝与雇员签订劳动合同，而有的劳动者缺乏法律意识，有的迫于生存，导致不签劳动合同的现象时有发生。

据此，ICLS 核定的第 4 条标准“非正规部门大多不进行注册和登记，不与雇员签订劳动合同”可被诠释成“非正规部门存在不登记、不与雇员签订劳动合同的现象”。

基于上述背景，笔者认为，构成我国生产主体性质判断的充分条件有两个：身份标准和雇工数量标准；必要条件也有两个：会计核算标准和登记合同标准。就目前来看，能同时满足上述特征的生产主体仅为一类，那就是以自然人身份从事生产经营活动的个体工商户或个体劳动者。

三、非正规部门的部门归类

根据现行中国国民经济核算体系，任何独立核算的企业和独立核算的个人均可被视作基层单位，而不需区别其是否具有法人身份。而满足机构单位条件的仅为两类：一类是住户，另一类是得到法律或社会承认的法律实体和社会实体（肖红叶、周国富，2004）。中国化的 SNA 将所有机构单位分为四个机构部门：非金融企业部门、金融机构部门、一般政府部门和住户部门。其中，非金融企业部门由主要从事各种非金融性生产经营活动且独立核算的企业所组成，包括国有、集体、合资、合作经营及外商投资的常住企业，但不包括附属于政府和事业单位的非独立核算企业以及集体经营者；金融机构部门由主要从事社会资金融通的所有常住单位组成，包括中央银行、各专业银行、信用社、保险公司和信托投资公司等；政府部门是由主要从事国家管理活动、由国家预算拨款的所有事业单位所组成的，包括各种行政、司法、立法、政党和军事机构及附属于政府和事业单位的非独立核算企业，但不包括政府和事业单位下属的独立核算企业；住户部门包括以消费者身份出现的所有常住的城乡居民，同时为便于核算处理，还包括从事各种生产经营活动的个体经济成分。[①] 民事主体三分法与机构单位二分法是融通的，两者符合如下归属准则：自然人归入住户，法人和非法人组织归入得到法律或社会承认的法律实体和社会实体。通过转化后的各民事主体归为非金融企业部门、金融机构部门、一般政府部门和住户部门，从而形成了国民经济核算对象的基本框架，如图 1-4 所示。

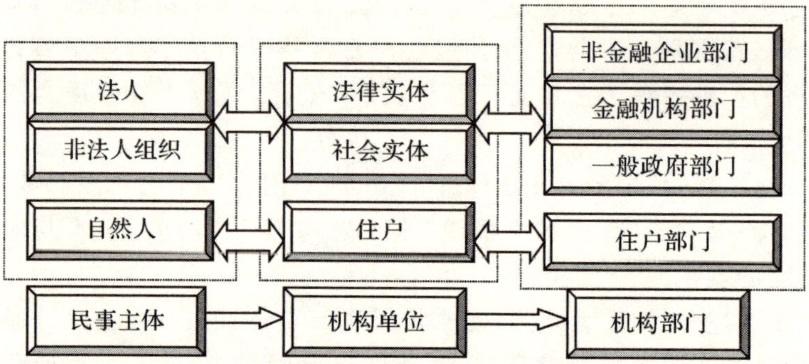

图 1-4 民事主体与国民经济机构分类的关系

笔者将非正规部门划入住户部门，其定义为：非正规部门是住户部门下属的一个子部门，由主要从事个体工商业经营的个人和家庭组成，包括独立经营户和小规模雇主经营户两类机构单位。这两类经营户的从业人员一般低于 7 人，生产资料归个人或家庭所有，并以个体劳动为基础，劳动成果归劳动者个人或家庭占有和支配。具体来看，独立经营户是指由常住居民单独，或与同一住户或其他住户成员合伙所有、共同参与经营，完成经济生产活动的企业。独立经营户一般不雇用工人，但允许偶尔请帮工，如家庭作坊、夫妻店等，也包括为住户部门提供服务的个体劳动者，如家庭保姆、家庭教师等。小规模雇主经营户是指由常住居民单独，或与同一住户或其他住户成员合伙所有、共同参与经营，完成经济生产活动的企业，它可能连续雇用工人，但雇工数不超过 5 人，如个体食品加工企业等。

同时，为更好地区分经济主体的性质，笔者将所有机构部门划分为生产部门和非生产部门。其中，生产部门是指用于市场交换产品的创造部门。根据生产主体的法律地位，细分为正规部门和非正规部门两类。前者指生产单位具有法人资格，进行注册、登记，具有独立核算会计账户的生产单位，主要是指非金融企业部门、金融企业部门和政府部门。后者指生产单位不

① 邱东、杨仲山：《当代国民经济统计学主流》，东北财经大学出版社 2004 年版。

具有法人资格，不具有独立核算会计账户的生产单位，其隶属于住户部门，是住户部门下属的一个子部门。非生产部门是指产出的最终使用部门及自用产品的生产部门，主要是指住户非法人企业外的一般住户。非正规部门和非生产部门共同构成了住户部门，如图 1-5 所示。

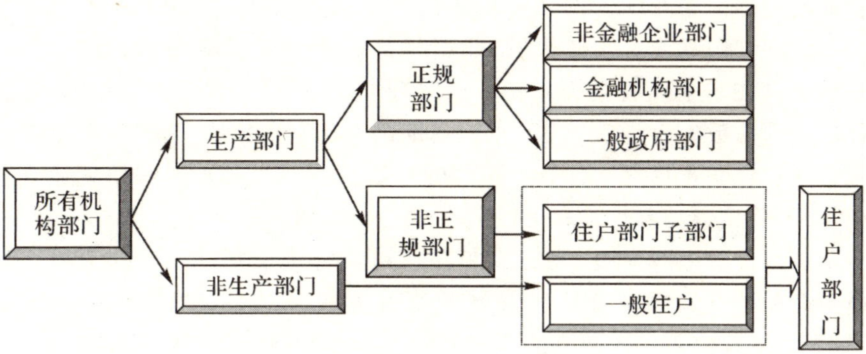

图 1-5 对我国机构部门的重新分类

四、非正规部门的表现形式

我国的非正规部门主要以两种形式存在：①按照《民法通则》和《城乡个体工商户管理暂行条例》规定，经各级行政管理机关登记注册、领取营业执照的个体工商户；②没有领取营业执照，但有相对固定场所、实际从事个体经营活动 3 个月以上的个体经营户和为住户部门提供服务的独立劳动者。所有由独立经营户和小规模雇主经营户从事的合法非农货物生产和用于市场交换的服务生产就构成了非正规部门的生产范围，但不包括农民家庭以辅助劳力或利用农闲时间进行的一些兼营性的工业、商业及其他活动。

第三节 非正规系列术语辨析

与“非正规部门”“非正规部门生产”相类似的经济术语较多，如“非正规部门就业”“非正规就业”“未被观测经济”“地下生产”“非法生产”等，极易混淆人们的理解，为澄清各术语的统计含义，有必要对其一一区分。

一、“非正规部门就业”和“非正规就业”

“非正规部门就业”和“非正规就业”同属劳动力统计指标范畴，主要用来考察劳动者的就业范围与就业性质。“非正规部门就业”是国际劳工组织在第15届国际劳动统计学家大会核准的概念之一[①]。ILO(1993)认为,非正规部门就业的概念应包括两层含义,一层为“什么是非正规部门”,另一层为“什么是非正规部门的就业”。非正规部门是个限定词,它决定了非正规部门就业的范围。当劳动者的就业单位属于非正规部门时,该劳动者就被判定为非正规部门就业。具体来看,非正规部门就业应包括在非正规自营性企业就业和在非正规雇主企业就业两种形式。在劳动力统计工作中,非正规部门就业人数的统计应该以“非正规部门”为判断依据,即所有在非正规自营企业和在非正规雇主企业工作的劳动者都应归入非正规部门就业人数之中,而不管该劳动者是正式工,还是临时工;是第一职业,还是第二职业。

随着经济的不断发展,人们逐渐意识到“非正规部门就业”这个概念越来越不能反映劳动者就业非正规性的所有方面。比如,按定义,有些人员(在很小的企业中工作或偶尔的自我雇佣人员等)的活动应属于第15届国际劳动统计学家大会定义的“企业”单位,但在很多情况下,人们并不认为他们是“企业”。另外,在非正规部门的经济形式和就业方式不断发展和变化的同时,正规部门劳动者的就业形式也在悄悄发生改变。人们发现,正规部门企业的雇工形式不再拘泥于传统的形式,而是出现了诸如非标准就业、非典型就业、弹性就业等多样化的就业类型。这引发的一个直接结果就是非正规性质的就业形式不仅发生在非正规部门,也同样发生在正规部门,非正规性质就业形式不仅发生在广大发展中国家和落后国家(非正规部门相对普遍),也同样发生在发达国家,从而衍生出另一个反映劳动者就业性质的指标——非正规就业。

非正规就业的观察单位是“工作”,它是指非正规性质工作的总数[②]。非正规就业在我国是从国际劳工组织引进的一种就业概念,它在英文里有“Nonstandard Work”和“Informal Employment”两种表述,其概念在不同的国家也有不同的界定[③]:非正规就业在西方发达国家主要是一种灵活、弹性

---

① 同时核准的概念有“非正规部门”,可参见 ILO, 1993, *Resolution Concerning Statistics of Employment in the Informal Sector*, Adopted by the 15th International Conference of Labour Statisticians(January 1993)。

② 蒋萍称之为“工作法”,详见蒋萍:《也谈非正规就业》,《统计研究》2005年第6期。

③ 有关非正规就业的概念界定,详见国际劳工局编:《劳动力市场主要指标体系1999年》,中国劳动社会保障出版社2001年版。

的就业方式，是对正规就业的补充；而在我国和一些其他发展中国家，非正规就业主要是指一些低收入、临时性、季节性的工作环境比较差的职业类别，在我国则更主要是面对流动人口农民工和城市下岗失业人员的职业供给。在统计非正规就业者人数时要将所有在非正规部门就业的劳动者和在正规部门从事非正规工作的劳动者都囊括在内：

非正规就业者总数＝非正规部门就业者人数＋正规部门非正规就业者人数－兼职者（同时在非正规部门和正规部门从事非正规工作）人数

二、非市场生产与非正规部门生产

根据产品交易渠道的不同，经济生产可分为市场生产（Market Production）与非市场生产（Non-market Production）两类。经济生产的产品是“一种能够发送或提供给其他机构单位的货物或服务”，当该货物或服务的交易渠道为各种类型的市场时，该类经济生产活动可称为市场生产；当该货物或服务并非通过市场进行交易，该类经济生产活动可称为非市场生产，如图 1-6 所示。市场生产有明确的产品和市场交易价格，并且市场交易价格能反映生产成本和消费者偏好；非市场生产没有明确的产品和市场交易价格，无法有效反映生产成本和消费者偏好。

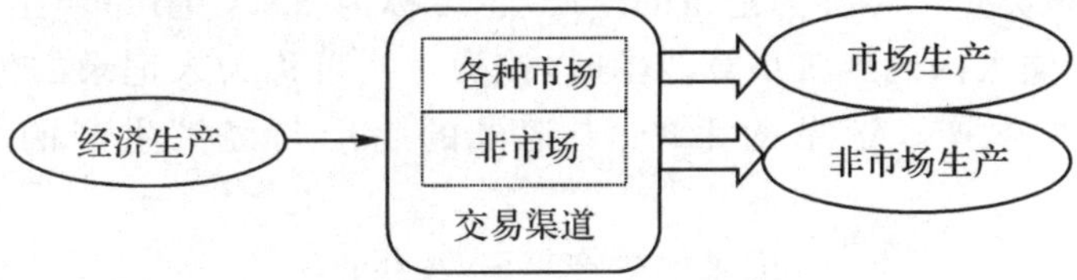

图 1-6　经济生产、市场生产、非市场生产关系

如果将经济产出区分为如下七类：

（1）生产主体以具有经济意义的价格在市场上出售或者处理的产出；

（2）企业形成自身固定资产的货物产出；

（3）非营利机构或政府免费或以经济意义不明显的价格提供给其他组织单位或社区的产出（个人的和集体的）；

（4）住户非法人企业为自身最终使用而生产的产出；

（5）一般住户为自身最终使用而生产的产出；

（6）住户非法人企业为提供其他家庭或其他机构部门无偿使用而生产的产出；

（7）一般住户为提供其他家庭或其他机构部门无偿使用而生产的产出。

那么市场生产仅指以(1)为产出的生产活动,其余均属于非市场生产范畴。

非正规部门生产属于市场生产,但并不包括所有的市场生产,只有将所有市场生产中剔除由企业部门、一般政府部门、金融机构部门等正规部门创造的剩余部分才构成非正规部门生产,如图 1-7 中将非市场生产范围剔除阴影部分即为非正规部门生产范围。

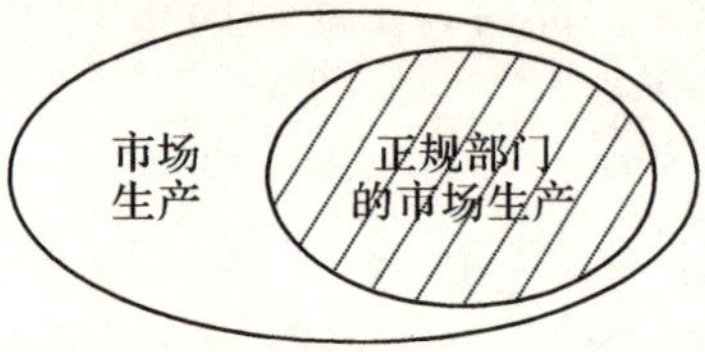

图 1-7 市场生产与非正规部门的市场生产关系

三、未记录的生产、未被观测的生产与非正规部门生产

根据产出是否纳入国民经济核算范围,经济生产可划分为记录的生产(Recorded Production)和未记录的生产(Unrecorded Production)两类。当生产活动的产出价值以实物量形式,或以货币价值量形式纳入国民经济核算范围时,该类生产可称为记录的生产,也可称为 SNA 生产;当生产活动的产出价值未纳入国民经济核算范围时,该类生产可称为未记录的生产,也可称为非 SNA 生产。记录的生产、未记录的生产与经济生产的关系可表示为:

$$\text{记录的生产} = \text{SNA 生产} \tag{1-1}$$

$$\text{未记录的生产} = \text{非 SNA 生产} \tag{1-2}$$

$$\text{经济生产} = \text{记录的生产(SNA 生产)} + \text{未记录的生产(非 SNA 生产)} \tag{1-3}$$

值得注意的是,国民经济核算"未记录"非 SNA 生产的主要原因在于 SNA 自身的缺陷,随着国民经济核算理论的不断完善,非 SNA 生产范围将不断调整。事实上,由于部分生产活动性质的特殊,如从事非法货物的生产、为逃避纳税从事的生产等,即便该类生产纳入了 SNA 核算范围,其产值也不易被统计机构掌握。OECD(2002)将这些应该被记录而未能在统计机构核算的总值中体现产出的生产称为"未被观测的生产"(Non-observed Economy,简称 NOE),并详列了其五个子项:地下生产(Underground Production)、非法生产(Illegal Production)、非正规部门生产(Informal

Sector Production)、住户为自身最终使用的生产(Production Undertaken by Households for Their Own Final Use)以及由于基础统计数据收集方案不完善而遗漏的生产(Production Missed Due to Deficiencies in Data Collection Programme)。其中,地下生产是指由于种种原因致使公共机构或当局未统计的所有合法的生产活动。OECD 将该类生产活动的原因归为四类,分别是:①为逃避所得税、增值税或其他税收的支付;②为逃避社会保障缴款的支付;③为逃避遵照某些法律标准,如最低工资、最大工作时间标准以及安全保障标准等;④为逃避遵守某些行政管理程序,如填写统计调查表或其他行政管理报表等。非法生产分为法律禁止销售、分配或持有的货物和服务的生产和由未经许可的生产者从事的合法生产活动两类。前者如毒品生产和销售、走私活动、卖淫服务等,后者如无许可证的生产单位所从事的生产活动、非法行医等。非正规部门生产是指住户非法人企业的所有合法生产活动,包括非正规自给性企业生产和非正规雇主企业生产两种形式。前者的生产主体为劳动者单独,或与同一住户成员或其他住户成员合伙所有并经营的住户企业,它不需连续雇用家庭工人或雇员,但允许偶尔雇用工人;后者的生产主体为劳动者单独,或与同一住户成员或其他住户成员合伙所有并经营的住户企业,它一般连续雇用工人。住户部门为自身最终使用的生产包括三类:①供自己消费的农作物种植和家畜的饲养及其他为自身消费使用的货物生产及固定资本形成;②自有房屋的修理;③作为全日制家庭工人提供的服务。数据搜集误差而遗漏的生产是指由于国民账户本身的缺陷和生产数据搜集过程的误差而遗漏的生产活动,主要分生产单位未涵盖、生产单位无回答、生产单位瞒报三种表现形式。总体来看,基于 1993 版 SNA 视角,记录的生产、未记录的生产、未被观测的生产与非正规部门生产的关系如图 1-8 所示。

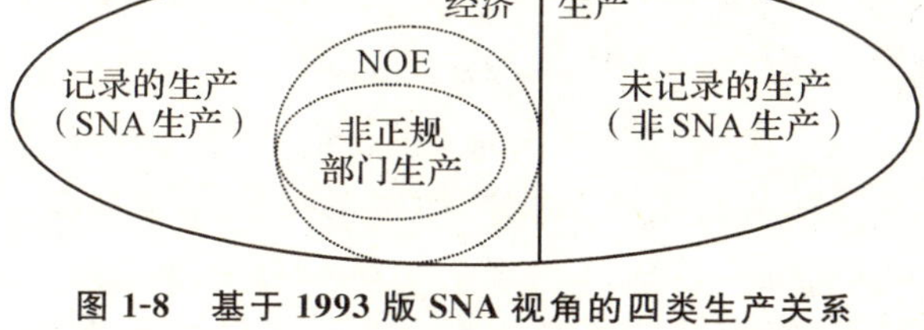

图 1-8　基于 1993 版 SNA 视角的四类生产关系

我国的国民经济核算具有特殊性。首先,非法生产并不纳入我国 SNA 的生产核算范围,属于未记录的生产(非 SNA 生产)范畴,因此我国的 NOE

并不包括非法生产；其次，部分非正规部门生产纳入了核算范围，属于记录的生产(SNA 生产)；最后，由于种种原因，并非所有的非正规部门生产均纳入核算范围，如没有固定生产场所的个体经营户以及家庭教师、保姆等个体劳动者。就此看来，基于中国 SNA 视角，记录的生产、未记录的生产、未被观测的生产与非正规部门生产的关系如图 1-9 所示。

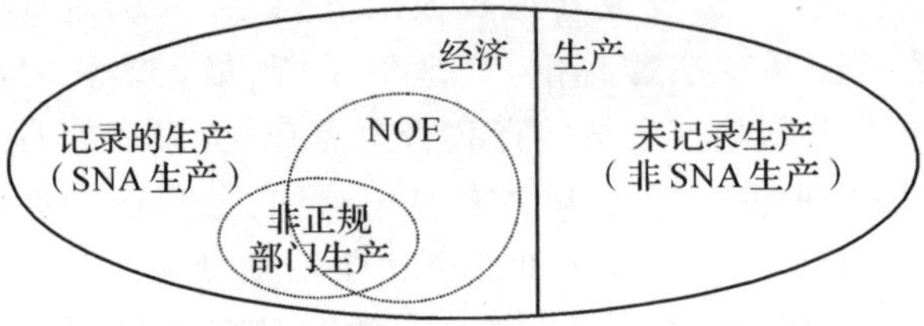

图 1-9 基于中国 SNA 视角的四类生产关系

第四节 本章小结

本章致力于明晰估算对象，解析非正规部门及非正规部门生产的内涵。从非正规部门的缘起和传承出发，本章分析了基于 ICLS 视角和 SNA 视角对非正规部门的理解，厘清了两者的分歧，并基于中国 SNA 框架对我国非正规部门的生产范围、判断标准、部门归类和表现形式展开了系统阐述。同时，为澄清相关研究对系列术语的混淆和误解并进一步突显非正规部门的统计特征，本章还区分了其与非正规部门就业、非正规就业、非市场生产、未记录的生产、未被观测的生产等范畴的区别，真正做到各统计概念的互斥与完备。

自美国经济人类学家 Hart 于 1971 年提出“非正规部门(Informal Sector)”一词以来，尽管非正规部门被广泛关注，但基于不同的研究目的和不同的学术背景，研究者纷纷赋予其不尽相同的概念内涵，直至 1993 年，ICLS 将原先趋于分散、杂乱、片面，甚至错误的定义进行了规整、概括和提升。ICLS 认为，非正规部门的理论定义是“以为有关人员创造就业机会和提供收入为主要目的的从事市场生产活动的单位”，其操作定义是“一系列住户非法人企业的合成，包括非正规自给性企业和非正规雇主企业两类”。识别非正规自给性企业和非正规雇主企业依据不同的判断标准。对于前者，主要根据“单位是否注册”标准来判断；对于后者，至少需满足以下标准中的一条：①企业未达到一定的规模；②单位未注册(按非正规自给性企业的方式予以确定)；③雇员未注册。

鉴于ICLS对“市场生产(Market Production)”的认定，对“部门(Sector)”“企业(Enterprise)”“非法人企业(Unincorporated Enterprise)”“住户(Household)”等基本单位的理解与普遍接受的SNA呈现较多的分歧，如何解决ICLS与SNA的分歧进而将非正规部门彻底纳入SNA框架便成为对1993版SNA修订的重要议题之一。2009年12月，经过近10年修订形成的2008版SNA正式发布，在第479页中，2008版SNA提出了基于住户部门机构单位识别非正规部门的步骤，原有的机构部门(特别是住户部门)重新按照登记行为、雇员规模、生产目的和市场行为的差异进行了细分，细分后的子部门——“具有市场行为的企业”就与ICLS定义的非正规部门相当。至此，非正规部门实现了与SNA的对接，并作为住户部门的子部门与公司部门、政府部门、为住户服务的非营利机构等其他机构部门一并构成国民经济系统的主体。

立足于我国的SNA框架，我国的非正规部门是住户部门下属的一个子部门，主要由从事个体工商业经营的个人和家庭组成，包括独立经营户和小规模雇主经营户两类机构单位。这两类经营户的从业人员一般低于7人，生产资料归个人或家庭所有，并以个体劳动为基础，劳动成果归劳动者个人或家庭占有和支配。

非正规部门生产属于产出指标，观察对象为生产活动；非正规部门就业属于就业统计指标，对正规部门就业人数的统计应该以“非正规部门”为判断依据，即所有在非正规自营企业和在非正规雇主企业工作的劳动者都应归入非正规部门就业人数之中，而不管该劳动者是正式工，还是临时工；是第一职业，还是第二职业。尽管非正规就业也属于就业指标，但其并不等同于非正规部门就业，是指非正规性质工作的总数。在统计非正规就业者人数时要将所有在非正规部门就业的劳动者和在正规部门从事非正规工作的劳动者都囊括在内。同时，非正规部门生产也不同于非市场生产、未记录的生产和未被观测的生产。

第二章 非正规部门生产规模估算方法研究

估算非正规部门的生产规模必然借助估算方法，从而对目前已有的估算方法进行一次梳理和分析就非常必要。本章致力于对国内外流行的非正规部门生产规模方法进行系统介绍、归纳和评析，以充分展示国内外现有研究的前沿水平。进一步地，笔者将借鉴国外的成功经验，分析我国非正规部门的经济特征，并结合目前的统计调查体系及已存在的数据资料，努力设计出一套适合我国国情的非正规部门生产规模测算方法。

第一节 非正规部门生产规模估算方法:国外研究

根据已有的文献及各国实践,目前对非正规部门生产规模的估算主要借助于两类途径——直接调查和间接估算。直接调查是指调查者对调查区域内的住户家庭或住户成员进行全面调查或抽样调查,直接获取有关非正规部门企业生产信息的方法。该类方法是目前欧洲、非洲、拉丁美洲等国家获取非正规部门生产规模最重要、最常用的方法。根据各国不同的调查设计方式和调查组织类型,可将现有的直接调查法分为三类:非专项调查法、专项调查法和多目标综合调查法。间接估算是指根据观察不同来源的数据资料推算出非正规部门生产规模的方法,具体分述如下。

一、非专项调查法

所谓非专项调查法是指对部分调查对象完成基础调查以外,再进行非正规部门调查来获得非正规部门生产规模的调查方式。基础调查并非以非正规部门企业为调查对象,也并非为获得非正规部门生产规模而专门开展。由于非专项调查具有成本低廉、效率高等优势,被许多国家所青睐。在实践中,以下两种形式是较常用的非专项调查法。

(一)非正规部门劳动力调查法

1. 非正规部门劳动力调查法实施过程

非正规部门劳动力调查法是指通过在常规的劳动力调查内容中附加涉及非正规部门劳动力调查的相关问题来得到诸如非正规部门就业人员总数、从事各类非正规部门经济活动的人员数、非正规部门劳动时间投入情况、非正规部门劳动者平均收入等信息,从而推算出非正规部门生产规模总量。就目前来看,大多数国家都已经形成了周期性的劳动力调查制度,用来掌握劳动力资源的供给与需求变化、就业人员总量与结构的演变等重大信息。劳动力调查周期可长可短,一般一年一次,在美国、加拿大、日本、澳大利亚等国家实行月度劳动力调查制度。鉴于劳动力调查的周期性,还可将前期的调查资料结合劳动力投入的增长情况,分析出非正规部门生产的变动情况。

劳动力调查可通过普查或抽样调查的形式来完成，其调查对象可以是企业，也可以是一般居民。住户劳动力调查是以住户成员为观测单位和填报单位，考察住户成员的劳动力供给和就业情况；企业劳动力调查则是以企业员工为观测单位，以企业主为填报单位（此处的企业包括非正规部门企业），考察整个企业的劳动力需求及雇佣情况。无论是何种类型的劳动力调查，若要较好地获得非正规部门劳动者的就业信息，关键是要将非正规部门的调查项目与常规的劳动力调查项目科学地结合起来，尽量做到协调和统一。另外，由于所借助的基础劳动力调查会有自身的侧重点，在实践中需要注意以下细节：

如果借助的基础调查为住户劳动力调查，则意味着调查对象是调查区域在调查期限内满足劳动力定义的所有居民。首先，调查内容不仅要涉及居民的就业状态、从事的产业类别，而且要对就业者的身份进行区分，如雇主、雇员、家庭付薪工人等。同时，为了更好地对非正规部门企业进行识别，还需要向被调查者了解其所从事企业的类型，如政府事业单位、非政府企业、家庭企业、自营企业等和企业的法律地位及企业是否具有独立的会计核算账户等信息。其次，由于许多非正规部门生产活动由劳动者兼职从事，故还需要了解被调查者的第二职业情况。最后，为了保证非正规部门经济活动的全面性，要对容易被疏忽的经济活动进行重点调查，如妇女从事的经济活动、农民从事的非农活动等。

如果借助的基础调查为企业劳动力调查，则意味着调查对象是该调查区域在调查期限内存在的所有企业，组织者应事先掌握所有企业的名录。劳动者就业信息一般由企业主（或经营者）提供，调查者需向其重点了解企业的劳动力雇佣情况，包括雇员总人数、雇工类型、雇用时间、劳动关系是否确立、雇员保障情况、是否雇用临时雇员等等，同时还要对企业的经营范围、盈利能力、所有权性质、法律地位、会计账目是否建立等相关信息进行调查。应该指出的是，组织者事先拥有一份完整的包含非正规部门企业的名录是该法成功的前提，如果组织者事先掌握的企业名单从企业登记处获得，则名录中一般不包括非正规部门企业[①]，故通过该法会造成对非正规部门企业的生产规模的低估。

非正规部门劳动力调查是获得非正规部门生产规模估计的有效载体，

---

① 在许多发展中国家和落后国家，非正规部门企业一般不会到企业登记处注册。

许多国家的实际经验证明了通过该法来获得非正规部门生产规模是可行的。如亚美尼亚曾于 1997 年 10 月依托城市住户劳动力调查(500 个城市住户)取得了非正规经济的估计;波兰曾于 1995 年、1998 年两度依托住户劳动力调查,分别对 2.53 万个、14.31 万个 15 岁以上的劳动者进行了非正规部门劳动力调查,成功获得了从事非正规部门活动劳动者数量的估计①;亚洲的格鲁吉亚、印度、斯里兰卡、泰国,非洲的大部分国家都通过劳动力调查获得了各国非正规部门生产的相关信息;等等。

2. 非正规部门劳动力调查法的优缺点

优点:

(1)调查资料的信息包含量较大。通过该法,尤其是以住户劳动力调查为依托的非正规部门劳动力调查法,不仅可获得包括非正规部门就业的总人数,还可以掌握非正规部门的经济构成和从业人员的结构情况等非正规部门就业人员的详细信息。

(2)无回答率相对较低。由于是住户调查,其调查地点较稳定,只要调查时间选择较合理就可获得其他调查不易获得的调查对象的信息,如可通过住户劳动力调查对小摊贩、个体营运司机、随街叫卖的游商等经营场所极不固定的自营经济活动从事者进行调查,获得相关信息。

(3)调查方法可行性较强。该类调查只要结合常规的劳动力调查即可开展,无须进行专项调查,且调查资料容易形成时间序列以揭示非正规部门生产的纵向变动趋势。

缺点:

(1)调查资料的时效性不强。由于非正规部门经济活动具有很强的季节性,故调查资料的代表性极大地受制于调查时间的选择。另外,调查期限的长短也将在一定程度上影响调查资料的代表性。

(2)调查设计难度较大。将非正规部门就业情况纳入常规的劳动力调查,需要与调查项目有效结合起来,并且非正规部门的就业信息属于敏感问题,易受到被调查者的排斥。如何合理安排调查项目,如何使被调查者消除对敏感性问题的疑虑,给出诚实的回答,均是对调查组织者专业技术水平的考验。

---

① United Nations Economic Commission For Europe, 2003, *Non-observed Economy in National Accounts—Survey of National Practices*, United Nations, Geneva, P. 179.

(3)就业者生产效率的衡量较难。估算非正规部门劳动者数量是为非正规部门产出的估算提供基础,而要从就业人员数转化为生产规模的关键是选择合理的就业者生产效率。然而不同的劳动者因从事的产业不同、劳动时间不同、劳动条件不同自然导致其生产效率的不同,故选择统一的非正规部门劳动者生产效率标准并非易事。

(二)非正规部门家庭收入与支出调查法

1. 非正规部门家庭收入与支出调查法实施过程

Nilima 和 Shiu(2006)指出,家庭收支调查(HIES)往往可以提供有效的非正规部门产出信息。[①] 所谓非正规部门家庭收入与支出调查法,便是运用 HIES 原理,即通过住户家庭对产自非正规部门最终产品的使用情况进行调查,将住户家庭的消费支出按商品的种类和购买地点进行一一细分,筛选出源自非正规部门的部分商品,进而结合商品的价格从侧面估算出非正规部门生产规模的一种方法。如果说劳动力调查法是从测度非正规部门要素投入的角度去估算非正规部门生产规模的话,那么家庭收入与支出调查法则是从测度非正规部门产出的角度去估算非正规部门的生产规模。

周期性的住户调查已成为许多国家政府了解居民生活质量及变化情况的有效途径。一般地,住户调查以居民家庭为观测单位和填报单位,以调查期限内住户家庭的收入和日常消费支出为调查内容。从调查的组织形式来看,抽样调查是较常采用的形式,为了提高样本的代表性,可根据调查范围和抽样框的基本情况结合多种抽样方式进行样本的选择。样本家庭一旦被确定,在调查期限内就不允许更改。所有的调查项目可集中列于调查表中,并将调查表留置于样本家庭,要求居民家庭在调查期限内按照调查表填写要求逐一认真填写。样本家庭在完成一段时间的调查后将调查表交到组织者手中,最后由组织者完成调查资料的整理、统计、筛选,进而计算得到非正规部门生产规模的估计值。

调查项目的科学设置同样是该法成功运用的关键所在。调查项目不仅要涉及居民家庭在调查期限内所购商品的所有可能种类,更重要的是要设

---

① Nilima L, Shiu R, 2006, *The Informal Economy in Small Island Developing States: Case Study of Fiji Islands*, Working Paper, Department of Economics Dalhousie University, Halifax.

计商品的所有可能购买地点，并使购买地点能与非正规部门直接挂钩，以便组织者在最终统计时清晰地分离出源自非正规部门的商品。出于调查资料的统一性和可识别性考虑，组织者可通过设置购买地点的相关选项来完成对住户家庭商品购买地点的分类，如大型超市、正规商店(除大型超市外)、正规工厂、街头小摊、不正规的游商、其他住户企业等。当然，选项的设置与当地居民的消费习惯、当地商业的发展程度密切相关，组织者需要事先对相关情况进行考察，尽量做到调查选项的全面性与互斥性。另外，组织者还需要附上各个选项的解释说明，以加强居民对各选项的正确理解，做出准确的选择。同时，在调查中还需要得到各种商品的消费金额信息。

2. 非正规部门家庭收入与支出调查法的优缺点

优点：

(1)调查成本较低。由于住户调查是一个国家和地区的基础经济调查，住户家庭名录一般已经事先形成，组织者无须再为估算非正规部门的生产规模而重新搭建抽样框，这可以节约不少成本。

(2)调查的可行性较强。住户调查的基础性为非正规部门生产信息的搜集提供了便利的平台，更为开展周期性的非正规部门家庭收入与支出调查法提供了前提。

(3)调查资料的回收率较高。住户调查一般由政府统计部门组织和实施，样本家庭和居民有义务配合政府进行统计调查，从而在一定程度上保证了调查表的回收率，为有效调查问卷的形成作了充足的准备。

(4)调查资料的可分析性较强。只要结合周期性的住户调查，非正规部门生产信息就能形成时间数列，这不仅能反映非正规部门生产规模的时序动态变化趋势，更能为进一步分析非正规部门在居民日常生活中的地位变化、影响变化、与正规部门生产的关系变化提供数据准备。

缺点：

(1)调查项目设计难度较大。调查项目，特别对商品购买地点的设计具有相当的难度。设计者要保证调查项目一方面能体现非正规部门商品与正规部门商品在分销渠道上的差异；另一方面还要保证住户家庭对各选项能够充分理解，准确识别。从而，设计者不仅需要具备基本的统计知识，还需要具备一定的经济观察能力和分析能力，需要对调查区域内的商品经济特征、居民的消费习惯等进行详细了解。

(2)调查资料代表性较难控制。住户家庭购买商品的种类和地点取决于自身的消费习惯，习惯具有一定的持续性特征，这往往导致住户家庭的所购商品并不能覆盖非正规部门所有商品的产出类别，易对最终估计造成系统偏差。同时，非正规部门生产具有一定的地区集群性，为使调查资料能更好地反映非正规部门经济类型的全面性，要求样本容量尽可能大，而在实践中往往因为诸多因素的限制而无法大范围地选取样本。

(3)容易造成估算结果的低估。由于调查资料仅能反映非正规部门提供给住户家庭最终消费和使用的那部分产品，而作为中间产品提供给其他生产部门的那部分产品则无法从调查结果上得到体现，从而即便样本家庭的所购商品能较好地代表非正规部门生产的所有商品类别，也将造成非正规部门生产规模的低估。

二、专项调查法

所谓专项调查法是指以非正规部门企业为调查对象，以获取非正规部门生产规模信息而专门组织开展的调查方法，与非专项调查的最大区别是专项调查法的调查设计可直接契合非正规生产部门的经济性质，一般可获得质量较高的调查资料。根据调查对象、调查设计的不同，笔者将专项调查分为以下几类。

(一)非正规部门企业调查法

1. 非正规部门企业调查法实施过程

所谓非正规部门企业调查法是直接对调查区域内的非正规部门企业进行调查来获取非正规部门生产信息的一种调查方法。在该项调查中，调查对象是所有非正规部门企业，调查地点一般选在非正规部门企业的经营场所，由企业主或企业负责人来完成调查资料的填报。

无论是采取全面调查还是抽样调查，都意味着组织者事先已具备了一份完整的非正规部门企业名单，这是该法得以成功实施的前提和关键。然而，在现实中要取得一个完美的抽样框并非易事，组织者可通过以下三种途径来生成非正规部门企业名录：第一种途径是在调查之前预先对调查区域内的单位进行排查，筛选出符合条件的企业，该途径保证了非正规部门企业名单的可得性，且所获抽样框的质量也较高，但需要较大的成本。第二种途径是从当地企业登记处或负责企业相关事务的行政单位处获得非正规部门企业名单。该途径成本低廉，但所获抽样框质量较低，原因是企业登记处的资料仅能代表已登记注册的非正规部门企业，而排除了大量没有登记注册的非正规部门单位，常常使得这种途径生成的抽样框存在严重的“涵盖不全”[①]现象。另外，在非正规部门比重相对较高的国家可能并不存在企业注册机构。第三种途径是根据普查资料生成非正规部门企业抽样框。就目前来看，大多数国家都设有普查制度，较常见的普查形式有人口普查、经济普查等。在普查之后，特别是经济普查之后，可对普查资料进行筛选、识别，进而形成非正规部门企业名单。该途径成本较低，所获抽样框的质量一般也较高，是目前较可行的非正规部门抽样框的所获途径。

如果开展非正规部门企业全面调查，组织者需要对名单上的所有企业一一进行调查，这需要耗费大量人力、物力、财力，需要经历较长的调查时间，不宜经常采用。而非正规部门企业抽样调查则是目前各国实践较常借助的方法，组织者按照随机原则选取部分企业作为样本，再对样本企业进行深入调查。为提高样本的代表性，多种抽样组织形式可结合使用，如先通过区域抽样获取初级抽选单位，再根据初级单位的特点（产业分类、地理集群、规模大小等性质）结合分层抽样的原理来获取最终的样本单位。抽样比的选择可结合普查资料提供的具体情况，在非正规部门企业较集中的地区可设置较大的抽样比，在非正规部门企业较分散的地区可取较小的抽样比。调查项目的设置依然重要，是能否从样本企业获得相关信息的关键所在。组织者需事先对调查区域的非正规部门进行大致了解，包括企业的经营方式、雇佣情况、销售习惯等等。

就目前来看，许多国家都开展了类似的调查。蒙古于 1999 年 11 月 25 日至 12 月 25 日开展了非正规部门抽样调查，根据政府提供的登记企业名单，其调查对象限于“所有登记为非正规部门的企业”。整个调查分三阶段展开——初级抽样单位为各个省份、二级抽样单位为 6 个地区和乌兰巴托省级中心城市（或二级城市）、三级抽样单位为各个非正规部门企业，最终的样本量为 4042 家企业。估算结果表明，1999 年蒙古的非正规部门生产规模与 GDP 的比值高达 13.3%[②]。波兰曾于 1998 年对住户部门小型企业（就业人数不超过 5 人）的生产情况进行调查，获得了不同经济类型企业的实际平均

---

① 涵盖不全也称不完全涵盖，是指抽样框上的名单数比实际调查单位少的现象。

② Lkhagvajargal B, 2004, *The Size of Non-observed Economy in Mongolia*, in OECD/UNESCAP/ADB Workshop (eds.), on Assessing and Improving Statistical Quality: Measuring the Non-observed Economy, May 11-14, Bangkok.

销量和实际平均报酬的信息。亚美尼亚曾于 1997 年 10 月对全国的非正规经济开展了调查，通过对 2500 家雇工人数不超过 10 人的小型企业和在 1998 年 10 月至 1999 年 1 月期间 2046 位注册的企业主和 1800 个雇主及自我雇佣者的调查，同样获得了非正规部门生产的重要信息。他们的实践证明了非正规部门企业调查法的可行性。

2. 非正规部门企业调查法的优缺点

优点：

(1)调查效率较高。由于调查对象仅限于非正规部门企业，排除了非同质个体的干扰，组织者不需对调查对象进行一一识别，提高了调查效率。

(2)调查资料具有较高的精度。一方面，样本企业的选择有了很大空间，为有效样本的获得创造了条件。多种抽样组织形式的结合使用，如区域抽样结合分层抽样、多阶段抽样结合分层抽样等，大大增强了样本企业的代表性。另一方面，因调查对象局限于非正规部门企业，这为调查设计围绕非正规部门经济特征展开奠定了基础，如调查时间的选择、调查方式的选择不再受制于基础调查的束缚，同时，调查项目的设置更具有针对性，避免了基础调查的干扰，使得调查资料的精度大幅提升。

(3)调查内容涉及面广，较易获得企业的广泛信息。基于非正规部门企业调查法，组织者不仅能获得反映非正规部门企业的经营和盈利状况、生产的季节性特征、资金运作情况，还能了解到非正规部门企业从业人员的相关情况，包括雇工类型、偏好、年龄结构、待遇保障等信息，这些信息是其他形式的调查不易获得的。

缺点：

(1)该法的适用性有一定的限制。在实践中，鉴于成本低廉和抽样框质量较高，组织者常常会选择第三种途径生成非正规部门企业名单。这在一定程度上限制了该法的适用条件，即该法的实施需要普查资料的辅助，同时也就意味着非正规部门企业调查不宜在缺乏普查资料的国家和地区开展。

(2)调查资料的质量高低与普查资料类型密切相关。由于普查资料将直接生成抽样框，故普查资料的不同类型将影响抽样框的代表性，从而影响调查资料的质量。如果非正规部门企业的名录是由经济普查资料生成，则最终的调查资料会较多地反映存在固定生产经营场所的非正规部门企业的信息，而对非正规雇主企业，尤其是独立的个人从事的经济活动或无固定经营地点的经济活动则较少涉及；如果抽样框是由人口普查资料或住户普查资料生成，则最终的调查资料能较好地体现独立经营的非正规部门企业的信息，而对以合伙形式或以第二职业形式从事的非正规部门生产活动则会较少涉及。

(3)抽样框需要经常更新轮换。由于非正规部门企业的经济活动具有较强的季节性和较高的流动性，抽样框需要不断更新，对新生非正规部门企业和已消亡企业进行及时补充和消除，以提高抽样框的代表性。

(4)对调查精度的控制和检验存在较大难度。

(二)非正规部门住户企业混合调查法

1. 住户企业混合调查法实施过程

所谓非正规部门住户企业混合调查法是指对调查区域内的住户家庭进行调查以获取非正规部门企业名单，再对非正规部门企业进行深入调查以获取生产信息的一种调查方法。从调查的实施过程来看，非正规部门住户企业混合调查分为两个阶段：第一阶段为住户调查，以住户家庭为调查单位和填报单位；第二阶段为非正规部门企业调查，以非正规部门企业为调查单位，以企业主为填报单位。根据住户调查目的的差异，该法往往又表现为两种模式：绑定的住户企业混合调查法和独立的住户企业混合调查法。绑定的住户企业混合调查法是指第一阶段的住户调查并非为识别非正规部门企业而开展的专项调查，而是在常规住户调查上附加“非正规部门企业识别模块”来达到识别非正规部门企业的目的。① 任何涉及住户家庭和成员的调查均可作为非正规部门企业识别模块的绑定基础，如家庭收支调查、家庭生活消费调查、人口普查、居民劳动力调查等等。如果第一阶段的住户调查是为识别非正规部门企业而专门开展的调查，则这种模式被称为独立的住户企业混合调查法。

在实践中，无论是绑定的住户企业混合调查还是独立的住户企业混合调查，均可被理解为一种两相抽样调查形式。第一阶段的住户样本可视为第一相样本，对第一相样本的调查是为获取辅助信息——对非正规部门企业进行识别，为获得第二相样本——非正规部门企业样本奠定基础。从第一相样本的调查结果来看，独立的住户企业混合调查模式一般能为第二相样本提供相对较大的抽样框，原因是第一相样本的生成可紧扣“识别非正规

---

① 通常以调查表的形式出现，内容涉及非正规部门的企业身份识别。

部门企业”这个单一调查目标，排除了其他调查目标的干扰，针对性较强；而绑定的住户企业混合调查模式则碍于第一相样本调查内容的多样性，往往容易造成与“非正规部门企业识别”的冲突，从而束缚组织者对非正规部门企业涉及面的拓展。第二相样本源自第一相样本，组织者可根据第一相样本所获得的信息，选择合理的抽样方式形成第二相样本，即最终样本，所有非正规部门企业生产规模的信息通过对最终样本的调查来获取。同时，最终的调查资料还可对第二相样本是否属于非正规部门进行事后识别。

在具体实施过程中，非正规部门住户企业混合调查法需要注意若干细节问题，如第一阶段的调查资料可能由住户成员填报，而第二阶段的调查资料就必须由非正规部门企业主或负责人亲自填报；对调查地点的选择也应根据不同阶段的调查进行相应调整，如对住户调查可选择家庭居所，对非正规部门企业调查，其调查地点则应选择企业的经营地点。另外，鉴于非正规企业生产持续性较弱，两个阶段调查实施的间隔应尽可能缩短，以尽量减少调查单位的流失。

21 世纪初，阿塞拜疆、亚美尼亚、格鲁吉亚、摩尔多瓦、土库曼斯坦、乌克兰等国家就开展了非正规部门住户企业混合调查。在他们的调查实施过程中，第一阶段的调查主要针对住户部门开展，内容涉及住户家庭的收支情况和生产情况，而第二阶段的调查则针对非正规部门的企业开展，用于获取非正规部门的生产信息①。

2. 住户企业混合调查法的优缺点

优点：

(1)抽样框较完备。如果第一阶段的住户调查采取普查，则形成的非正规部门企业名录将会比较完整，调查区域内的所有非正规部门企业均有可能被纳入抽样框；如果第一阶段的住户调查是为识别非正规部门企业而开展的独立专项调查，则由此形成的抽样框将非常完美。

(2)调查资料的信息含量较高。通过该法的实施，组织者往往能同时收获来自住户层面和来自企业层面的信息，尤其是通过绑定的住户企业混合调查模式所得的调查资料能同时满足基础调查的一般需求和非正规部门企

---

① Tatiana Khomenko，2007，*Measurement of the Non-observed Economy in Transition Economies with Special References to CIS Countries*，http://www.iariw.org/chinaconference.php.

业调查的特殊需求。同时，通过两个阶段的调查，组织者能对该双重信息进行对比、辨别、筛选和评价，并为非正规部门生产规模的估算提供辅助信息。

缺点：

(1)对调查人员专业技术要求较高。该法对调查人员，尤其是第一阶段调查人员的专业技术要求较高。第一阶段的调查资料直接构成第二相样本的形成基础，故对第一相样本的识别就相当关键。由于第一阶段调查的填报单位是住户成员，他们往往会因误解，甚至不理解调查问题而提供错误的信息，从而误导调查者对非正规部门企业的精确识别。同时又由于合伙经营方式的存在，极易导致第一相样本非正规部门企业间的交叉与重复。调查人员不仅要对被调查者进行详细的技术解说，还需及时发现涉及非正规部门企业识别的各种问题，这需要具备较高的专业知识和较丰富的实践经验。

(2)调查成本较高。该法的实施需要较大的投入成本，尤其是独立的住户企业混合调查法，组织者需要花费较多的人力、物力和财力去实现两个阶段的调查任务。

(三)住户调查附加非正规部门企业模块调查法

1. 住户调查附加非正规部门企业模块调查法实施过程

所谓住户调查附加非正规部门企业模块调查法是指在调查区域内实施住户调查的同时一并开展非正规部门企业调查的一种方法。从本质上看，该法是住户企业混合调查法的特殊形式，是将两个阶段的调查——第一阶段住户调查和第二阶段非正规部门企业调查合并成单一阶段的调查形式来实现。

两阶段调查的“合一化”实施，常常通过两套调查表的同时填写来开展，即在对住户部门实施“非正规部门企业识别”调查的基础上，同时开展非正规部门企业生产信息的调查。调查员需要对住户家庭和非正规部门企业的关系相当熟悉。一般而言，如果住户家庭不属于非正规部门，则只需完成基础调查部分的项目填写；如果住户家庭在完成基础调查部分的项目填写之后，被识别为“非正规部门企业”，则该住户需完成全部调查项目的填写。

2. 住户调查附加非正规部门企业模块调查法的优缺点

优点：

(1)调查效率较高。该法对非正规部门企业的识别和调查与基础住户调查一并进行，而不需生成非正规部门企业独立的抽样框，不需开展非正规部门独立的调查，大大缩短了调查时间，提高了调查效率。

(2)调查资料容易形成时间序列。住户调查具有周期性开展的特征，从而使得附加在住户调查之上的非正规部门信息周期性地获得成为可能，而连贯的非正规部门信息大大提高了信息的应用价值。

(3)调查成本较低。该法的调查成本相对较低。

缺点：

(1)调查方法的适用面较狭窄。该法仅适用于存在合适住户调查的国家和地区，而对不存在住户调查的国家和地区并不适用。

(2)调查设计难度较大。由于住户调查设计和非正规部门调查设计各具特点，两种调查的同步进行会给调查设计带来很大的难度。偏重住户调查的设计可能对非正规部门企业调查带来负面影响，如选择的调查区域可能对非正规部门调查并不合适，容易造成系统性的偏差。同样，偏重非正规部门企业调查设计可能对住户调查的样本代表性、调查结果的精度产生干扰。

(3)调查资料质量较低。附加非正规部门企业调查模块对被调查者来说无疑加重了调查负担。由于众多调查项目要填写，被调查者容易产生厌烦情绪，导致基础调查的数据质量下降。

(4)较难形成非正规部门企业的有效样本。由于非正规部门企业调查并非单独开展，使得非正规部门企业样本的生成方式完全依赖于住户调查的样本生成途径，从而排除了多种抽样组织形式的灵活选择生成非正规部门企业有效样本的可能性。

三、多目标综合调查法

(一)多目标综合调查法实施过程

所谓多目标综合调查法是指对调查区域内的住户家庭或居民进行调查来获得如居民就业情况、住户家庭日常收支情况、非正规部门企业生产情况等多方面信息的调查方法。由于调查内容涉及多个方面，包括多个主题，故该法又称为多目标综合调查法。

多目标综合调查法的主旨是将基于多种目的的调查设计在一次调查中得到合理的安排。从目前的应用实践来看，多目标综合调查法一般被设计成多阶段调查的形式，不同调查阶段分别由不同调查对象提供不同主题的调查资料。借助多目标综合调查法来获取非正规部门生产信息是既没有设置住户调查、居民劳动力调查等基础调查，也没有设置人口普查、经济普查等专项调查的国家和地区获取非正规部门企业信息的有效途径。组织者在没有基础调查可以依托也没有非正规部门企业名单可以利用的情况下往往会采用多目标综合调查法来实现非正规部门生产信息的搜集。

在北非讲法语的国家曾经开展过的 1-2-3 调查(1-2-3 Survey)就是多目标综合调查法的典型代表①。1-2-3 调查用于实现两个层面的调查动机:宏观经济层面的调查动机产生于将非正规部门生产纳入国民经济生产核算的要求;社会经济层面的调查动机产生于为政府制订出有利于非正规部门企业发展的政策提供依据的愿望。1-2-3 调查分为三阶段:第一阶段为住户调查,调查对象为一般住户,由户主提供信息,调查内容主要涉及住户成员的劳动力供给、潜在劳动力供给、就业结构(就业率、失业率、报酬、职业流动性)及各自的工作条件(工作时间,保障情况)等情况,同时调查者需从户主提供的信息中做出该住户是否属于非正规部门企业的判断,为第二阶段的调查做准备;第二阶段为非正规部门调查,调查对象由第一阶段识别出的非正规部门企业构成,由企业主提供调查资料,调查内容不仅要涉及非正规部门企业经济活动的类型、劳动力的雇佣行为、劳动者的工资、产品的价格、生产投资情况及竞争对手等信息,还要调查非正规部门企业的生产投入、产出结构和消费结构等信息,为非正规部门的生产规模估计提供必要的信息;第三阶段为住户家庭的日常消费调查,调查对象仍然是一般住户,由住户成员完成一段时间的调查资料记录,并于规定的期限上交给组织者。在第三阶段的调查中,住户家庭不仅要记录日常购买商品和服务的数量、金额,还需指出所购商品的购买途径,以方便组织者对非正规部门和正规部门的区分。这一独到的调查设计不仅使组织者在了解住户家庭商品偏好的同时,还能考察非正规部门商品在住户消费结构中的比重。

(二)多目标综合调查法的优缺点

1. 优点

(1)方法适用面相当广泛。多目标综合调查法不需借助任何基础调查,这一特性使其具有广泛的应用空间,任何国家和地区都可开展该类调查。

---

① Bardon R, 1998, *The 1-2-3 survey: principles, definitions and operations—The case of Yaoundé and Antananarivo*, presentation at the seminar Le secteur informelle dans les pays du bassin méditerranéen, ISTAT, Rome, MEDSTAT programme.

(2)调查资料涉及面相当广泛,信息含量高。一次多目标综合调查的开展可以满足调查者多方面的信息需求,组织者可获得诸如住户家庭和居民有关生产、生活等全方位的信息,可谓“一次投入,收获多多”。

2. 缺点

(1)调查内容缺乏针对性,调查资料质量较低。由于多目标综合调查法包含若干主题,往往形成同一被调查者需要提供多方面信息的情形,这不仅需要被调查者花费较多时间来应付调查过程,还极易造成被调查者的思绪分散,对较多的调查内容无法准确识别,从而降低调查资料的质量。

(2)对组织者和调查人员的技术要求高。多重调查目标要在同一调查设计中予以妥善安排,这无疑对组织者的调查设计产生了较高的技术诉求。同时,在多阶段调查的实施过程中,各阶段调查如何衔接、各阶段样本如何形成、各阶段调查资料精度如何把握都需要组织者和调查者具备较高的专业技术和较丰富的实践经验。

(3)调查成本高。多目标综合调查法是上述所有调查类型中付出成本最高的调查方法,不宜经常采用。

综上所述,笔者将各类获取非正规部门生产规模的调查方法就调查目标、主要优缺点、非正规部门企业调查地位、调查设计难易程度、调查资料质量高低等特点进行了比较和总结,见表 2-1。

四、剩余平衡法

间接估算法是指根据观察不同来源的数据资料推算出非正规部门生产规模的方法。从已有的文献来看,讨论非正规部门生产规模间接估算法的文献较少。Jacques Charms(2000)提出的剩余平衡法(Residual Balance Technique)是最典型的一种间接估算法。Charms 认为可以根据劳动力调查数据分割出从事非正规部门生产的劳动力人数,再结合他们的工资水平就可得到非正规生产规模的估计数,同时,Charms 指出,非正规部门的生产规模还可以通过官方公布的 GDP 数据中扣除正规部门申报的 GDP 值来得到估计①。当然,上述估算必须基于相关的假设条件。

---

① Charmes J, Unni J, 2000, *Employment in the Informal Sector and Informal Employment: New Insights from Recent Surveys in India, Kenya and Tunisia*, Fifth Meeting of the Expert Group On Informal Sector Statistics, September 19-21, 2001.

表 2-1　各非正规部门生产规模调查法的特点比较

<table>
<tr><th rowspan="2">分类</th><th rowspan="2">主要优缺点</th><th rowspan="2">具体类别</th><th colspan="4">特　点</th></tr>
<tr><th>调查目标</th><th>非正规部门企业调查地位</th><th>调查设计难易程度</th><th>调查资料质量</th></tr>
<tr><td rowspan="3">非正规部门专项调查</td><td rowspan="3">调查设计围绕非正规部门特征展开，选样过程可结合采用多种抽样技术，但较难事先获得完备的非正规部门企业抽样框</td><td>非正规部门企业调查法</td><td>单一目标：获取非正规部门企业生产信息</td><td>主导地位</td><td>较复杂</td><td>高</td></tr>
<tr><td>绑定的住户企业混合调查法</td><td>双重目标：第一阶段获取居民生活情况；第二阶段获取非正规部门企业生产信息</td><td>平等地位</td><td>复杂</td><td>较高</td></tr>
<tr><td>独立的住户企业混合调查法</td><td>单一目标：获取非正规部门企业生产信息</td><td>主导地位</td><td>相对容易</td><td>高</td></tr>
<tr><td rowspan="3">非正规部门非专项调查</td><td rowspan="3">调查成本较低，调查方法可行性较强，容易形成周期调查；调查设计难度较大，有效样本形成较难</td><td>劳动力调查法</td><td>单一目标：获取居民劳动力供给、结构、就业等信息</td><td>次要地位</td><td>相对容易</td><td>较高</td></tr>
<tr><td>家庭收入与支出调查法</td><td>单一目标：获取居民家庭日常生活消费支出和经济收入信息</td><td>次要地位</td><td>相对容易</td><td>一般</td></tr>
<tr><td>住户调查附加非正规部门调查模块</td><td>双重目标：既要获取居民家庭日常生活消费支出和经济收入信息，又要获取非正规部门企业生产信息</td><td>次要地位</td><td>较复杂</td><td>一般</td></tr>
<tr><td>多目标综合调查</td><td colspan="3">无须建立专门的住户名录，从而能够节省成本，提高效率；调查设计非常复杂，调查资料质量较低</td><td>平等地位</td><td>最复杂</td><td>较低</td></tr>
</table>

来自波兰 Kielce 市统计局的专家提出的“Kielce 法”也是间接估算非正规部门生产规模的方法之一。Kielce 法基于如下四个假设：

(1)既定经济活动的劳动生产率应能确保产生利润的可能；

(2)小型企业能迅速适应市场的需求；

(3)劳动者在相同地区相同产业的小型企业和中型企业就业，获得的报酬相同；

(4)企业主的收入高于平均报酬率。

据此，通过对小型企业(就业人数不超过 5 人)平均销量和企业员工平均报酬的调查，波兰统计局获得了全国非正规部门生产规模的粗略估计[①]。

综上所述，国外关于非正规部门生产规模的估算方法也同样突出了直接调查法的地位，虽然直接调查法存在若干难以避免的缺点，如由于合伙关系的存在致使劳动力人数的估计存在一定困难，调查结果精度对调查期限和被调查者合作程度依赖性大，样本代表性问题难以把握等，但仍然得到了较广泛的运用；而间接估算法则因受到严格的假设条件制约，并未得到广泛普及。

第二节　非正规部门生产规模估算方法：国内研究

一、国内研究现状

与国外研究相比，国内的研究成果相对较少。在已有的文献中，研究“非正规经济”“非正规就业”的较多，涉及“非正规部门”的较少；从经济学角度罗列现象、概括原因、分析影响的较多，基于统计角度分解结构、构造方法、度量规模的较少；涉及非正规部门测算方法的文献中，介绍国外调查方法的较多，提出适合我国国情测算方法的甚少。

高玲芬、孙淑芬(1998)编译了美国普查局收集非正规部门数据的经验方法，将美国普查局经济普查部调查统计学家 O. Miguel Cuevas 提出的从住户调查中收集非正规部门活动信息的方法介绍给了国人。他们在美国普查局关于非正规部门的概念——“非正规部门是指一切以获取收入为目的，

---

① United Nations Economic Commission For Europe, 2003, *Non-observed Economy in National Accounts—Survey of National Practices*, United Nations, Geneva.

不受国家现行法律和法规制约的活动，就是个体劳动者和家庭在别无选择的环境下为生存而从事的经济活动”[①]统领下，将美国普查局如何在实践中对非正规部门经济活动的信息进行搜集，包括调查总体如何框定，观察单位、样本单位和分析单位如何确定，抽样框如何生成，总体如何划分及各层样本容量如何分配，调查表如何设计及敏感问题的处理等一一进行了介绍，使我们对美国的成功经验有了较感性的了解。

叶世芳(2001)将OECD的成功经验带给了国人。他的研究对OECD经常使用的直接调查法及相关的操作要点进行了介绍，重点介绍了住户调查和产业活动单位调查获得非正规部门信息的两类方法。[②] 并指出，现有的经济活动人口调查和住户调查可提供具有经济意义的非正规部门就业者数据，包括人员的数量、特征、就业环境和工作条件。另外，根据统计目的、使用数据的意图、国家统计系统的日程表和机构、样本框、资源的可利用程度，通过对各种产业活动单位的调查，也有可能收集非正规部门的数据。作者特别指出，结合最新的经济普查中的地区样本框，可进行非正规部门活动单位专项调查，以收集非正规部门单位在就业、生产、收入形成和其他方面的数据。

在东方社奇(1999)的文章中，非正规部门被定义为“包括现行统计调查单位以外的形形色色的社会经济活动单位，同时还包括统计调查单位中的违法、违纪经营单位和未达标单位”[③]。作者认为可通过两种途径来获取非正规部门的信息：一是通过观察法，即组织者根据特定的研究目的，利用感觉器官和其他科学手段，有组织、有计划地对非正规部门企业进行观察，以取得非正规部门的资料。组织者可选择参与观察和非参与观察方式来实施观察法，其中参与观察法是组织者直接对非正规部门企业的生产活动进行观察获取资料，而非参与观察是组织者采取多种措施，巧妙地从外围有关信息进行调查，再对企业的生产数据进行推算。二是利用随机化方法，直接对非正规部门企业进行访问。[④] 具体操作可借助沃纳和西蒙斯两种模型来实现非正规部门企业生产数据的采集，并以此进行估算。

---

① 高玲芬、孙淑芬:《非正规部门的经验测算方法统计研究》,《统计研究》1998年第5期。

② 叶世芳:《如何开展对非正规部门的统计》,《统计研究》2001年第3期。

③ 东方社奇:《非正规部门统计核算初探》,《统计与决策》1999年第2期。

④ 随机化是指每个非正规部门企业的入样概率均等，组织者事先需要一份完整的非正规部门企业的名录，可利用随机数码表、随机数筛子等工具，实现非正规部门企业选择的随机化过程。

曹俊文(2003)讨论了测算非正规部门就业人员数量的方法，重点分析了间接估算方法，认为使用“劳动力参与率差异法”和“宏观经济推算法”可间接估算出非正规部门就业者人数。[①] 其中，劳动力参与率差异法是从劳动力参与经济活动的比重变化入手，在失业人员边领失业救济金边在非正规部门企业就业的假设前提下，固定一个失业人员比重基数(该基数一般假定不存在非正规部门企业)，则以后年份该比率的变化就归结为非正规部门就业人员数的变动。宏观经济推算法则是引用了英国学者麦考菲的观点，将支出法核算得到的 GDP 数据与收入法核算得到的 GDP 数据相减的差值作为非正规部门经济规模的衡量标准。作者认为只要估算一个非正规部门就业者的平均产出，就可以得到非正规部门就业人数的估算值。应该指出的是，在他的研究中并没有直接提出非正规部门生产规模的测算方法。我们认为可以此进行推导，毕竟非正规部门就业人员数与其平均产出的乘积亦可作为非正规部门生产规模的估计。

刘丹丹、马长琳(2005)认为获取非正规部门信息可借助非正规部门专项调查和作为子模块附加在住户调查之上的非专项调查两种途径。同时阐述了西方国家在实践中对非正规部门调查的基本操作思路：以区域抽样为基础，采用多阶段抽样方法抽取住户样本，接着对住户调查获取住户成员的就业、工作状况、主要及次要活动信息，据此来判断住户是否从事非正规部门活动。然后对筛选出来的住户重点调查非正规部门企业的生产活动情况，从而进一步推算非正规部门经济总量与结构数据。同时，作者认为意大利统计局首创的劳动投入法是比较可行的间接估算法。该法从非正规部门企业投入角度出发，设法获取比较精确的劳动投入数据，然后利用每单位劳动投入的产出率和增加值率计算产出和增加值[②]，其原理为：

非正规部门产出＝非正规部门劳动投入量×每单位劳动投入的产出率　(2-1)

非正规部门增加值＝非正规部门劳动投入量×每单位劳动投入的增加值率　(2-2)

胡鞍钢、赵黎(2006)提出的劳动生产率法可谓是国内相关文献中的亮点。他们认为“城镇非正规部门”应包括三部分经济含量：城镇中的个体经济，主要

① 曹俊文：《非正规部门就业统计调查方法的选择》，《上海统计》2003 年第 5 期。

② 刘丹丹、马长琳：《非正规部门的调查及测算方法探讨》，《统计与信息论坛》2005 年第 4 期。

是指个体工商业者创造的生产总值;城镇中的私营经济,主要是指城镇中的私营中小企业创造的生产总值;未统计部分经济,即农村转移劳动力在城镇中创造的生产总值。并认为我国官方公布的GDP账户对这三部分经济有不同程度的记录,个体经济是部分纳入、私营经济基本纳入,而后者是未纳入。基于此,文章提出按劳动生产率方法对城镇非正规部门经济规模进行估计。对私营和个体经济,他们采用全国非农产业平均劳动生产率来估算;对以农村转移劳动力为主的未统计经济则按全国平均劳动生产率来进行计算,然后对这两部分经济加总作为城镇非正规部门经济规模的估算值。照此推算,得出1990—2004年我国城镇非正规部门对新增GDP的平均贡献值为44.23%的结论。

二、存在的问题和启示

国内学者虽对非正规部门生产规模的估算方法进行了一系列研究,但仍然存在三点问题:第一,在非正规部门生产规模直接调查法研究中,以介绍国外流行方法为主,缺少直接调查法能否在我国应用的可行性分析。如高玲芬、孙淑芬介绍的美国普查局方法,叶世芳、刘丹丹阐述的住户调查法、非正规部门企业调查法及劳动力投入法等方法都是目前西欧、拉丁美洲等国家在非正规部门调查中经常使用的方法。他们主要参考国际机构的有关会议资料和相关国家的成功经验,将各种调查方法的原理、实施步骤等细节进行介绍,并未讨论各种直接调查法的应用条件,更未对该类方法在我国使用的可行性进行分析。第二,在间接估算法的选择上,国内研究存在一些误用,甚至滥用现象,这将对非正规部门规模的估算结果造成巨大影响。如曹俊文提出劳动力参与率差异法和宏观经济推算法往往用于推算未被观测的经济总量,而非正规部门生产既有已被GDP指标反映的部分,也有未被现有生产统计涵盖的部分,倘若采用未被观测经济规模估算方法来估算必将造成估算结果的失真。第三,对我国非正规部门生产规模的估算,大多学者仅仅只是理论构想而未给出实际的估算。笔者认为,对非正规部门生产规模的准确估算可从以下两个角度入手:

(1)参考国外成功经验,结合我国的统计调查体系,分析国外流行的直接调查法对我国非正规部门生产规模估算的可行性,并在此基础上进行调整和改进。

(2)根据我国目前已发布的统计数据,及相关学者所做的典型研究,对非正规部门生产规模的间接估算方法进行探讨,重点考察已发布的宏观统计数据间的内在关系，各种专项调查数据与常规统计数据间的联系，等等，尝试从中分离出非正规部门的信息，进而得到非正规部门生产规模的间接估算。

第三节 非正规部门生产规模估算方法：创新研究

国外经验表明，基于科学设计的直接调查是获得非正规部门生产规模估算的有效途径。所谓直接调查法是指对住户家庭或住户成员进行全面调查或抽样调查，直接获取有关非正规部门企业生产信息的方法。根据不同的调查设计和调查组织类型，直接调查法分非专项调查法和专项调查法两类，而非专项调查法更经济、应用更为广泛。非专项调查法的基本原理是在已有的基础调查上穿插涉及非正规部门信息的调查项目或附加非正规部门调查模块来实现对非正规部门生产信息的搜集，存在合适的基础调查是开展非专项调查法的必要前提。那么，如果要通过非专项调查来估算我国的非正规部门生产规模，是否存在合适的基础调查呢？笔者对此进行了探讨。

自 1994 年提出建立“以周期性普查为基础，以经常性抽样调查为主体，多种调查方法综合运用”的新目标后，我国的统计调查方法体系经历了重大的改革。就目前来看，我国已经基本建立和形成了普查制度体系和抽样调查制度体系（李金昌，2002），其具体构成为：①普查制度体系。普查制度体系包括人口普查制度（每 10 年进行 1 次，逢 0 年份）、基本单位普查制度（每 5 年进行 1 次，逢 1、6 年份）、农业普查制度（每 10 年进行 1 次，逢 7 年份）、工业普查制度（逢 5 年份）和第三产业普查制度（逢 3 年份），也就是通常所说的“十年六普查”制度。2003 年，我国的普查制度把基本单位普查、工业普查和第三产业普查合并，并加入建筑业普查，形成经济普查（每 5 年进行 1 次，逢 3、8 年份进行）。②抽样调查制度体系。抽样调查制度体系包括城镇劳动力调查制度、城市住户调查制度、农产量抽样调查制度、农村（乡村）社会经济调查制度、农村住户抽样调查制度、全国企业景气调查制度、人口变动抽样调查制度、规模以下工业抽样调查制度、规模以下批发零售贸易和餐饮业抽样调查制度等。③统计报表制度体系。统计报表制度体系包括基本单位调查统计报表制度、农林牧渔业统计报表制度、农业产值综合统计报表制度、工业统计报表制度、运输邮电业综合统计报表制度、建筑业统计报表制度、批发零售贸易餐饮业统计报表制度、固定资产投资统计报表制度、劳动统计报表制度、科技统计报表制度、大中型工业企业科技活动统计报表制度、企业调查统计报表制度和价格统计报表制度等。[①] 非正规部门隶属于住户部门，这一部门属性对作为其依托的基础调查有较大的限制，即调查单位应是住户家庭或住户成员。鉴于此，我国统计调查体系中的人口普查、经济普查、城镇劳动力调查、城市住户调查、农村住户抽样调查、人口变动抽样调查等均满足这一要求。笔者认为，做到非正规部门调查项目与基础调查项目的有机结合或做到非正规部门调查模块与基础调查模块的有效契合是开展非正规部门非专项调查的关键所在，而无论是增加调查项目，还是附加调查模块，都应该服从基础调查的设计模式和实施原则。因此，基于不同基础调查的非正规部门非专项调查思路是有差异的，我们将分别予以探讨。

一、基于普查的非正规部门非专项调查设计

(一)以人口普查为依托的非专项调查设计

1. 人口普查作为非正规部门非专项调查依托的可行性分析

人口普查制度是我国统计调查体系中的首要构成，是掌握我国人口总量和人口结构等基本信息的主要途径。截至目前，我国已成功开展了六次人口普查，第六次人口普查在 2010 年 11 月实施。新的人口普查制度在诸多方面进行了改进，如普查的前期准备工作、普查的时空标准、登记方法、调查手段和调查内容等等，这不仅提高了普查资料的准确性，更为在此基础上开展非正规部门非专项调查做足了准备。人口普查可作为非正规部门非专项调查的载体，理由如下：

一方面，新的普查制度对住户的排查更彻底、更详细，可为非正规部门非专项调查提供较为完备的抽样框。新的人口普查制度明确要求普查员绘制普查区、调查小区地图，在结合户口整顿的基础上，预先明确各调查小区内门牌号码，编制出各户户主姓名底册。在进行普查登记时，普查员就会做到心中有数，不重不漏。新的人口普查制度采用普查员入户查点询问、当场填报的方式，较以往的利用设登记站和入户访问相结合的方法更易了解住户和居民的详细信息；新的人口普查将普查标准时间改为 11 月 1 日零时，避开了农村农忙季节，避开了炎热天气和南方暴雨洪灾频繁的时期，从而减少了调查单位的缺失现象，更易获得第一手资料；在新的人口普查中，“常住人

① 李金昌：《对我国统计调查方法体系改革的回顾与展望》，《统计研究》2002 年第 7 期。

口”的时空标准被赋予了新的解释，由1990年的县、市缩小到乡镇街道，由居住1年以上缩短为半年以上，这将更有利于准确了解新形势下我国人口流动的流量与流向。这样一来，无论是要了解居民的就业情况，还是要掌握家庭的经济特征，准确获得非正规部门名录就成为可能。

另一方面，新的普查制度对住户和居民的调查更加细致、更为彻底，为引入非正规部门调查做足铺垫。新普查制度的调查内容涉及人口自然特征、家庭特征、地理特征、社会特征、经济特征、人口生育和死亡特征以及住房情况七类，而非正规部门的信息来源正是来自住户和居民的经济特征。仅需对基础调查项目略加修改，就能实现对非正规部门生产信息的搜集。更值得一提的是，新普查制度采用长短表相结合的方式(短表由每人每户填报，长表由抽出一定比例的家庭户填报)，这种全面调查和抽样调查相结合的方法，既可降低工作量，又可使人口信息与更多的经济、社会信息相结合，为非正规部门调查合理组织方式的选择搜集了必要的信息。

2. 以人口普查为依托的非正规部门非专项调查设计思路

秉着“以原有设计为基础，对调查项目略加修改”的基本原则，笔者提出了以下两种调查思路。

其一，开展非正规部门生产规模全面调查。即保持人口普查的长表内容不变，在短表上附加非正规部门的相关调查项目。由于普查短表是每家每户每人都需填报的内容，将非正规部门生产规模的相关调查项目安排在短表上，由符合条件的住户或个人填报，即可完成非正规部门生产规模全面调查。普查短表具体调整为:保持普查短表中“按人填报的项目”内容不变，在“按户填报的项目”栏下的“家庭户填报的项目”中，增加项目“是否从事个体经营”，以实现对住户家庭是否属于非正规部门的过滤。同时，对从事个体经营的家庭户增加相关的调查项目，如表2-2所示。

其二，开展非正规部门生产规模抽样调查。即保持普查短表内容不变，在普查长表上附加有关非正规部门生产规模的调查项目，以实现非正规部门生产规模的抽样调查。普查长表的抽样方法仍然遵照《第五次全国人口普查普查表长表抽样工作细则》来实施，在此不作赘述。由于非正规部门调查项目附加在“15岁以上的人口填表”部分和“家庭户填表”部分中，为明确起见，笔者略去了长表其他部分表格，仅列出了修改过的部分表式，如表2-3所示。

表 2-2 以人口普查为依托的非正规部门生产规模调查短表①

<table>
<tr><td colspan="4">按人填报的项目</td></tr>
<tr><td colspan="4">每人都填报的项目</td></tr>
<tr><td>姓名</td><td>与户主关系</td><td>性别</td><td>年龄</td></tr>
<tr><td>民族</td><td>户口登记状况</td><td colspan="2">户口性质</td></tr>
<tr><td colspan="4">6 周岁及以上的人填报的项目</td></tr>
<tr><td colspan="2">是否识字</td><td colspan="2">受教育程度</td></tr>
<tr><td colspan="4">按户填报的项目</td></tr>
<tr><td colspan="4">每户都填报的项目</td></tr>
<tr><td>户编号</td><td>户别</td><td colspan="2">本户普查登记人数</td></tr>
<tr><td colspan="2">本户户籍人口中外出不满半年人数</td><td colspan="2">本户户籍人口中外出半年以上人数</td></tr>
<tr><td colspan="4">暂住本乡、镇、街道，离开户口登记地不满半年人数</td></tr>
<tr><td colspan="2">本户一出生人数</td><td colspan="2">本户一死亡人数</td></tr>
<tr><td colspan="4">家庭户填报的项目</td></tr>
<tr><td colspan="2">本户住房间数</td><td colspan="2">本户住房建筑面积</td></tr>
<tr><td colspan="4">是否从事个体经营　　A. 是　　B. 否</td></tr>
<tr><td colspan="4">从事个体经营户填报的项目</td></tr>
<tr><td colspan="4">是否有营业执照　　A. 有　　B. 没有</td></tr>
<tr><td colspan="2">从业人员数(包括临时雇工)</td><td colspan="2">登记时从业人员数(有营业执照户填报)</td></tr>
<tr><td colspan="4">行业类别
A. 农林牧渔业　B. 工业　C. 建筑业　D. 交通运输业　E. 批发业　F. 零售业　G. 住宿业　H. 餐饮业　I. 房地产业　J. 租赁和商务服务业　K. 教育　L. 卫生和福利业　M. 居民服务业　N. 文化、体育和娱乐业　O. 其他服务业</td></tr>
<tr><td colspan="4">营业收入</td></tr>
<tr><td colspan="4">营业支出</td></tr>
<tr><td colspan="4">　其中：雇员报酬</td></tr>
<tr><td colspan="4">　　　　缴纳税费</td></tr>
<tr><td colspan="4">　　　　固定资产原价</td></tr>
</table>

① 关于人口普查具体的调查设计，笔者不一一详述，可参见《第六次全国人口普查办法》《第六次全国人口普查表填写说明》等相关文件。

表 2-3　以人口普查为依托的非正规部门生产规模调查长表(部分)[①]

<table>
<tr><td colspan="2">15 周岁以上人口填报</td></tr>
<tr><td colspan="2">是否有工作
A. 是　B. 在职休假、培训、季节性歇业未工作　C. 其他原因未工作</td></tr>
<tr><td>未工作者状况</td><td rowspan="2">无工作者填报</td></tr>
<tr><td>未工作者主要生活来源</td></tr>
<tr><td colspan="2">工作时间　（以下为有工作者填报）</td></tr>
<tr><td colspan="2">行业</td></tr>
<tr><td colspan="2">职业</td></tr>
<tr><td colspan="2">工作单位性质
A. 国有企业　B. 集体企业　C. 股份合作企业　D. 联营企业　E. 有限责任公司
F. 股份有限公司　G. 私营企业　H. 个体工商户　I. 其他企业(请注明)</td></tr>
<tr><td colspan="2">有没有和单位签订就业合同　A. 有　B. 没有</td></tr>
<tr><td colspan="2">是否从事个体经营　A. 是　B. 否　（以下从事个体经营者填报）</td></tr>
<tr><td>是否兼职　A. 是　B. 否</td><td>是否有营业执照　A. 有　B. 没有</td></tr>
<tr><td colspan="2">营业收入</td></tr>
<tr><td colspan="2">营业支出</td></tr>
<tr><td colspan="2">其中:雇员报酬</td></tr>
<tr><td colspan="2">缴纳税费</td></tr>
<tr><td colspan="2">固定资产原价</td></tr>
</table>

(二)以经济普查为依托的非专项调查设计

1. *以经济普查作为非正规部门非专项调查依托的可行性分析*

经济普查的主要任务是建立健全覆盖国民经济主要行业的基本单位名录库和统计数据库系统,全面掌握各行各业的发展规模、结构、效益等信息。2003 年底,我国政府创造性地将基本单位普查、工业普查和第三产业普查加以合并,结合建筑业普查形成经济普查制度,并规定每 5 年进行 1 次(逢 3、8

① 表中各指标解释及填表说明均参照《第六次全国人口普查表填写说明》。

年份进行）。笔者认为，经济普查同样能作为非正规部门非专项调查的载体，具体理由如下：

首先，经济普查对象包括非正规部门，这为开展非正规部门非专项调查奠定了基础。经济普查以全部法人单位、产业活动单位和个体经营户为对象，个体经营户被界定为[①]：按照《民法通则》和《城乡个体工商户管理暂行条例》规定，经各级工商行政管理机关登记注册、领取营业执照的个体工商户，即在法律允许范围内，经依法核准登记，从事工业、商业、建筑业、运输业、餐饮业、服务业等活动的个体劳动者；依据《民办非企业单位登记管理暂行条例》，经国务院民政部门和县级以上地方各级人民政府民政部门核准登记、领取民办非企业单位（合伙）登记证书或民办非企业单位（个人）登记证书的民办非企业单位；没有领取营业执照但有相对固定场所、实际从事个体经营活动3个月以上的城镇和农村个体经营户。很明显，非正规部门正是经济普查对象的一部分，这不仅意味着非正规部门非专项调查的开展只需在经济普查基础上进一步延伸，而且为非正规部门非专项调查进行合理抽样组织形式的选择备足了辅助信息。

其次，经济普查所涉及的行业范围与调查内容与“非正规部门生产”的界定范围相符，为非正规部门非专项调查内容与普查内容的有效契合提供了前提。经济普查主要涉及第二、三产业，其普查内容包括调查单位的基本属性、从业人员、财务状况、生产经营情况、生产能力、原材料和能源消耗、科技活动情况等。[②] 非正规部门非专项调查的主要目的是获取生产信息，这与经济普查内容中的“生产经营情况、生产能力”相符。同时，非正规部门的生产范围并不包括农民及有关农产品的生产和销售，也同经济普查明确规定的“不包括第一产业（主要是农业），不包括农民家庭以辅助劳力或利用农闲时间进行的一些兼营性的工业、商业及其他活动”相符。调查范围与调查内容的契合，为非正规部门非专项调查的开展提供了极大的便利。

最后，经济普查严密的前期准备工作，为编制非正规部门名录、开展非

---

① 详见国务院第一次全国经济普查领导小组办公室：《第一次全国经济普查方案》中的“第一次全国经济普查法人单位、产业活动单位和个体经营户划分规定”。表中各指标解释及填表说明均参照《第五次全国人口普查表填写说明》。

② 国务院第一次全国经济普查领导小组办公室：《全国经济普查条例》，国家统计局网站，2004年9月13日，http://www.stats.gov.cn/tjfg/xzfg/t20040913_402188911.htm。

正规部门非专项调查搭建了一个良好的平台。第一次经济普查制度明确规定，普查人员在清查前要划分普查小区、绘制示意图和编号，确认每个小区的行政区划代码。进一步地，按普查小区进行单位的清查，清查对象为小区内的所有单位（包括跨地区法人单位在当地的产业活动单位）。① 同时，经济普查强调“对个体经营户的户数、活动类别、从业人数应全面调查，其他经济活动指标的调查方法由各省（自治区、直辖市）经济普查领导小组办公室自定”。普查员对个体经营户实行全面调查，而并非以注册与否为根据，这一科学的做法为编制出一张相对完整的个体经营户名录提供了保障。

2. 以经济普查为依托的非正规部门非专项调查设计思路

非正规部门包含于经济普查对象中，普查内容无疑覆盖了非正规部门信息。经过对经济普查所有表式及调查项目的仔细分析，笔者筛选出第 629 张调查表——个体经营户经营情况，通过对该表的适当调整以实现非正规部门生产规模信息的搜集，经调整后的调查表如表 2-4 所示。

表 2-4 以经济普查为依托的非正规部门生产规模调查表②

一、个体经营户基本情况	
个体经营户名称：________ 个体经营户主姓名：________ 联系电话：______ 邮政编码：______ 经营场所位于：______省（自治区、直辖市）______地（区、市、州、盟）______县（市、区、旗）______乡（镇、街道）______村（居）委会 地址码： （由调查人员填写）	行业类别： （由调查人员填写） 01. 工业 02. 建筑业 03. 交通运输业 04. 批发业 05. 零售业 06. 住宿业 07. 餐饮业 08. 房地产业 09. 租赁和商务服务业 10. 教育 11. 卫生和福利业 12. 居民服务业 13. 文化、体育和娱乐业 14. 其他服务业
	是否有营业执照 01. 有 02. 无

① 国务院第一次全国经济普查领导小组办公室：《〈第一次全国经济普查方案〉：关于第一次全国经济普查若干问题的规定》，2004 年 9 月 13 日，http://www.wxtj.gov.cn/census/jjpc/pcgf/sjtz/25839.shtml。

② 表中各指标解释及填表说明均参照《第一次全国经济普查方案：关于第一次全国经济普查若干问题的规定》。

续 表

二、个体经营户经济指标		
指标名称	计量单位	本年实际
从业人员数	人	
营业收入	元	
营业支出	元	
其中:雇员报酬	元	
缴纳税费	元	
固定资产原价	元	

二、基于支出角度的非正规部门非专项调查设计

以普查为依托的非正规部门非专项调查一般采取直接调查的形式,这无疑提升了对普查员的技术要求,即要求普查员有能力对观测单位是否属于非正规部门进行有效识别。在普查时,由于调查项目量大、面广等特点,被调查者很容易产生厌烦情绪,常常对调查项目草草填报,这就加大了普查员对非正规部门的识别难度,以致影响最终的估算结果。笔者发现,中国的非正规部门规模极小,其产品一般直接流入市场供居民家庭或个人日常消费。那么,如果能从居民的日常支出中筛选出对非正规部门产品的支出,也将获得非正规部门生产规模的信息。因此,我们试图换一个角度,从消费者对非正规部门产品的使用入手,通过调查居民日常生活消费中用于购买非正规部门产品的支出来反推非正规部门生产规模。

要调查居民对非正规部门产品的使用情况,就要锁定住户为调查单位①,而我国现行的住户调查正是以住户家庭为单位的基础调查。那么,住户调查能否成为非正规部门非专项调查的有效载体呢?以城市住户调查为例,笔者进行了探讨。

(一)以城市住户调查作为非正规部门非专项调查依托的可行性分析

城市住户调查的对象是我国城市市区和县城关镇区居民委员会行政管理区域内的住户,调查内容包括城市居民家庭成员基本情况、住房基本情况、就业情况、主要耐用消费品拥有情况、现金收支、消费支出、食品消费、非

① 许多消费品都以家庭为消费单位,同时个人消费也能在家庭消费中得以体现。

现金（实物及服务）收入等情况。[①] 城市住户调查作为非正规部门非专项调查的依托是可行的，理由包括两方面：

（1）城市住户调查的主要内容为居民家庭日常消费支出情况，这为筛选出非正规部门的产品支出创造了必要前提。要了解消费者对非正规部门产品的使用情况，就必须对居民日常消费品的所有可能种类一一进行罗列，而城市住户调查中的“居民家庭消费支出调查表”正好满足了这个需求。表的主词部分罗列了居民日常消费品的所有可能种类，从各种各样的有形商品到住宿、理发等无形服务尽收于表中。当笔者开展非正规部门非专项调查时，仅需对表中各类消费品的购买地点进行区分，即可剔除出购于非正规部门的产品。

（2）城市住户调查的数据采集方式及特有的样本轮换设置，使准确估算一段时间的非正规部门生产规模成为可能。住户调查制度明确规定，城市居民家庭消费支出内容以家庭为单位进行记账，采用日记账的方法，即居民家庭每天对消费支出情况进行记录[②]，并定期进行数据报送（一般是月报）。采用日记账的数据搜集方式，不仅很大程度上避免了一次性调查中因回顾数据的填报造成的系统偏差，更能较准确地反映非正规部门的月度生产规模。同时，住户调查中的样本轮换方法，大大降低了固定样本引致的系统误差风险，为非正规部门生产规模的准确衡量提供了保障。

（二）以城市住户调查为依托的非正规部门非专项调查设计思路

对基于住户调查的非正规部门非专项调查设计围绕“将非正规部门调查项目与基础调查项目有机结合”的思路展开。笔者选择了城市住户调查中的“居民家庭消费支出调查表”，展开以下三方面的调整。

1. *原表拆分*

非正规部门的产品分有形商品和无形服务（无形商品）两类。前者如食品、服装、日用品等，无形服务主要指个体劳动者提供的家政服务、加工维修服务等。对有形商品可通过区分购买地点来判断其是否为非正规部门产品，对服务只能通过区分支付对象来判断，因此，有必要将居民购买商品区分为有形商品和无形服务（无形商品）两类。根据原“居民家庭消费支出调查表”所列商品的不同性质，笔者将其拆分为“城市居民家庭有形商品消费支出调查表”和“城市居民家庭无形服务消费支出调查表”两张表。其中，有

---

①② 详见国家统计局城市司：《城市住户调查方案》，中国统计信息网，2007年5月12日。

形商品包括食品、衣着、家庭设备用品、医疗保健类商品、交通和通信类商品、教育文化娱乐类商品、居住类、杂项商品八类；无形服务包括家庭服务、医疗费、交通工具服务支出、交通费、通信服务、教育费用、文化娱乐服务、居住服务费、住房、教育费用十类。

2. 添加非正规部门调查项目

在“城市居民家庭有形商品消费支出调查表”中添加“商品购买地点”项目，并列明选项“A. 正规部门　B. 非正规部门”，通过区分其购买地点来分离出源自非正规部门的产品；在“城市居民家庭无形服务消费支出调查表”中添加“支付对象”项目，并列明选项“A. 正规部门　B. 非正规部门”，通过调查居民家庭的支付对象来筛选源自非正规部门的服务。

3. 对“非正规部门”的解释

为方便居民对“非正规部门”的准确理解和选择，调查表必须予以详细注解，对“非正规部门”的解释可放置于调查表的底部。调整过的“城市居民家庭有形商品消费支出调查表”和“城市居民家庭无形服务消费支出调查表”如表 2-5、表 2-6 所示。至于城市住户如何抽样、样本量如何配置、样本轮换如何进行等问题可参见国家统计局《2007 城市住户调查方案》。

对农村居民非正规部门产品使用情况的调查也可通过农村住户调查来实现，这里不再赘述。

表 2-5　城市居民家庭有形商品消费支出调查表

有形商品消费支出						
项　目	计量单位	机器代码	变量名称	数　量	商品购买地点 A. 正规部门 B. 非正规部门	金　额
一、食品	—					
(一)粮油类	—					
1. 粮食	—					
(1)大米	千克					
(2)面粉	千克					
(3)其他粮食	千克					

续　表

有形商品消费支出						
项　目	计量单位	机器代码	变量名称	数　量	商品购买地点 A. 正规部门 B. 非正规部门	金　额
……	……	……	……		……	……
八、杂项商品						
……	……	……	……		……	……

注:"非正规部门"是指个体经营单位,由劳动者单独或与他人合伙经营,以个人劳动为基础,生产资料归劳动者所有,并自负盈亏的小型经营单位。包括有固定场所有营业执照的个体经营户、有固定场所无营业执照的个体经营户、无固定场所小商贩、游商、街边地摊等。"正规部门"是除"非正规部门"以外的地点。

表 2-6　城市居民家庭无形服务消费支出调查表

服务性消费支出						
项　目	计量单位	机器代码	变量名称	数　量	支付对象 A. 正规部门 B. 非正规部门	金　额
(一)家庭服务						
1. 家政服务						
2. 加工维修服务费						
……	……	……	……	……	……	……
(丨)服务						
1. 旅馆住宿费						
2. 理发洗澡费						
3. 美容费						
4. 其他服务						

注:"非正规部门"是指个体经营户、个体劳动者,包括有固定场所有营业执照的个体经营户,有固定场所无营业执照的个体经营户,无固定场所小商贩、地摊,以自负盈亏的独立劳动者形式存在的个人等。"正规部门"是除"非正规部门"以外的支付对象。

三、间接估算法的提出：数据比较法

基于科学设计的直接调查法无疑是准确估算非正规部门生产规模的最佳选择，然而直接调查法也常常因各种条件的约束而无法得以实施，如调查经费不足、调查人员缺乏专业知识、调查期限紧迫等等。更为重要的是，基于直接调查法的估算结果常常是静态的，无法反映非正规部门生产规模的动态变化路径，从而无法全面地分析其对国民经济的长短期影响。为估算历年的非正规部门生产规模，笔者试图借助间接估算法。所谓间接估算法是指根据已有的统计资料，观察非正规部门的相关信息，根据各类信息间的相互关系及变化途径来估算非正规部门生产规模。间接估算法主要依赖两类信息：一类是官方公布的统计数据，如统计年鉴、经济普查数据、人口普查数据、劳动力调查数据、家计调查数据等等。不同调查主题、不同调查形式所获得的数据可能存在差异，甚至出现矛盾，笔者将通过对多种来源的数据进行比较、分析，挖掘出非正规部门的相关信息，从而估算出非正规部门实际的生产规模。另一类是非正规部门要素投入数据，即非正规部门就业者信息，包括非正规部门就业者人数、从业类型、行业特征等等。通过对非正规部门劳动者数量、劳动时间的估算，再结合非正规部门的劳动生产率，也是一条开启估算非正规部门生产规模的有效之道。当然，间接估算法需要一系列假设条件的支持。

非正规部门的生产活动应归入住户部门，其产值应被核算为住户部门的产出。理论上，完整的非正规部门产出应来源于住户家庭的收支调查。但是，我国资金流量表在计算产出时把住户部门当作一个纯消费部门，把个体生产活动划归企业部门，然后再通过居民劳动者报酬项目把个体生产活动产出分配到住户部门，还原成非正规部门产出。如此一来，非正规部门的产出就被低估了，原因是大量未注册的个体经营单位和个体劳动者未被归入企业部门，也就无法完成对个体经济产出的全面统计核算。同时，由于非正规部门生产活动的不稳定及非正规部门企业更新的快速性，常常使得工商管理部门掌握的非正规部门单位数据存在一定的“名存实亡”现象。[①] 另外，已注册的非正规部门可能存在瞒报现象。因此，统计年鉴上所描述的

① 鉴于非正规部门企业生产活动的极不稳定性和工商部门管理效率的限制，非正规部门企业的消亡常常不能及时地在工商管理部门的行政记录上进行更新，造成某些企业仍然保留在工商管理部门所掌握的企业名录中，但实际上已经消亡的现象。

"个体工商户总产值(或营业收入)"指标并不能代表非正规部门的实际生产规模。[①]

那么,非正规部门产出该如何统计呢?笔者将非正规部门总生产规模分为两部分:已观测的生产规模和未被观测的生产规模。统计年鉴上"个体工商户总产值(营业收入)"可基本衡量观测到的非正规部门生产规模,而搞清未被观测的生产规模是估算非正规部门生产规模的关键。根据1993版SNA和OECD(2002),未被观测的非正规部门生产属于应该纳入而实际未纳入GDP的生产活动,归于"未被观测经济(NOE)"范畴。[②] 估算NOE规模有多种途径,其中差异法是较常用且较可行的间接估算方法之一。差异法的估算原理是通过对包含不同信息且相互独立的统计数据的分析,得到NOE规模或NOE劳动者数量。[③] 同样,我们也可通过对不同非正规部门统计数据的对比和分析,来估计工商管理部门掌握的非正规部门企业名存实亡比例、未被观测非正规部门生产单位、未被观测非正规部门生产效率和未被观测非正规部门生产规模等信息,笔者将该法命名为"数据比较法"。

具体来看,数据比较法可关注三方面的数据:①常规政府统计数据,包括统计局编制的各类统计年鉴;②工商管理数据,包括各类型企业的登记注册资料、年度更新信息、工商局的年度工作总结报告和相关的专题分析报告;③普查数据,包括历次的人口普查数据、基本单位普查数据、经济普查数据等。政府统计数据主要通过基层企业上报统计报表、各级统计部门层层汇总及调查总队抽样调查的方式获得;工商管理数据主要来自于行政记录,主要由各类型企业自觉申报获得;普查数据是国家专门成立普查小组,由经过专门培训的普查员对调查区域实行全面调查获得。由于数据种类和来源

---

① 统计年鉴中个体工商户信息由工商行政部门提供。

② OECD, IMF, ILO, et al., 2002, *Measuring the Non-observed Economy—A Handbook*, OECD Publications Service.

③ 国民账户支出差异法核算的GDP值和收入法核算的GDP值相减得到"最初残差",可将其作为NOE规模的估算值;而劳动力投入差异法是指通过劳动力调查获得的劳动力投入数量和官方统计的劳动力投入数量的对比,将其差额作为NOE活动劳动者数量的衡量,再结合劳动者生产效率获得NOE规模的估算。具体可参见MacAfee, Kerrick, 1980, *A Glimpse of the Hidden Economy in the National Accounts*, *Economic Trends*, 136, pp. 81-87; *Contini B*, 1981, *Labour Market Segmentation and the Development of the Parallel Economy: the Italian Experience*, *Oxford Economic Papers*, 2, pp. 401-412.

的不同，在估算过程中所起的作用也不尽相同。数据比较法的具体思路如下。

(一)非正规部门生产单位数的估算

非正规部门生产单位数也可分为已观测生产单位数和未被观测生产单位数两部分。已观测非正规部门生产单位数可通过工商管理部门已掌握的非正规部门单位数结合“名存实亡率”估算得到；未被观测非正规部门生产单位数可通过历年非正规部门生产单位“无照率”的估算给出。[①] 采用“名存实亡率”及“无照率”来估算非正规部门生产单位数的理由有三：①普查数据可为普查年份提供精确的“名存实亡率”数据和“无照率”数据；②普查年份作为非普查年份的参考时，相对数比绝对数更具有价值；③通过相关资讯的检索，非普查年份有关未被观测的非正规部门生产单位数的信息多以“无照率”的形式给出。

(二)非正规部门生产单位平均产出的估算

已观测非正规部门生产单位的平均产出可通过工商管理部门掌握的“个体工商户总产值(营业收入)”和“个体工商户户数”来确定；未被观测的非正规部门生产单位的平均产出将根据经济普查数据和工商管理部门登记数据的比较来确定。

(三)非正规部门生产总规模的估算

非正规部门生产总规模即为已观测的非正规部门生产规模与未被观测的非正规部门生产规模之和。其中，已观测的非正规部门生产规模可通过对工商管理部门登记数的调整来衡量，而将估算得到的未被观测的非正规部门单位数与其平均生产效率相乘得到未被观测的非正规部门生产规模。

当然，数据比较法需要相关的假设，如第一产业的非正规部门的“名存实亡率”“无照率”和第二、三产业非正规部门生产单位情况一致；未被观测的非正规部门生产效率与已观测的非正规部门生产效率的关系相对稳定等。

---

① “名存实亡率”为名义上存在而实际已消亡的非正规部门企业占非正规部门企业总数的比重；“无照率”为无营业执照的非正规部门企业占非正规部门企业总数的比重。

四、间接估算法的提出：劳动力投入分析法

劳动力是经济产出最基本的要素之一，非正规部门的生产活动同样需要劳动力的投入。Contini(1981)在研究意大利影子经济时提出了著名的劳动力差异法，认为通过观察一段时间内总人口数、官方注册的劳动人口数、劳动力供给数的变化，可得出影子经济的从业者数量，结合其劳动生产率就可得到影子经济生产规模的估算值。依循同样的原理，如果能估算出非正规部门的劳动者数量，根据其劳动生产率也可得出非正规部门的生产规模。该法是否可行，笔者进行了探讨。

(一)非正规部门劳动者数量估算的可行性分析

就目前的统计数据来讲，对非正规部门劳动者数量的一个参照指标是统计年鉴记录的“城乡个体从业人员”。然而该指标并不全面，理由有三：

1. 数据来源的偏离

城乡个体从业人员的取值源于工商部门的行政记录，由基层工商部门报送个体从业人员数量，经逐级汇总，形成全国总量。而基层工商部门报送数据的主要依据是各非正规部门企业在工商部门的登记信息，造成大量未在工商部门登记的非正规部门企业劳动者信息和不需登记的个体劳动者信息的流失。

2. 统计标准的前后差异

2000 年之前，我国劳动和就业统计采用“户籍标准”，2000 年后改为“所在地标准”。“户籍标准”意味着从业人员的就业统计以其户籍地为空间标准，无论是城乡间劳动力流动还是省际劳动力流动引起的就业变化只能归属于户籍地相关部门进行统计。这对劳动者就业信息的准确记录造成了极大的障碍，尤其是流动人员，从而造成统计信息失真。

3. 经济普查结果的直接证明

第一次经济普查结果表明，全国个体经营人员为 9422.4 万人，而同期工商统计数据仅为 4587.11 万人；第二次经济普查结果表明，全国有证照的个体经营人员达 8195.4 万人，而同期《中国统计年鉴》的登记数仅为 5776 万

人。[①] 如果考虑从事第一产业的非正规部门，数据差距将更大。

那么，非正规部门的就业人数是否无法估算呢？许宪春（1999）曾就非正规部门的就业形式进行了分类，他认为非正规部门的就业形式包括“自营就业”“家庭就业”“微型企业就业”和“工时就业”[②]。不同的就业形式折射出不同的就业者身份：企业主及合伙经营人在非正规部门就业为自营就业；家庭其他人员（家庭工人）在非正规部门就业称为家庭就业；帮工或学徒就业谓之微型企业就业；临时雇用的临时工、季节工、计时工则称为工时就业。由于企业主不会也不可能将生产过程中临时雇用的临时工、季节工、计时工等作为从业人员在工商行政部门进行登记，又由于大量的非正规部门单位乃无照经营一族，同时个体劳动者并不需要去工商行政部门登记，因此我们可以认为，统计年鉴所描述的“个体从业人员”只是有证照经营个体工商户中的企业主、家庭工人、合伙经营者、帮工或学徒这四种身份就业者人数的大致写照（表 2-7）。而事实上，由于我国就业统计的种种局限而未统计的大量实际在工作的名义失业人员、名义下岗职工和从事非农活动的“名义农民”，在非正规部门就业的比例相当高。也就是说，大量的非正规部门劳动者并未被政府的就业统计所观测。

表 2-7 非正规部门就业者身份和官方统计数据的关系

<table>
<tr><td>企业是否注册</td><td colspan="5">有营业执照非正规部门</td><td>无营业执照非正规部门</td></tr>
<tr><td>就业者身份</td><td>企业主</td><td>合伙经营者</td><td>家庭工人</td><td>帮工或学徒</td><td>临时帮工</td><td rowspan="2">无记录</td></tr>
<tr><td rowspan="2">官方统计数据</td><td colspan="4" rowspan="2">已统计部分</td><td>无记录</td></tr>
<tr><td colspan="2">未统计部分</td></tr>
</table>

笔者认为，无论何种性质、何种来源的就业者，只要符合劳动者的一般特征，都归属于劳动力供给量范畴。在明确非正规部门就业群体的前提下，通过考察非农劳动力供给量与非农就业统计量的缺口，分析形成该缺口各劳动群体的非正规部门就业情况，不仅能估算出非正规部门未统计部分的

---

① 由《中国统计年鉴 2009》中的“城镇个体从业人员”和“乡村个体从业人员”加总得到。

② 许宪春：《联合国新 SNA 需要进一步发展和完善》，《统计与信息论坛》1999 年第 3 期。

劳动者数量，还能完成对非正规部门就业者以“所在地”标准的统计修正。因此，对非正规部门未统计劳动者数量的估算是可行的。

(二)非正规部门劳动者生产效率估算的可行性分析

非正规部门生产主要涉及第二、三产业，未统计劳动者生产效率较已统计劳动者生产率低下，原因是未统计劳动者多以打零工形式就业，其生产持续性更弱、不稳定性更大。对此，胡鞍钢、赵黎(2006)曾使用第二、三产业劳动者人均产出来衡量非正规部门已统计劳动者平均生产效率，以全部劳动者人均产出来衡量非正规部门未统计劳动者的平均生产效率。他们的观点给了笔者很大的启示。因此，对非正规部门未统计劳动者生产效率的估算是可行的。

对非正规部门未被观测生产规模的测度将通过上述两方面的估算完成，笔者将这种方法称之为“劳动力投入分析法”。

(三)劳动力投入分析法的基本思路

劳动力投入分析法的基本估算思路如下：

第一步，分析非正规部门未统计部分的就业群体构成，区分数据的主要来源。

第二步，以“所在地”标准进行非农劳动力供给情况分析。通过对“户籍标准”非农劳动力供给情况与流动劳动力供给情况的考察，归纳出“所在地”标准的非农劳动力供给量，形成非正规部门劳动力的供给源。

第三步，以“所在地”为统计标准，进行非正规部门未统计部分劳动者数量估算。通过对比非农劳动力供给量和已统计非农就业量得到未统计劳动力总量的估算值，进而根据未统计劳动者非正规部门就业率的估算和城镇下岗失业人员非正规部门隐性就业率的估算得到非正规部门未统计部分劳动者数量的估算值。

第四步，估算非正规部门劳动者数量。将统计年鉴“城乡个体从业人员”值与估算得到的非正规部门未统计部分劳动者数量加总，得到非正规部门劳动者总数量的估算值。

第五步，估算非正规部门生产规模。分别计算已统计非正规部门就业者的劳动生产率和未统计非正规部门就业者的劳动生产率，结合各部分的就业人数即可获得非正规部门生产规模的估算值。

当然，劳动力投入分析法的成立需要相关假设的支持，如非正规部门就业者劳动生产效率可根据统计年鉴的登记数大致衡量；已统计部分就业者劳动生产率与未统计部分就业者劳动生产率的关系稳定；农村转移劳动力和流动劳动力都进入非农产业就业；农村转移劳动力的失业率忽略不计等。

第四节　本章小结

本章首先对目前国际上流行的非正规部门规模估算方法进行梳理。笔者对各方法的设计原理、重难点、应用条件、优缺点及典型运用情况进行系统阐述和评价，全面展现了非正规部门规模估算方法的研究水平。基于此，本章一方面结合中国现行的统计调查体系和非正规部门特征，重点探讨了运用直接调查法来估算我国非正规部门生产规模的可行性，给出了以人口普查为依托的非专项调查、以经济普查为依托的非专项调查、基于居民支出角度调查非正规部门生产规模的设计思路。另一方面，笔者通过对中国现有有关非正规部门基础数据种类、性质、来源及数据间关系的考察，提出了非正规部门生产规模的两种间接估算法——数据比较法和劳动力投入分析法。

总体来看，获取非正规部门生产规模可选择直接调查或间接估算，前者区分为非专项调查法、专项调查法和多目标综合调查法三类，后者以剩余平衡法最为典型。进一步地，非专项调查法又细分为非正规部门劳动力调查、非正规部门家庭收支调查两种具体形式；专项调查法也可细分成非正规部门企业调查法、非正规部门住户企业混合调查法、住户调查附加非正规部门企业模块调查三种形式。非专项调查具有“成本低、可行性强、易成周期”等优势，专项调查则以“质量高、运用灵活”著称。比较而言，虽然直接调查法存在若干难以避免的缺点，但仍然得到了较广泛的运用；而间接估算法则因受到严格的假设条件制约，并未得到广泛普及。

估算我国的非正规部门生产规模可借助非专项调查，并可选择人口普查、经济普查或住户调查为依托。具体来看，以人口普查为依托的非正规部门非专项调查可以按两种形式开展，即开展全面调查或抽样调查，前者的调查设计重点在于保持人口普查长表内容不变，在短表上附加非正规部门的相关调查项目；而后者调查设计的重点则在于保持普查短表内容不变，在普查长表上附加有关非正规部门生产规模的调查项目；以经济普查为依托的非正规部门非专项调查，其调查设计重点是对第 629 张调查表的调整以实现非正规部门生产规模信息的搜集；以住户调查为依托的非专项调查的设计思路包括“原表拆分、添加非正规部门调查项目、对‘非正规部门’的解释”三个步骤。

估算我国的非正规部门生产规模亦可借助数据比较法和劳动力投入分析法两种间接估算法。前者重点考察非正规部门单位数，结合非正规部门平均产出来估算其生产规模，而后者主要分析非正规部门未统计部分就业人数，结合其平均生产效率来估算生产规模。

第三章 非正规部门生产规模的实际估算——以浙江省为例

我们提出的非正规部门生产规模估算方法是否有效？一个较直接的检验方式就是进行实际估算。鉴于无法获取全国层面的相关数据，本章将以浙江省为例，运用数据比较法和劳动投入分析法对浙江省非正规部门生产规模进行实际估算。进一步地，本章还将对两种方法的估算结果进行对比分析。

改革开放以来，浙江省以发达的民营经济著称于全国，并被誉为“浙江现象”。非正规部门当属于民营经济范畴，俗称为“个体户”，是浙江省内除农户之外，所有生产资料归劳动者个人所有，以个体劳动为基础，劳动成果归劳动者个人占有和支配的经营单位的统称。浙江省非正规部门的具体存在形式包括所有按照《民法通则》和《城乡个体工商户管理暂行条例》规定登记注册的个体工商户，没有领取营业执照但从事个体经营活动的城镇、农村个体经营单位和为居民家庭提供服务的个体劳动者。

在官方发布的信息中，衡量非正规部门生产规模的直接依据是《浙江统计年鉴》记录的“个体工商户总产值或总营业收入”指标和工商行政部门发布的个私经济运行分析报告信息。然而，第一次经济普查结果让笔者对这两种信息的真实性产生怀疑。2004 年，以第二、三产业所有法人单位、产业活动单位和个体经营户为对象的经济普查，在浙江省各地掀起了“地毯式排查”之风。普查结果显示，浙江省个体经营户达 276.26 万户，个体经营从业人员 730.48 万人，个体经营户销售（营业）收入 9949.32 亿元（表 3-1）。而同期浙江省工商行政管理局《2004 年度个私经济运行统计分析》报告却显示，截至 2004 年底，浙江省个体工商户为 168.39 万户，从业人员为 312.81 万人。无论是个体工商户总户数、从业人员绝对量，还是个体经营户的户均规模，经济普查结果远大于工商行政部门发布的数据，其差额达 107.87 万户、417.67 万人和 0.78 人/户！与此同时，经济普查结果“2004 年浙江省私营企业为 21.85 万户”与浙江省工商行政管理局《2004 年度个私经济运行统计分析》报告发布的“浙江省私营企业为 33.32 万户，从业人员为 517.15 万人（投资者 76.23 万人，雇工 440.92 万人）”也具有较大差异。即便将从事农林牧渔业的私营企业从总数中扣除①，经济普查结果仍比工商局数据少 10.97 万户。两种反差让笔者有理由相信，在工商系统发布的历年数据中，私营企业的比例被夸大了，而个体经营户的规模却被缩小了，所以重新估算以个体经营户为典型代表的浙江省非正规部门生产规模实属必要。

① 由于经济普查仅针对第二、三产业，为了比较口径的统一，需从工商行政部门发布的信息中扣除从事第一产业的私营企业数。浙江省工商行政管理局《2004 年度个私经济运行统计分析》报告中并没有给出 2004 年从事第一产业的私营企业数，笔者根据《浙江统计年鉴 2006》中“2003 年从事农、林、牧、渔业的私营企业户数 4181 户”并结合 2000—2003 年的平均增长率进行了相应的估计。

表 3-1 浙江省个体经营户普查结果①

产业类别	个体经营户户数(万户)	营业收入(亿元)
工业	65.38	4465.87
建筑业	3.16	55.19
交通运输业	36.19	329.21
房地产业	0.49	4.16
批发业	20.45	2386.67
零售业	103.30	2129.76
住宿业	1.53	23.80
餐饮业	15.90	313.08
其他第三产业	29.86	241.58
合计	276.26	9949.32

第一节 非正规部门生产规模:基于数据比较法的估算

一、非正规部门生产单位数估算

浙江省非正规部门生产单位分为已观测和未被观测两部分,具体估算过程如下.

(一)已观测的非正规部门生产单位数的调整

“已观测的非正规部门生产单位数”基本信息可查询政府部门的登记情况。根据浙江省统计年鉴数据,1990—2009 年工商管理部门登记的非正规部门生产单位数如表 3-2 所示。值得注意的是,鉴于非正规部门生产单位的快速更新,已消亡的生产单位常常因未及时到工商管理部门注销而造成“名存实亡”现象,因此,还需根据“名存实亡率”对已登记的非正规部门生产单

① 数据来源:浙江省第一次经济普查主要数据公报(第二号),浙江省第一次经济普查主要数据公报(第三号)。

位数进行调整。

估算“名存实亡率”的有效途径便是比较经济普查数据和工商管理部门的登记数据。第一次经济普查结果显示，2004 年浙江省个体经营单位达到 276.26 万户，其中有执照的有 163.83 万户，无执照的有 110.43 万户；[①]而浙江省工商行政管理局《2004 年度个私经济运行统计分析》报告显示，截至 2004 年底，浙江省个体工商户为 168.39 万户，从事第二、三产业的个体工商户为 167.28 万户[②]。类似地，《浙江统计年鉴 2009》数据显示，截至 2008 年底，浙江省个体工商户为 189.97 万户，从事第二、三产业的个体工商户为 188.56 万户；而第二次经济普查却得出了不同的结果——“2008 年末，浙江省共有从事第二、三产业的个体经营户 310.48 万户，有证照个体经营户为 165.90 万户”。笔者认为，经济普查显示的“有执照的 163.83 万户和 165.90 万户”个体经营单位必然体现在工商管理部门统计的从事第二、三产业的“167.28 万户和 188.56 万户”个体工商户中，其 3.45 万户和 22.66 万户的差额即可衡量经济普查年份名存实亡的非正规部门单位数。据此，2004 年和 2008 年浙江省登记的非正规部门生产单位的“名存实亡率”分别为 2.06％和 12.02％。[③] 假设第一产业的“名存实亡”现象与第二、三产业一致，笔者以两次经济普查估算的平均“名存实亡率”对非普查年份的非正规部门生产单位登记数进行调整，调整后的结果如表 3-2 所示。

表 3-2 已观测的非正规部门生产单位数[④]

单位：万户

年份	登记单位数	调整后的单位数	年份	登记单位数	调整后的单位数
1990	100.44	93.08	2000	158.86	147.22

① 详见《浙江省经济普查年鉴》。

② 从事第二、三产业个体工商户为个体工商户总数扣除从事农林牧渔业的个体工商户数后得到。

③ 名存实亡率＝(工商管理部门记录第二、三产业个体经营单位总数－经济普查有执照个体经营单位数)/工商管理部门记录第二、三产业个体经营单位总数×100％；将从事第一产业个体生产单位扣除是为了统计口径的统一，因为经济普查的范围限于第二、三产业。

④ 资料来源：历年《浙江年鉴》《浙江统计年鉴》和《浙江省五十年统计资料汇编》。

续　表

年份	登记单位数	调整后的单位数	年份	登记单位数	调整后的单位数
1991	100.26	92.91	2001	158.03	146.45
1992	112.45	104.21	2002	152.89	141.68
1993	123.79	114.72	2003	158.52	146.90
1994	143.05	132.56	2004	168.39	164.92
1995	154.34	143.03	2005	172.67	160.01
1996	159.92	148.20	2006	179.79	166.61
1997	153.23	142.00	2007	180.74	167.49
1998	158.40	146.79	2008	189.97	167.14
1999	164.44	152.39	2009	198.69	184.13

（二）未被观测的非正规部门生产单位数的估算

未被观测的非正规部门生产单位数可根据非正规部门生产单位的“无照率”进行估算，具体公式为：

未被观测的非正规部门生产单位数＝已观测的非正规部门生产单位数×无照率/（1－无照率）　　(3-1)

其中，无照率＝未被观测的非正规部门生产单位数/（已观测的非正规部门生产单位数＋未被观测的非正规部门生产单位数）×100％　　(3-2)

对“无照率”的取值，笔者仍然以经济普查数据为线索。根据第一次经济普查结果“2004 年浙江省个体经营单位达到 276.26 万户，其中无执照的有 110.43 万户”，易得 2004 年的无照率为 39.97％；[①]根据第二次经济普查结果“2008 年末，浙江省共有从事第二、三产业的个体经营户 310.48 万户，有证照个体经营户为 165.90 万户”，则 2008 年的无照率为 46.57％。笔者仍然以两次经济普查的平均无照率来估算非经济普查年份的未被观测的非正规部门生产单位数，同时，为进一步验证非经济普查年份无照率取值的合

① 经济普查无执照个体经营单位数/经济普查个体经营单位总数×100％＝39.97％。

理性,笔者检索了相关信息①。1990—2009年浙江省未被观测的非正规部门生产单位数如表3-3所示。

表3-3 未被观测非正规部门生产单位数估算结果

单位:万户

年份	生产单位数	年份	生产单位数
1990	72.54	2000	114.73
1991	72.41	2001	114.13
1992	81.22	2002	110.42
1993	89.41	2003	114.49
1994	103.32	2004	121.62
1995	111.47	2005	124.71
1996	115.50	2006	129.85
1997	110.67	2007	130.54
1998	114.40	2008	137.20
1999	118.76	2009	143.50

二、非正规部门生产单位平均产出的估算

(一)已观测的非正规部门生产单位平均产出的估算

笔者借助以下公式对已观测的非正规部门生产单位的平均产出进行

① 《中国工商行政管理年鉴(2004)》第212页记载:"仅2003年1—10月,工商部门就出动执法人员159万人次,查处无照经营户211万户";2006年6月7日的《深圳特区报》刊登了这样一则消息,7月份"清无"行动开始前,全市(深圳市)合法登记注册的个体工商户为213927户,而无证无照非法经营户则多达167562户,相当于有证有照经营户的78.32%;2005年10月31日的《中国工商报》报道,湖北省孝感市工商局对部分地区的个体餐饮业进行了调查,发现无证无照经营比例较高,有的区域无照率高达65%;上海市工商局普陀分局于2006年初公布的《关于固定场所无照经营情况调查报告》显示,11285户个体工商户中,有固定场所的无照者为3050名,占27%;2005年6月,杭州工商局建德分局执法人员在凤凰、和村、前源等地区检查各类经营户100多户,发现无照经营户30余户;人行总行综合计划司指出:"据有关部门估计,我国无照经营户占有照户数的50%"。(《金融研究》1990年第1期)

估算：

已观测的非正规部门生产单位的平均产出＝个体工商户总产值（营业收入）/个体工商户户数 (3-3)

需要指出的是，公式中的“个体工商户总产值（营业收入）”和“个体工商户户数”均为工商管理部门的登记数，之所以未将名存实亡的单位剔除是基于总产值（营业收入）已覆盖了该部分单位产出的考虑。估算得到的1990—2009年浙江省已观测的非正规部门生产单位平均产出如表3-4所示。

（二）未被观测的非正规部门生产单位平均产出的估算

1. 与已观测的非正规部门生产单位平均产出的比较

由于未被观测的非正规部门生产单位的规模更小、生产持续性更弱、季节性更强，该部分生产单位的平均产出往往低于已观测的非正规部门生产单位的平均产出。事实是否如此呢？笔者根据经济普查结果寻找证据。

第一次经济普查表明“浙江省个体经营单位数达到276.26万户，营业收入为9949.33万元”，借助公式(3-4)便可估算2004年浙江省未被观测的非正规部门生产单位的平均产出，结果为25.56万元/户。

未被观测的非正规部门生产单位的平均产出＝（总营业收入－已观测的非正规部门生产单位数×已观测的非正规部门生产单位平均产出）/未被观测的非正规部门生产单位数 (3-4)

对已观测的非正规部门生产单位平均产出的估算仍依赖于工商行政部门的登记情况。基于浙江省工商行政管理局《2004年度个私经济运行统计分析》报告发布的信息“2004年全省个体经营户登记数为168.39户，总产值为3401.81亿元，营业收入为3922.6亿元”，笔者得出2004年浙江省已观测的非正规部门生产单位的平均产出为43.50万元/户，计算公式为：

已观测的非正规部门生产单位的平均产出＝工商管理部门记录的总产出/工商管理部门登记的非正规部门生产单位数[①] (3-5)

比较上述结果，未被观测的非正规部门生产单位的平均产出低于已观测的非正规部门生产单位的平均产出，前者为后者的58.74%。

---

① 此处并未将名存实亡的生产单位予以剔除，原因是工商管理部门在计算产出时已经包含了名存实亡的非正规部门生产单位。

2. 未被观测的非正规部门生产单位平均产出的估算

依循同样的思路，假设非经济普查年份未被观测的非正规部门生产单位的产业结构、生产效率与已观测的非正规部门平均产出的关系同经济普查年份保持一致，即“未被观测的非正规部门生产单位的平均产出为已观测的非正规部门生产单位平均产出的 58.74%”，即可得到 1990—2009 年未被观测的非正规部门生产单位平均产出的估算，如表 3-4 所示。①

表 3-4　非正规部门生产单位的平均产出

年　份	登记的生产单位数（万户）	登记的总产值（亿元）	登记的营业收入（亿元）	已观测的非正规部门平均产出（万元/户）	未被观测的非正规部门平均产出（万元/户）
1990	100.44	67.40	107.40	1.74	1.02
1991	100.26	80.92	134.66	2.15	1.26
1992	112.45	105.48	183.38	2.57	1.51
1993	123.79	227.30	317.80	4.40	2.58
1994	143.05	448.45	737.23	8.29	4.87

① 1990—2000 年数据源自历年《浙江年鉴》，其中 1991 年登记的总产值和营业收入是将《浙江统计年鉴 1992》记录个体工商户总产值（营业额）215.5754 万元，分别与依据 1990 年、1992 年总产值、营业收入占总值比重的平均比重相乘得到；2001—2003 年数据源自《浙江统计年鉴 2006》；2004 年、2005 年数据源自浙江省工商行政管理局《2004 年度个私经济运行统计分析》报告和浙江省工商行政管理局《2005 年度个私经济运行统计分析》报告；2006 年、2007 年数据源自《浙江统计年鉴 2008》；2001—2009 年登记的总产值为从事农、林、牧、渔业，工业和手工业，建筑业个体工商户产值之和，其中 2005—2009 年为从事农、林、牧、渔业，采矿业，制造业，电力、燃气及水的生产和供应业，建筑业个体工商户产值之和；营业收入为从事运输业、商业、饮食业、服务业、修理业、其他行业个体工商户营业收入之和，2005—2009 年为从事运输、仓储及邮政业，批发和零售业，住宿餐饮业，房地产业，租赁与商务服务业，居民服务及其他服务业，卫生、社会保障和社会福利业，文化、体育与娱乐业，其他行业个体工商户营业收入之和；非正规部门总产出为总产值与营业收入之和。必须指出的是，由于第二次经济普查结果仅公布了个体经营户单位数，并未公布个体经营户的产出情况。同时，《浙江统计年鉴 2009》《浙江统计年鉴 2010》《中国统计年鉴 2009》《中国统计年鉴 2010》也只发布了 2008 年和 2009 年的个体经营户单位数，笔者根据 2004—2007 年的年均增长速度估算得到 2008 年和 2009 年的个体经营户的总产值和营业收入。

续　表

年　份	登记的生产单位数（万户）	登记的总产值（亿元）	登记的营业收入（亿元）	已观测的非正规部门平均产出（万元/户）	未被观测的非正规部门平均产出（万元/户）
1995	154.34	917.36	1407.42	15.06	8.85
1996	159.92	1256.38	1914.80	19.83	11.65
1997	153.23	1347.90	2031.60	22.06	12.96
1998	158.40	1579.67	2251.35	24.19	14.21
1999	164.44	1943.38	2565.12	27.42	16.11
2000	158.86	2175.12	2992.39	32.53	19.11
2001	158.03	2355.63	3409.20	36.48	21.43
2002	152.89	2453.25	2684.14	33.60	19.74
2003	158.52	3601.40	3833.55	46.90	27.55
2004	168.39	3401.81	3922.60	43.50	25.55
2005	172.67	3202.22	4041.92	41.95	24.64
2006	179.79	3646.05	4620.05	45.98	27.01
2007	180.74	4206.76	5406.41	53.19	31.24
2008	189.97	/	/	56.42	33.14
2009	198.69	/	/	59.65	35.04

三、非正规部门总生产规模的估算

浙江省非正规部门生产规模分解为已观测的非正规部门生产规模与未被观测的非正规部门生产规模两部分，其估算公式为：

非正规部门生产规模＝已观测的非正规部门生产规模＋未被观测的非正规部门生产规模　(3-6)

已观测的非正规部门生产规模＝工商管理部门登记的总产值（营业收入）×（1－名存实亡率）　(3-7)

未被观测的非正规部门生产规模＝未被观测的非正规部门生产单位数×未被观测的非正规部门生产单位平均产出　(3-8)

1990—2009 年浙江省非正规部门生产规模的估算结果如表 3-5、图 3-1

所示。数据显示,非正规部门的年均生产规模达到 6629.65 亿元,年均增长 830.28 亿元。其中,已观测的非正规部门的年均规模为 4547.66 亿元,占总规模的 68.60%;未被观测的非正规部门的年均规模为 2081.99 亿元,占总规模的 31.40%。20 年来,非正规部门生产规模发展迅速,其年均增长速度高达 24.85%。已观测的非正规部门和未被观测的非正规部门齐头并进,年均增长速度分别达到 24.85%和 24.86%,比社会总产出增长速度高 4.31 个百分点和 4.32 个百分点,比 GDP(按当年价格计算)增长速度高 6.29 个百分点和 6.30 个百分点。

笔者以"非正规部门产出与社会总产出之比"来测度非正规部门相对规模的变化趋势,如图 3-2 所示。[①] 数据显示,浙江省非正规部门的生产规模与社会总产出的年均比值高达 23.27%。20 年间,非正规部门相对规模经历了"先扬后抑"的发展态势,从 1990 年的 10.01%逐年上升到 2000 年的 33.92%,随后又逐渐回落到 2008 年的 18.46%,2009 年又略有回升,比值为 19.53%。

表 3-5 基于"数据比较法"估算的非正规部门生产规模

年 份	已观测的非正规部门生产规模(亿元)	未被观测的非正规部门生产规模(亿元)	非正规部门生产规模(绝对规模)(亿元)	非正规部门生产规模(相对规模)(%)
1990	161.99	73.99	235.98	10.01
1991	199.78	91.24	291.01	9.84
1992	267.69	122.64	390.33	9.96
1993	505.14	230.68	735.82	12.68
1994	1098.77	503.17	1601.94	18.63
1995	2154.37	986.51	3140.88	27.15
1996	2938.73	1345.58	4284.31	30.97
1997	3131.78	1434.28	4566.07	28.45
1998	3550.21	1625.62	5175.83	29.97
1999	4178.03	1913.22	6091.25	33.04

① 1990—2000 年"浙江省社会总产出"数据源自历年《浙江年鉴》,2001—2009 年源自历年《浙江统计年鉴》。

续　表

年　份	已观测的非正规部门生产规模（亿元）	未被观测的非正规部门生产规模（亿元）	非正规部门生产规模（绝对规模）（亿元）	非正规部门生产规模（相对规模）（%）
2000	4788.73	2192.49	6981.22	33.92
2001	5342.27	2445.81	7788.07	33.84
2002	4760.82	2179.69	6940.51	26.15
2003	6889.97	3154.20	10044.17	30.86
2004	6787.53	3107.39	9894.92	25.07
2005	6713.14	3072.85	9786.00	21.32
2006	7660.19	3507.25	11167.44	20.41
2007	8908.52	4078.07	12986.59	19.71
2008	9932.47	4546.81	14479.28	18.46
2009	10983.12	5028.24	16011.36	19.53

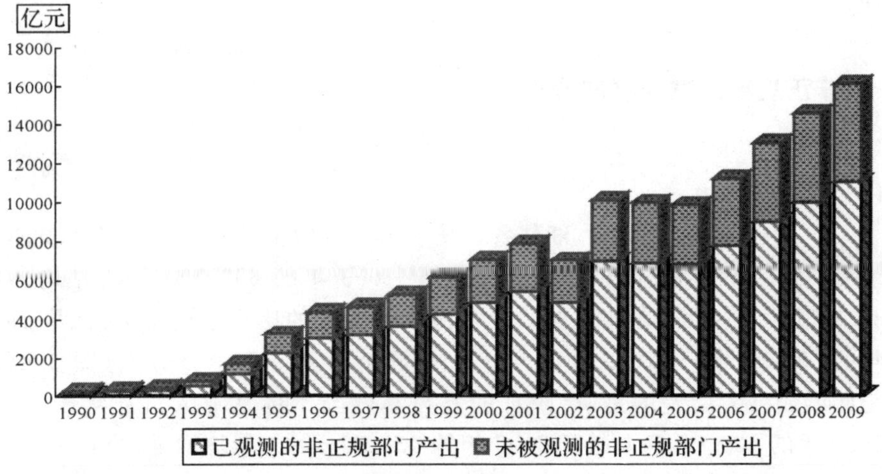

图 3-1　基于数据比较法估算的非正规部门绝对生产规模的发展趋势

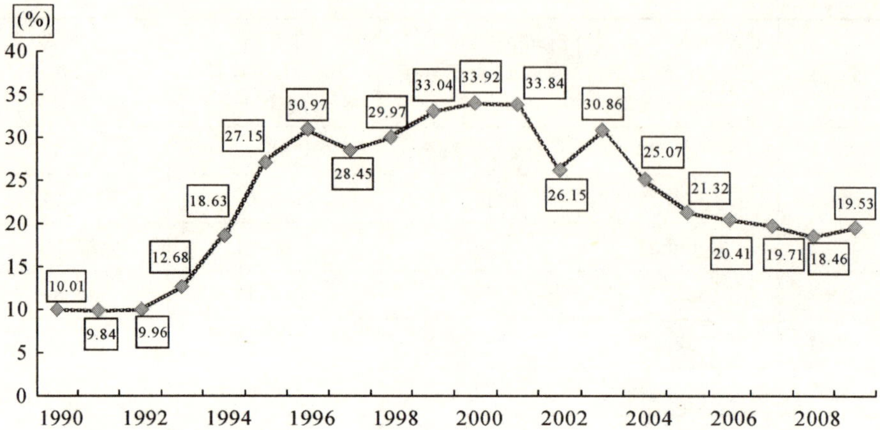

图 3-2　基于数据比较法估算的非正规部门绝对生产规模的发展趋势

第二节　非正规部门生产规模:基于劳动力投入分析法的估算

一、非正规部门就业群体分析

(一)农村劳动力

20 世纪 90 年代以来,浙江省直接从事农林牧渔业的农村从业人员不断缩减,从 1990 年的 1336.5 万人下降至 2009 年的 653.55 万人,年均递减 35.94 万人;第一产业从业人员占农村从业人员的比重也逐年下滑,从 1990 年的 65.24%降至 2009 年的 32.57%,降低了 32.67 个百分点(图 3-3)。[①] 与此形成巨大反差的是,已统计的农村私营与个体从业人员连年攀升,从 1990 年的 139.05 万人增至 2009 年的 538.01 万人,年均增量达到 21.00 万人(图 3-4)。[②] 可见,非正规部门就业逐渐成为农村劳动力内部转移的主要途径之一。与此同时,跨县(市)域、跨省界和进入城市农村劳动力数量也不

① 根据历年《浙江统计年鉴》数据计算。

② 农村私营与个体从业人员为城乡私营与个体从业人员总数与城镇私营与个体从业人员数之差,相关数据引自历年《浙江统计年鉴》和《中国统计年鉴》。

断增加。据《浙江统计年鉴 2010》和浙江省农业信息网记载，1985—2009 年，农村外出劳动力人数由 153.8 万人增至 467.40 万人，年均增加 13 万人。第五次人口普查也证实了这一特征。流入城镇的农村劳动力实现就业的唯一现实选择就是进入已有的城镇中小企业或自行创办新的中小企业(吴敬琏，2001)。①

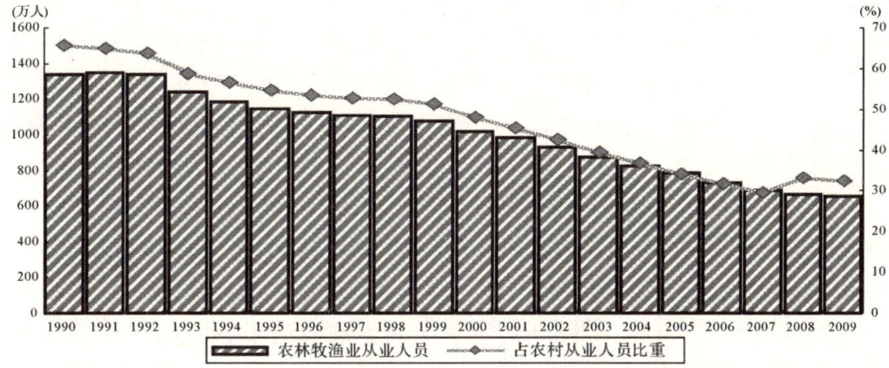

图 3-3　浙江省农村第一产业从业人员数量发展趋势

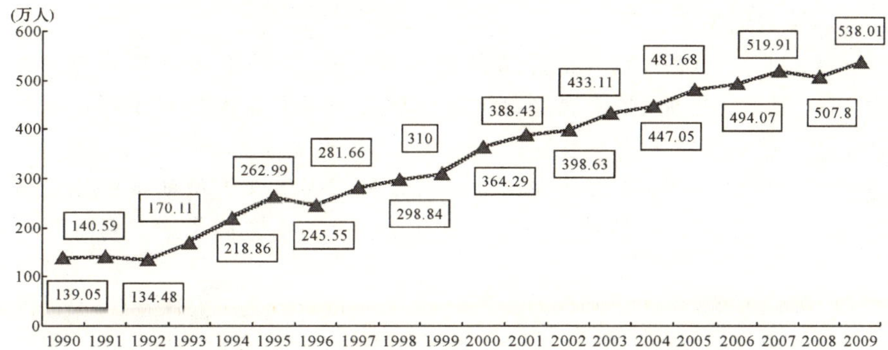

图 3-4　浙江省已统计的农村私营与个体从业人员数量发展趋势

(二)城镇下岗职工

随着原国有集体企业的职工被分流下岗，浙江省城镇国有单位、集体单位的从业人员不断缩减，从 1990 年的 469.99 万人下降到 2009 年的 236.68

① 吴敬琏：《放手发展民营中小企业实现农村剩余劳动力转移，是解决“三农”问题的中心环节——参加一个关于农业问题的座谈会上的发言》，2001 年 12 月 24 日，http://www.wujinglian.net/Articles/articles0112.htm。

万人，年均减少 12.28 万人；而城镇私营与个体从业人员却从 29.84 万人上升到 749.84 万人，年均增加 37.89 万人。[①] 据新华网 2002 年 6 月 20 日记载，80%的浙江省下岗职工进入非公有制企业已实现再就业；1997—2003 年全省个体私营经济安置的国有集体企业下岗职工超过 10 万人；[②]2006 年上半年安置下岗职工再就业达 5.43 万人次；[③]2007 年上半年安置下岗职工再就业达 4.82 万人次；[④]"十一五"期间，非公有制经济提供了城镇 75%以上的就业岗位，国有企业的下岗失业人员大多在非公有制企业实现了再就业，这有效地缓解了全社会的就业压力。[⑤] 同时，在政府优惠鼓励政策的引导下，下岗职工不断投身于创业大军中，积极创办个私企业。据浙江省工商行政管理局《2005 年度全省个体私营经济运行分析》报道，浙江省个私企业共安置下岗职工再就业 10.88 万人，其中 5 万人登记为个体工商户；据全国总工会资料显示，2003 年全国下岗失业人员为 1300 万至 1500 万人，其中自主创业的将近一半。[⑥] 另外，大量的调查表明非正规部门也是下岗职工隐性就业的主要场所。

（三）城镇登记失业人员

20 世纪 90 年代以来，浙江省城镇登记失业率始终维持在 2.2% 到 4.1%之间。一方面，非正规部门就业是政府安置失业人员实现再就业的主要途径。据浙江省工商行政管理局《2005 年度全省个体私营经济运行分析》报道，"十五"期间，浙江省共安置 62.55 万名下岗失业人员从事个体私营经济；2009 年，工商行政管理系统引导支持 72.69 万名下岗失业人员在个体私

---

① 根据《浙江统计年鉴 2008》相关数据计算得出。

② 习近平：《抓住机遇，乘势而上，推动我省民营经济发展实现新飞跃——在全省民营经济工作会议上的讲话》，浙江省工商行政管理局网站，2004 年 2 月 3 日，http://www.zjaic.gov.cn/zjaic/jrgs/zdxw/qsmyjjgzhyslzk/200406/t20040617_20768.htm。

③ 浙江省工商行政管理局：《2006 年浙江省上半年个体私营经济运行分析报告》，浙江省工商行政管理局网站，2006 年 7 月 21 日。

④ 浙江省工商行政管理局：《2007 年上半年个体私营经济运行分析报告》，浙江省工商行政管理局网站，2007 年 8 月 23 日。

⑤ 王彦华：《"十一五"期间非公有制经济发展取得重要成就》，《中国电子报》，2010 年 8 月 9 日。

⑥ 张锋：《下岗失业人员小额担保贷款路难行》，《时代金融》2004 年第 10 期。

营经济领域实现再就业。[①] 另一方面，非正规部门成了失业登记人员边领取失业救济金边隐性就业的主要场所。张新、蒋殿春(2002)指出，中国官方公布的就业数字无法反映真实情况(如隐性失业)，不足以作为评估 GDP 增长可信度的参照依据。郭席四(2001)组织的北京、辽宁、湖南、南京、武汉等省市的抽样调查结果显示，失业人员中有 30%的人不同程度存在着隐性就业问题，有地方甚至达到了 60%—70%；[②]钱永祥(2005)对杭州市天水街道失业人员的调查发现，在 5020 人失业人员中，隐性就业人员达到 2531 人；[③]张时飞(2004)对杭州市区登记在册失业人员的调查结果显示，在调查期内自述正在从事有收入工作的失业人员占全部受访人数的 45.1%。其中，普通职工、个体工商户雇员和自谋职业者三者共占隐性就业者的 74.7%。[④]

(四)外省流入劳动力

民营经济的快速发展吸引了大量省外劳动力的流入，浙江省从劳动力净流出省份逐渐转变为劳动力净流入大省。第五次人口普查结果显示，浙江省成为八个省际劳动力净流入省份之一，省外流入人口数达到 368.87 万人，而流动的主要原因是务工。从省外流入人员的流入地来看，温州、杭州、宁波为最多，占所有流入人员的 56.65%，其次是金华、台州、绍兴三个地区，而这些城市正是非正规部门最发达的地区；[⑤]亓名杰(2003)认为，异地转移的农民工主要在城镇的非正规部门工作；[⑥]而 2007 年初，国家统计局浙江调查总队在全省各级城市开展的农村籍、年龄在 16—65 周岁的跨地区外出进城务工经商人员的生活质量状况调查结果也表明大部分农民工都在从事非公有制经济活动。

---

① 周伯华:《积极发挥职能作用为加快个体私营经济发展方式转变做出新贡献——在全国工商系统促进个体私营经济发展经验交流会上的讲话(上)》,《工商行政管理》2010 年第 13 期。

② 郭席四:《我国失业保险制度存在的问题与完善》,《当代经究》2001 年第 10 期。

③ 钱永祥:《隐性就业问题的讨论》,载于《青年就业问题与对策研究报告——中国青少年研究会优秀论文集(2004)》,天津社会科学院出版社 2005 年版。

④ 张时飞:《隐性就业人员的普遍性、工作性质与个人特征——以杭州市为例》,《河海大学学报(哲学社会科学版)》2003 年第 4 期。

⑤ 吴要武:《从五普数据看我国劳动力流动》,中国社会科学院人口与劳动经济研究所网站,2003 年 8 月 26 日,http://www.cass.net.cn/。

⑥ 亓名杰:《浙江省农民工的现状及特征》,《嘉兴学院学报》2003 年第 4 期。

二、历年“所在地”标准非农劳动力供给量分析

一省“所在地”标准非农劳动力供给总量可以表示为户籍非农劳动力供给总量与省际流动非农劳动力净流入量之和。下文分别对全省户籍非农劳动力供给总量和省际流动非农劳动力供给总量进行分析。

(一)全省户籍非农劳动力供给总量分析

全省户籍非农劳动力供给总量是农村户籍非农劳动力供给总量与城镇户籍非农劳动力供给总量之和。对于农村户籍非农劳动力供给量,笔者采用农村可转移劳动力数量来表示,即乡村从业人员数量与农业劳动力数量之差。[①] 此处,采用“乡村从业人员”代替“乡村劳动力资源”是认为“乡村从业人员”既包括劳动年龄内经常参加劳动的人员,也包括超过劳动年龄但经常参加劳动的人员,但排除了户口在家的在外就读学生、现役军人和丧失劳动能力的人,能较好地描述了农村劳动力资源情况,蔡昉(2002)也持相同的观点。[②] 然而,相对于浙江省有限的农业资源,登记的农业劳动力不仅表现为大量的隐蔽失业,而且表现为绝对的剩余。部分名义农业劳动力已经实现了区域转移,却因就业统计的户籍标准排除了他们在非户籍地计入就业统计的可能,从而造就了身在城镇工作,名被户籍地统计为农业劳动力的尴尬局面。据此,笔者采用较流行的“劳均负担耕地面积法”来分离农业剩余劳动力:

农业剩余劳动力人数=农业劳动力-实际耕地面积所需要的农业劳动力 (3-9)

实际耕地面积所需要的农业劳动力=总的耕地面积/实际生产力水平下劳均负担的耕地面积 (3-10)

对“实际生产力水平下劳均负担的耕地面积”的取值结合了浙江省耕地复种指数较高、农业耕作机械化水平较低的实际情况,国家统计局(1987)和

---

① 根据统计局指标解释,农业人口是指依靠从事农业生产(包括农、林、牧、渔业),维持生活的全部人口,包括实际从事农业生产的人口以及由他们所抚养的人口。

② 蔡昉主编:《2002年中国人口与劳动问题报告:城乡就业问题与对策》,社会科学文献出版社2002年版。

浙江省农业厅人口普查资料开发利用课题组(2002)的意见,定为7亩/劳动力[①],据此来估算浙江省历年实际耕地面积所需要的农业劳动力。农村可转移劳动力即为“乡村从业人员”与“实际耕地面积所需要的农业劳动力”之差,估算结果如表3-6所示。

表3-6 浙江省农村户籍非农劳动力供给总量的估算结果[②]

年份	乡村从业人员(万人)	实有耕地面积(万亩)	农业劳动力需要量(万人)	农村可转移劳动力(万人)
1990	2048.60	2585.29	369.33	1679.27
1991	2049.22	2572.51	367.50	1681.72
1992	2065.04	2536.83	362.40	1702.64
1993	2052.66	2491.83	355.98	1696.68
1994	2024.39	2453.20	350.46	1673.93
1995	2015.45	2426.70	346.67	1668.78
1996	2010.21	2420.67	345.81	1664.40
1997	2016.20	2418.63	345.52	1670.68
1998	2021.56	2420.16	345.74	1675.82
1999	2021.24	2413.60	344.80	1676.44
2000	2106.14	2411.34	344.48	1761.66
2001	2173.63	2402.19	343.17	1830.46
2002	2185.87	2398.66	342.67	1843.20
2003	2168.74	2388.21	341.17	1827.57

① 浙江省农业厅人口普查资料开发利用课题组:《农村剩余劳动力转移与农村经济发展问题研究》,浙江农业信息网,2002年2月13日,http://www.zjagri.gov.cn/html/main/zjModernAgriView/2006012664207.html。

② 根据《新浙江五十年统计资料汇编》《浙江统计年鉴2008》《中国统计年鉴2009》和《中国统计年鉴2010》数据计算。需要指出的是,《浙江统计年鉴》与《中国统计年鉴》发布的“实有耕地面积”数据存在一定的差距,笔者以前者为准;由于《浙江统计年鉴》未发布2008年和2009年的“实有耕地面积”数据,笔者以2007年数据为基础,根据《中国统计年鉴》发布的“实有耕地面积”数据的变化进行了估算。

续表

年份	乡村从业人员（万人）	实有耕地面积（万亩）	农业劳动力需要量（万人）	农村可转移劳动力（万人）
2004	2144.28	2392.38	341.77	1802.51
2005	2196.42	2390.32	341.47	1854.95
2006	2094.49	2391.64	341.66	1752.83
2007	2107.84	2396.01	342.29	1765.55
2008	2009.99	2089.41	298.49	1711.50
2009	2006.63	2089.41	298.49	1717.14

对城镇户籍非农劳动力的供给量，笔者以劳动力资源数来衡量。劳动力资源数的理想计算方法是利用各年份的劳动适龄人口数，分性别、年龄别人数与相应的年龄别存活率相乘得到。[①] 在没有城镇户籍人口年龄分布的情况下，笔者的替代方法是根据第五次人口普查得到的城镇劳动力资源数占城镇户籍人口的比例来衡量。“五普”数据显示，2000 年城镇劳动力资源数占城镇户籍人口的比例为 66.8%（全省劳动力资源数占全省户籍人口的比例为 71.3%）。笔者将浙江省城镇户籍人口的劳动力资源数比例定为 70%，同时参考李文(2006)的观点，取 95%作为城镇劳动力的劳动参与率[②]，由此得到浙江省城镇劳动力供给数量的估算结果，如表 3-7 所示。

表 3-7 浙江省城镇户籍非农劳动力供给总量的估算结果[③]

单位：万人

年份	城镇人口	城镇劳动力资源数	城镇劳动力供给	年份	城镇人口	城镇劳动力资源数	城镇劳动力供给
1990	696.78	487.75	463.36	2000	995.02	696.51	661.69
1991	706.00	494.20	469.49	2001	1046.21	732.35	695.73

① 据国家统计局制定的标准，男性 16—59 岁、女性 16—54 岁为劳动适龄人口。

② 李文：《中国新时期劳动力供求形势分析(一)》，《中国经济时报》，2006 年 6 月 27 日。

③ 城镇人口数为公安年报数，数据引自《浙江统计年鉴 2008》；城镇劳动力供给数为城镇劳动资源数与劳动参与率之乘积。

续　表

年　份	城镇人口	城镇劳动力资源数	城镇劳动力供给	年　份	城镇人口	城镇劳动力资源数	城镇劳动力供给
1992	725.78	508.05	482.64	2002	1097.22	768.05	729.65
1993	750.06	525.04	498.79	2003	1157.50	810.25	769.74
1994	776.01	543.21	516.05	2004	1224.06	856.84	814.00
1995	802.49	561.74	533.66	2005	1266.81	886.77	842.43
1996	829.92	580.94	551.90	2006	1312.17	918.52	872.59
1997	865.09	605.56	575.28	2007	1351.13	945.79	898.50
1998	907.08	634.96	603.21	2008	1395.48	976.84	927.99
1999	947.67	663.37	630.20	2009	1466.95	1026.87	975.52

(二)省际流动非农劳动力供给总量分析

考虑到省际人口流动原因的差异，笔者将因务工经商流动的人口定义为流动非农劳动力。在没有确切统计资料可提供浙江省省际劳动力流动情况的前提下，笔者以"四普""五普"及《中国人口年鉴》资料为基础，结合公安部门提供的暂住人口记录并借鉴有关学者的经验估计，对浙江省省际非农劳动力的流动情况做出估计。参考"五普"结果，将外省流入人口的务工经商比例取为85%，流出省外人口的务工经商比例取为75%。[①] 同时，分别采用时序分析的累计法和水平法，在省际流动劳动力均为非农劳动力及劳动力变化均匀的条件假定下，可得到浙江省省际劳动力流动情况和劳动力净流入总量的估计值。[②] 1990—2009年"所在地"标准的浙江省非农劳动力供

① "五普"结果显示，2000年浙江省368.89万外省迁入人口中"务工经商"的比例为84.5%，207.31万迁出人口中"务工经商"的比例为74.5%，具体参见林浣、汪维薇：《浙江省迁入人口与迁出人口比较研究》，《浙江统计》2003年第11期。

② 由于"四普"数据并未区分外省外来人口、本省外来人口、本省外出人口(在省内流动)、本省外出到省外人口，笔者参考1991年流出省外人口占外出总人口的比例54.67%，估算得到浙江省1990年流出省外人口为77.7518万人，1990年外省流入人口为(72.27+142.23)×25.13%=53.904万人。1991—1996年浙江省流出省外人口总量为329.12×6×74.87%×54.67%=808.281万人，外省流入的人口总量为329.12×6×25.13%=496.247万人。假定流出省外人口和外省流入人口的年均增量相同，则可以估算外省流入人口与流出省外人口的年均增量分别为8.23万人和22.782万人。

给量估算结果如表 3-8、图 3-5 所示。[①]

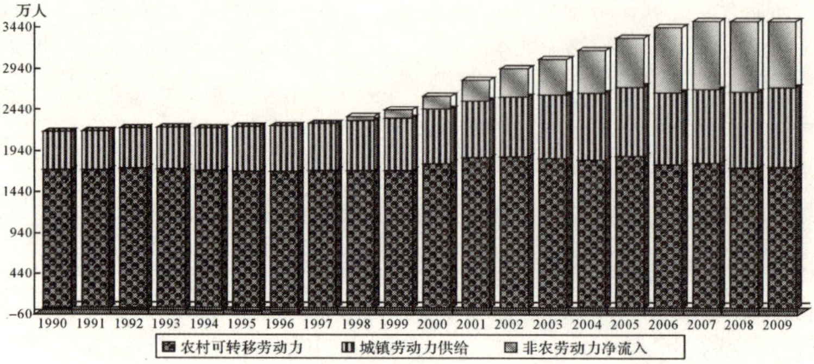

图 3-5 浙江省非农劳动力供给总量估算结果

---

① 构成表 3-8 估算的依据有:(1)沙虎居(1999),“1991 年到 1996 年,浙江省流动劳动力平均每年达 329.12 万人,其中流出的(包括省内之间流动和流出省外)占 74.87%,流出省外的劳动力占流出劳动力的 54.67%,由外省流入的劳动力占流动劳动力的 25.13%,6 年中省际流出劳动力比流入劳动力平均每年多 50 万人”;(2)1992 年《中国人口年鉴》关于“1991 年浙江省人口变动状况分析”记载,“1991 年浙江省全省外出人口到省外的达 777585 人,占外出人口总量的 54.67%,在省内跨县、市的为 644737 人,占总量的 45.33%,省外多于省内 9.34 个百分点”;(3)“四普”资料显示,1990 年浙江外省流入人口 72.27 万人,外出流动人口 142.23 万人;(4)“五普”资料显示:2000 年浙江省外省流入人口为 368.89 万人,流出省外的人口为 207.31 万人;(5)新华网发布信息,“2002 年全省登记在册并纳入实有人口管理的暂住人口已达 707 万”;(6)浙江省人口计生委(2005)发布的信息,“2004 年浙江省出省劳动力 350 万人”;(7)浙江省公安厅发布信息,“至 2006 年 12 月 20 日,全省登记暂住人口总量为 1545.3 万人,其中来自省外的 1431.6 万人,比 2005 年增加 254.8 万人”;(8)《浙江省流动人口居住登记条例》发布信息,“据有关部门统计,截至 2007 年 6 月,全省登记在册流动人口已达到 1670 余万人,流动人口中务工人员达到 1540.4 万人”;(9)中华人民共和国公安部网站信息,“2008 年,浙江省登记在册的暂住人口总数为 1823.4 万人”;(10)叶慧(2010),“截至 2009 年 6 月底,浙江省登记在册的流动人口已达到 1944.1 万人,其中本省籍流动人口 306 万”(《今日浙江》2010 年第 10 期);(11)主要计算公式为“跨省流入(出)务工经商劳动力=外省流入(出)人口×居住半年以上人口比例×务工经商比例”或“跨省流入务工经商劳动力=登记的暂住人口×外省流入人口比例×务工经商比例”,2004 年及以前年份的“务工经商比例”参考“五普”调查结果 85%。2005 年及以后年份的“外省流入人口比例”“居住半年以上人口比例”和“务工经商比例”分别参考 2006 年、2007 年、2009 年“五普”的调查结果,取 87.97%、84.86%和 92.24%(流出人口的务工经商比例仍然参考“五普”调查结果,取 74%);(12)2004 年浙江省流出务工经商劳动力人数根据 350×74%=259 万人估算得到;2001—2009 年间其余年份的流出务工经商劳动力按照水平法平均增长量计算方法估算得到。

表 3-8 浙江省省际流动劳动力及非农劳动力供给总量估算结果

单位:万人

年 份	跨省流入务工经商劳动力总量	跨省流出务工经商劳动力总量	非农劳动力净流入总量	非农劳动力供给总量
1990	45.82	58.31	—12.49	2130.14
1991	52.81	58.32	—5.51	2145.7
1992	59.81	75.41	—15.60	2169.68
1993	66.80	92.49	—25.69	2169.78
1994	73.80	109.58	—35.78	2154.2
1995	80.80	126.66	—45.86	2156.58
1996	87.79	143.75	—55.96	2160.34
1997	144.23	146.68	—2.45	2243.51
1998	200.67	149.62	51.05	2330.08
1999	257.12	152.55	104.57	2411.21
2000	313.56	155.48	158.08	2581.43
2001	431.31	181.36	249.95	2776.14
2002	549.06	207.24	341.82	2914.67
2003	666.80	233.12	433.68	3030.99
2004	784.55	259.00	525.55	3142.06
2005	877.44	284.88	592.56	3289.94
2006	1106.49	310.76	795.73	3421.15
2007	1205.01	336.64	868.37	3532.42
2008	1239.77	362.52	877.25	3516.74
2009	1266.10	388.40	877.70	3570.36

三、历年"所在地"标准非正规部门就业者数量分析

(一)未统计的非农劳动者数量估算

为分离出非正规部门未统计部分的就业者数量,需先对浙江省所有未统计非农劳动者数量进行估算,然后根据各就业群体的非正规部门就业率来估算非正规部门未统计部分就业者数量。所谓未统计非农劳动者是指正

在从事非农工作但无就业统计记录的劳动者数量。

从浙江省的就业统计种类来看，已统计的非农就业者包括城镇单位从业人员、农村非农从业人员和其他从业人员三部分。下岗职工和城镇登记失业人员也是劳动力统计的一部分，可视其为就业统计的特殊形式。需要特别指出的是，城镇单位就业人员统计中单列了“城镇单位使用的农村劳动力”和“城镇单位其他从业人员”两个指标。鉴于该两部分就业者当中的部分人员不属于笔者定义的劳动力供给范畴，如聘用的离、退休人员和港、澳、台地区人员；部分人员为重复统计人员，如农村户籍的劳动力在户籍地已被统计，民办教师已在其他从业人员中统计，人事档案关系保留在原单位的人员已在原单位统计，下岗职工已被单独统计等，故应将这两部分劳动者数量归入未统计的非农劳动力范围之内。因此，未统计的非农劳动者数量的计算公式如下：

未统计非农劳动者数量＝非农劳动力供给总量＋(城镇单位使用的农村劳动力＋城镇单位其他从业人员)－(已统计的非农就业者数量＋下岗职工数＋登记失业人数) (3-11)

已统计的非农就业者数量＝城镇从业人员＋农村非农从业人员＋其他从业人员＝城镇单位从业人员＋城镇私营和个体从业人员＋乡镇企业从业人员＋农村私营和个体从业人员＋其他从业人员 (3-12)

估算结果见表3-9。对比表3-7、表3-8，浙江省非农劳动力供给总量明显大于统计数据反映的劳动力数量，其缺口即为“未统计的非农劳动者数量”。①

① 城镇从业人员数为城镇单位从业人员数与城镇私营、个体从业人员之和；农村私营和个体从业人员根据城乡私营和个体从业人员总数扣除城镇私营和个体从业人员计算所得，相关数据源自历年《中国统计年鉴》和《浙江统计年鉴》；1995—2000年下岗职工数为年末实际下岗职工数，数据源自历年《浙江年鉴》；1993年、1994年下岗职工数为年末未安置企业富余人员，源自1994年、1995年《浙江年鉴》。1993年城镇单位使用的农村劳动力占城镇单位从业人员的比例为18.23％、14.35％、15.22％、17.39％，平均比例为16.3％，其余年份的城镇单位使用的农村劳动力按此比例估算。城镇单位其他从业人员占城镇单位从业人员的平均比例为2.25％，1990—1992年按此比例估算。2001年开始，实行下岗和失业并轨，企业新的减员不再进入就业服务中心，而通过依法解除劳动合同、给予经济补偿、享受失业保险并直接进入劳动力市场，通过市场实现再就业。2003—2009年的城镇登记失业人口实为“下岗失业人员”；2006年、2007年数据引自《浙江统计年鉴2008》；1993—1999年城镇单位使用的农村劳动力数据源自历年《中国劳动统计年鉴》；2000—2007年城镇单位使用的农村劳动力数据源自《中国人口与就业统计年鉴2008》。

(二)非正规部门未统计部分就业人数的分析

对非正规部门未统计部分的就业人数可依据下列公式估算：

非正规部门未统计部分就业人数＝未统计非农劳动力非正规部门就业人数＋城镇下岗失业人员非正规部门就业人数　(3-13)

未统计非农劳动力非正规部门就业人数＝未统计非农劳动力×非正规部门就业率　(3-14)

城镇下岗失业人员非正规部门就业人数＝(登记失业人员数＋下岗职工数)×隐性就业率×非正规部门隐性就业率　(3-15)

显然,笔者需要明确相关的就业率信息。在官方统计数据缺失的前提下,笔者以相关机构、学者对浙江省就业情况的调查结果以及其他省份的有关调查结果作为参考,相关信息列于表 3-10。通过分析,笔者将农村劳动力转移人员的非正规部门就业率取为 60%,登记失业人员和下岗职工的隐性就业率取为 60%,其非正规部门就业率取为 40%。估算结果列于表 3-11。

表 3-9　浙江省非农就业人员统计情况及未统计的非农劳动者数量估算结果

单位：万人

年　份	城镇从业人员	城镇单位其他从业人员	城镇单位使用的农村劳动力	乡镇企业从业人员	农村私营和个体从业人员	其他从业人员	城镇登记失业人口	城镇下岗职工	已统计的非农就业者总量	未统计的非农劳动者数量
1990	505.86	10.73	86.78	495.49	139.05	0.00	11.24	0.00	1140.4	1076.01
1991	530.14	11.11	89.84	523.38	140.59	6.35	10.87	0.00	1200.46	1035.32
1992	535.34	11.07	89.57	568.45	134.48	5.68	12.97	0.00	1243.95	1013.40
1993	563.23	11.62	91.59	667.09	170.11	8.33	14.68	0.13	1408.76	849.42
1994	616.12	10.41	95.80	773.89	218.86	32.85	16.09	1.66	1641.72	600.94
1995	606.02	9.76	96.50	795.71	262.99	10.97	17.72	17.30	1675.69	552.13
1996	614.85	8.96	91.00	786.43	245.55	10.51	16.22	20.30	1657.34	566.44
1997	603.46	9.38	82.10	768.58	281.66	10.93	18.75	28.98	1664.63	622.63
1998	590.98	10.72	65.39	788.08	298.84	12.32	19.96	19.93	1690.22	676.08

续 表

年份	城镇从业人员	城镇单位其他从业人员	城镇单位使用的农村劳动力	乡镇企业从业人员	农村私营和个体从业人员	其他从业人员	城镇登记失业人口	城镇下岗职工	已统计的非农就业者总量	未统计的非农劳动者数量
1999	603.93	11.64	65.03	813.67	310.00	13.14	21.17	11.34	1740.74	714.63
2000	619.95	11.36	65.45	880.39	364.29	12.86	21.82	6.09	1877.49	752.84
2001	623.02	13.13	64.75	929.52	388.43	14.63	23.99	1.62	1955.6	872.81
2002	672.69	18.08	70.48	993.64	398.63	24.58	27.73	0.30	2089.54	885.66
2003	750.00	19.59	87.44	1082.78	433.11	27.60	28.27	0	2293.49	816.26
2004	847.67	22.02	130.33	1176.24	447.05	17.09	30.14	0	2488.05	776.22
2005	904.34	19.32	172.85	1243.95	481.68	8.19	28.97	0	2638.16	814.98
2006	1077.89	30.15	217.58	1303.1	494.07	20.37	29.10	0	2895.43	744.35
2007	1297.17	34.01	242.78	1353.1	519.91	25.52	28.60	0	3195.7	584.91
2008	1476.54	51.85	272.45	1312.6	507.8	101.85	31.08	0	3398.79	411.17
2009	1585.34	64.36	302.12	1297.0	538.1	87.34	30.68	0	3507.78	398.38

表 3-10　各群体非正规部门就业情况调查结果

就业群体	浙江省典型调查	外省典型调查
未统计的非农劳动力	浙江省劳动和社会保障厅养老保险处(2007)认为目前浙江省个体从业人员约占非农从业人员总量的 21.5%，而非正规就业人员的数量超过非农从业人员的一半。①	吉林省农村调研队(2006)对 188 个进城就业的农民工调查显示，个体和私营企业就业占 72.3%②；肖云、张爱萍(2005)对重庆 1083 位城市农民工的问卷调查结果显示，非正规部门就业占 67.3%③；马九杰、孟凡友(2003)的调查结果显示，深圳市农民工在个私企业就业者达到 89.8%④。

① 浙江省劳动和社会保障厅养老保险处:《非正规就业人员养老问题研究》，浙江省劳动和社会保障网，http://www.zj/molss.gov.cn/jpm/portal? action=infoDetailAction&eventSubmit_doInfodetail=doInfodetail&id=583。

② http://202.198.5.135:8080/was40/detail? record=752&channelid=51997&presearchword=。

③ 肖云、张爱萍:《农民工基础社保制度研究》，《商业时代》2005 年第 5 期。

④ 马九杰、孟凡友:《城市农民工第二市场择业——关于深圳市的个案剖析》，《开放时代》2003 年第 4 期。

续　表

就业群体	浙江省典型调查	外省典型调查
城镇登记失业人员和下岗职工	浙江省劳动和社会保障厅对1998年、2000年、2001年、2003年城镇失业人员的再就业情况统计结果显示，个体经济组织安置就业的比例分别为16.3%、16.94%、16.67%、17.4%①；对1998年下岗职工再就业情况的统计结果显示，有4.7万下岗职工从事个体经营②；张时飞(2003)对杭州市登记失业人员的抽样调查结果显示，隐性就业人员从业于个体私营企业的比例为64.9%，其中，普通职工、个体工商户雇员和自谋职业者三者合计占隐性就业者的74.7%③；宁波市海曙区西门区域联络委员会(2004)指出，全区登记在册的城镇失业人数中90%为隐性就业者，其中自谋职业的个体户约占34.7%，其余从事各种临时性不稳定工作的占30%多④；钱永祥(2005)对杭州市天水街道的失业人员进行了调查，发现5020名失业下岗人员中，隐性就业为2531人，在非隐性就业者当中，个体从业者占47.07%⑤。	南通市劳动和社会保障部门(2003)的调查结果显示，已有职业或临时职业的下岗失业人员占被调查者的77.3%，在隐性就业人员当中从事个体私营的占15.6%，在各类单位临时就业的占55.6%⑥；黄宝玉(1999)对27家国有企业下岗职工隐性就业者的抽样调查结果显示，在本地私营、乡镇企业就业的占29.3%，领取工商营业执照从事个体经营的占10.8%，没有工商营业执照从事摆地摊、拉板车和三轮车、出租房屋等第三产业的占24.4%；董保华(1999)对上海纺织等四个行业的下岗工人调查发现，在隐性就业者中，为私营企业和个体工商户打工的占23.4%，为无证小商小贩打工的占6.8%⑦。

① 根据各年《浙江年鉴》发布的劳动就业信息整理。

② 笔者估计当年共实现再就业的下岗职工为25万人，则个体经营人员的比例达到18.8%。

③ 张时飞：《隐性就业人员的普遍性、工作性质与个人特征——以杭州市为例》，《河海大学学报(哲学社会科学版)》2003年第4期。

④ 宁波市海曙区第八届人民代表大会第二次会议文章，http://www.haishu.gov.cn/ztbd/zxcl7.htm。

⑤ 钱永祥：《隐性就业问题的讨论》，《青年就业问题与对策研究报告——中国青少年研究会优秀论文集(2004)》，天津社会科学院出版社2005年版。

⑥ 江苏省南通市劳动和社会保障局：《江苏南通一项调查显示七成失业者在"隐性就业"》，中国劳动力市场网站，2003年11月5日，http://www.lm.gov.cn/gb/news/2003－11/05/content_16459.htm。

⑦ 董保华：《"隐性失业"和"隐性就业"》，《探索与争鸣》1999年第9期。

表 3-11　非正规部门未统计部分就业人数估算结果

单位：万人

年　份	未统计非农劳动力在非正规部门就业人数	城镇下岗失业人员在非正规部门就业人数	非正规部门未统计部分就业人数
1990	645.61	2.70	648.30
1991	621.19	2.61	623.80
1992	608.04	3.11	611.15
1993	509.65	3.55	513.21
1994	360.56	4.26	364.82
1995	331.28	8.40	339.68
1996	339.86	8.76	348.63
1997	373.58	11.46	385.03
1998	405.65	9.57	415.22
1999	428.78	7.80	436.58
2000	451.70	6.70	458.40
2001	523.69	6.15	529.83
2002	531.40	6.73	538.12
2003	489.76	6.78	496.54
2004	465.73	7.23	472.97
2005	488.99	6.95	495.94
2006	446.61	6.98	453.59
2007	350.95	6.86	357.81
2008	246.70	7.46	254.16
2009	239.03	7.36	246.39

四、非正规部门就业者平均生产效率估算

与未被观测的非正规部门生产单位类似，未统计部分就业者的生产持续性往往更弱，其平均生产效率一般低于已统计部分的就业者。当然，笔者仍可对第一次经济普查的结果与工商管理部门的登记数据进行比较。

(一)非正规部门未统计部分就业者与已统计部分就业者的生产效率比较

笔者将非正规部门已统计部分就业者的生产效率定义为“工商管理部门登记的个体经济总产出与城乡个体从业人员数之比”，计算公式为：

非正规部门已统计部分就业者平均生产效率＝(城乡个体工商户创造的总产值＋营业收入)/工商管理部门登记城乡个体从业人员数　　(3-16)

根据《浙江统计年鉴2007》数据，“2004年浙江省城乡个体从业人员数为312.806万人，创造的总产值与营业收入之和达7324.41亿元”，可算得2004年非正规部门已统计部分就业者的生产效率23.415万元/人；《浙江省经济普查年鉴》表明，“2004年浙江省个体经营单位营业收入为9949.33亿元”，那么，非正规部门未统计部分就业者的生产效率可通过以下公式估算：

非正规部门未统计部分就业者的平均生产效率＝(经济普查总产出－工商管理部门登记总产出)/非正规部门未统计部分就业人数　　(3-17)

经计算，非正规部门未统计部分就业者的平均生产效率为8.186万元[①]，与已统计部分就业者的平均生产效率相比，前者仅为后者的34.96%。

(二)历年非正规部门未统计部分就业者的平均生产效率的估算

依循同样的思路，假设在非经济普查年份，未统计部分就业者和已统计部分就业者的生产效率关系相同，非经济普查年份的未统计部分就业者平均生产效率的估算结果如表3-12所示。

五、非正规部门总生产规模的估算

非正规部门总生产规模的估算公式为：

非正规部门总生产规模＝已观测的非正规部门生产规模＋未被观测的非正规部门生产规模　　(3-18)

已观测的非正规部门生产规模＝工商管理部门登记的总产值(营业收入)×(1－名存实亡率)　　(3-19)

未被观测的非正规部门生产规模＝非正规部门未统计部分就业者人数×未统计部分就业者平均生产效率　　(3-20)

1990—2009年浙江省非正规部门生产规模的估算结果如表3-13、图3-6

---

① (9949.33－7324.41)/320.6812＝8.1855万元。

所示。数据显示，非正规部门的年均生产规模达到 6793.68 亿元，年均增长 681.02 亿元。其中，已观测的非正规部门的年均规模为 4547.66 亿元，占总规模的 66.94%；未被观测的非正规部门的年均规模为 2246.02 亿元，占总规模的 33.06%。20 年来，非正规部门生产规模发展迅速，其年均增长速度高达 19.95%。其中，已观测的非正规部门生产的年均增长速度达 24.85%，未被观测的非正规部门生产的增长速度为 12.37%，低于前者 12.48 个百分点。

表 3-12 非正规部门未统计部分就业者平均生产效率估算结果①

年 份	工商管理部门登记的城乡个体从业人员数（万人）	工商管理部门登记的个体经济总产出（亿元）	已统计部分就业者的生产效率（万元/人）	未统计部分就业者的生产效率（万元/人）
1990	153.92	174.80	1.14	0.40
1991	155.83	215.58	1.38	0.48
1992	174.05	288.86	1.66	0.58
1993	197.19	545.10	2.76	0.97
1994	232.47	1185.68	5.10	1.78
1995	254.13	2324.78	9.15	3.20
1996	264.84	3171.18	11.97	4.19
1997	256.41	3379.50	13.18	4.61
1998	267.84	3831.03	14.30	5.00
1999	281.43	4508.50	16.02	5.60
2000	272.38	5167.51	18.97	6.63
2001	277.33	5764.83	20.79	7.27
2002	275.58	5137.39	18.64	6.52
2003	298.34	7434.95	24.92	8.71
2004	312.81	7324.41	23.42	8.19
2005	320.08	7244.14	22.63	7.91

① 1990—2005 年数据引自《浙江统计年鉴 2006》和《新浙江五十年统计资料汇编》；2006—2009 年数据引自《浙江统计年鉴 2010》。

续　表

年　份	工商管理部门登记的城乡个体从业人员数（万人）	工商管理部门登记的个体经济总产出（亿元）	已统计部分就业者的生产效率（万元/人）	未统计部分就业者的生产效率（万元/人）
2006	359.86	8266.10	22.97	8.03
2007	391.30	9613.17	24.57	8.59
2008	396.62	10718.11	27.02	9.45
2009	429.49	11851.86	27.60	9.65

笔者以“非正规部门产出与社会总产出之比”来测度非正规部门相对规模的变化趋势，如图 3-7 所示。[①] 数据显示，浙江省非正规部门生产规模与社会总产出的年均比值高达 23.84%。20 年间，非正规部门相对规模经历了“先扬后抑”的发展态势，1990—1992 年基本维持在 17%左右，1993 年开始逐年上升到 2001 年的 39.95%，随后又逐渐回落到 2008 年的 15.73%，2009 年又略升至 16.30%。

表 3-13　基于“劳动力投入分析法”的非正规部门生产规模估算结果

年　份	未被观测的非正规部门生产规模（亿元）	已观测的非正规部门生产规模（亿元）	非正规部门生产绝对规模（亿元）	非正规部门生产相对规模（%）
1990	259.32	161.99	421.31	17.87
1991	299.42	199.78	499.20	16.88
1992	354.47	267.69	622.18	15.88
1993	497.81	505.14	1002.95	17.28
1994	649.38	1098.77	1748.15	20.33
1995	1086.98	2154.37	3241.35	28.02
1996	1460.76	2938.73	4399.49	31.80
1997	1774.99	3131.78	4906.77	30.57
1998	2076.10	3550.21	5626.31	32.58

① 1990—2000 年“浙江省社会总产出”数据源自历年《浙江年鉴》，2001—2009 年数据源自《浙江统计年鉴 2010》。

续 表

年 份	未被观测的非正规部门生产规模(亿元)	已观测的非正规部门生产规模(亿元)	非正规部门生产绝对规模(亿元)	非正规部门生产相对规模(%)
1999	2444.85	4178.03	6622.88	35.92
2000	3039.19	4788.73	7827.92	38.03
2001	3851.86	5342.27	9194.13	39.95
2002	3508.54	4760.82	8269.36	31.16
2003	4324.86	6889.97	11214.83	34.46
2004	3873.62	6787.53	10661.15	27.01
2005	3922.89	6713.14	10636.03	23.17
2006	3642.33	7660.19	11302.52	20.66
2007	3073.59	8908.52	11982.11	18.19
2008	2401.81	9932.47	12334.28	15.73
2009	2377.66	10983.12	13360.78	16.30

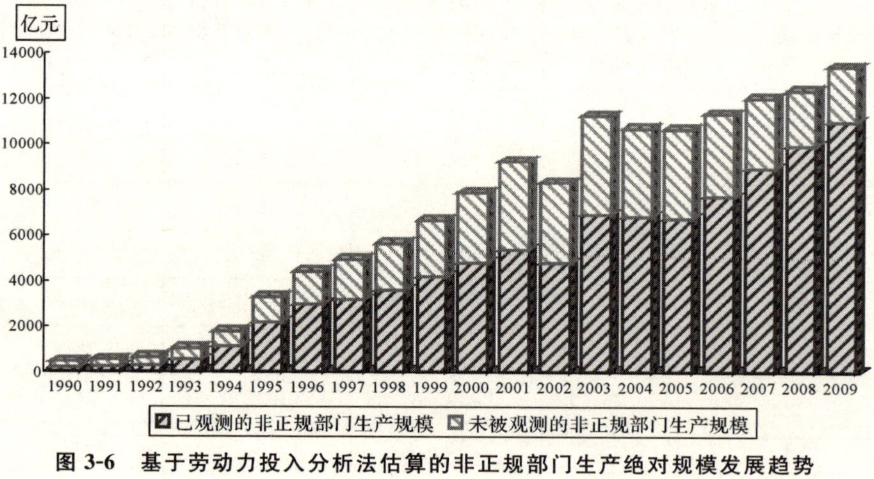

图 3-6 基于劳动力投入分析法估算的非正规部门生产绝对规模发展趋势

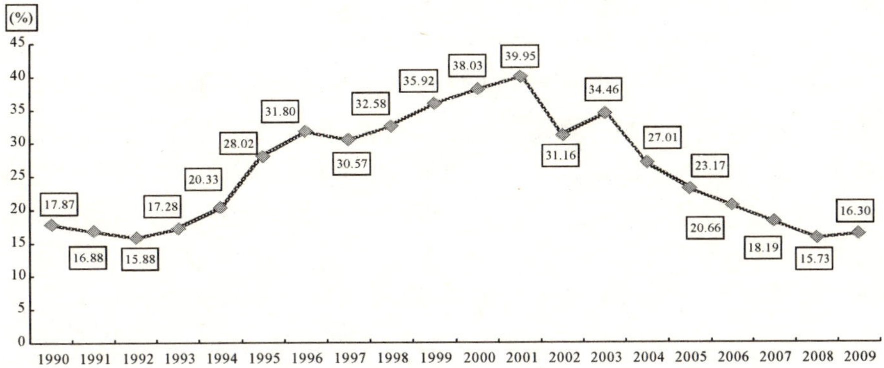

图 3-7　基于劳动力投入分析法估算的非正规部门生产相对规模发展趋势

第三节　本章小结

本章运用数据比较法和劳动力投入分析法对浙江省非正规部门生产规模进行了估算。数据比较法估算显示，非正规部门的年均生产规模达到 6629.65 亿元，年均增长 830.28 亿元。其中，已观测的非正规部门的年均规模为 4547.66 亿元，占总规模的 68.60%；未被观测非正规部门的年均规模为 2081.99 亿元，占总规模的 31.40%。劳动力投入分析法估算显示，非正规部门的年均生产规模达到 6793.68 亿元，年均增长 681.02 亿元。其中，已观测的非正规部门的年均规模为 4547.66 亿元，占总规模的 66.94%；未被观测的非正规部门的年均规模为 2246.02 亿元，占总规模的 33.06%。两种间接估算法思路明晰，操作简单，可行性较强，具有一定的说服力和应用价值。

之所以体现出轻微的差异是因为两种方法具有不同的估算原理，前者重点考察非正规部门未被观测单位数，结合非正规部门未被观测单位的平均产出来估算非正规部门未被观测的生产规模；而后者则主要分析非正规部门未统计部分就业人数，结合其平均生产效率来估算非正规部门未被观测的生产规模。由于大量个体劳动者并不局限于固定的劳动场所，其生产特征与有固定生产场所的“单位”具有一定的差异。鉴于此，通过估算非正规部门未被观测单位数进而估算非正规部门未被观测的生产规模，数据比较法可能无法将个体劳动者的所有产出反映在最后的估算结果中；而劳动力投入分析法却能弥补这一不足，较好地反映个体劳动者的产出。因此，劳动力投入分析法的估算结果可能大于数据比较法的估算结果。

表 3-14 总结了基于两种方法估算的结果数据特征。数据表明，笔者的猜测是正确的，无论是绝对规模还是相对规模，基于劳动力投入分析法估算的非正规部门生产规模略大于数据比较法的估算结果，其平均数分别为 6629.649 亿元、6793.684 亿元和 23.27%、23.84%。两种估算结果的离散程度相似，标准差系数较为一致；从结果的分布位置来看，基于数据比较法的绝对规模估算结果趋于轻微的正偏，而相对规模估算结果却略呈负偏。相反地，基于劳动力投入分析法的绝对规模估算结果呈现轻微的负偏，而相对规模却趋于负偏。此外，四种不同形式的估算结果均呈尖峰分布。

从具体年份来看，绝对规模估算结果的差异主要体现在 2000 年以后(图 3-8)。如 2000—2005 年，基于劳动力投入分析法的估算结果分别比基于数据比较法的估算结果高 1212.92 亿元、1823.44 亿元、1762.15 亿元、1770.71 亿元、1299.29 亿元、1450.6 亿元，足以体现统计标准的改变对就业统计和劳动力资源统计带来的较大冲击；而相对规模估算结果的差异不仅在 2001—2004 年得到充分体现(图 3-9)，并于 20 世纪 90 年代初期也展现了一定的分歧，特别是 1990—1992 年，基于劳动力投入分析法的估算结果分别大于数据比较法结果 7.86 个百分点、7.04 个百分点和 5.92 个百分点。

表 3-14　两种方法估算结果的数据特征比较

比较指标	绝对规模估算结果(亿元)		相对规模估算结果(%)	
	数据比较法	劳动力投入分析法	数据比较法	劳动力投入分析法
平均数	6629.649	6793.684	23.27	23.84
中位数	6515.88	7225.4	23.20	25.09
标准差	4860.24	4471.90	8.151	8.25
标准差系数	0.73	0.66	0.35	0.35
峰度	−0.85	−1.47	−1.10	−1.45
偏度	0.31	−0.15	−0.31	0.26
最小值	235.98	421.31	9.84	15.73
最大值	16011.36	13360.78	33.92	39.95

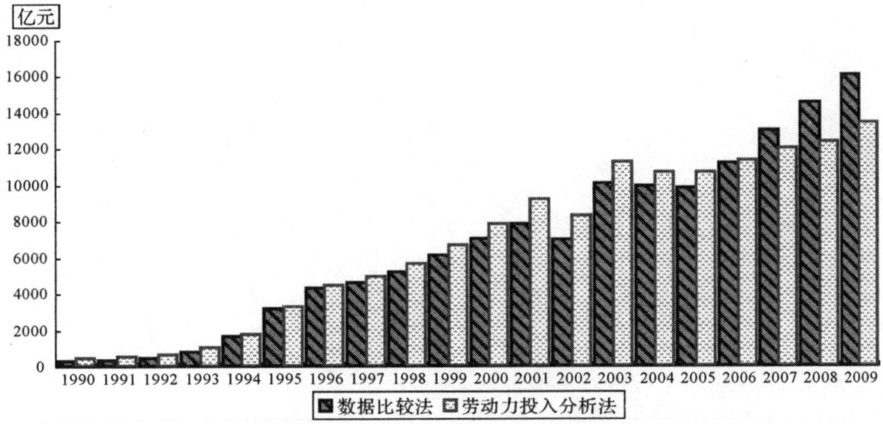

图 3-8 两种方法估算的非正规部门生产绝对规模比较

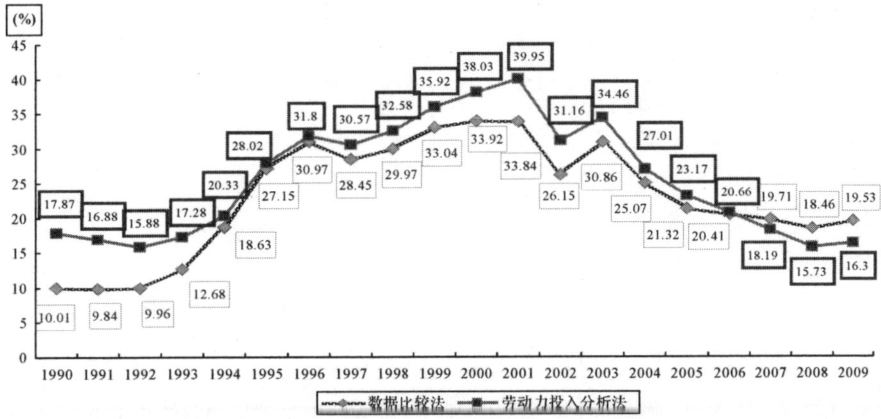

图 3-9 两种方法估算的非正规部门生产相对规模比较

第四章

非正规部门的产出效应分析

作为一个生产部门，非正规部门势必对社会产品的总供给形成冲击，构成产出效应。究竟非正规部门的产出效应有多大？本章将基于非正规部门总量和增速分析、非正规部门产出弹性分析、非正规部门对社会总产出的贡献度和拉动度分析等角度对浙江省非正规部门的产出效应进行全方位参察。

第一节 非正规部门的综合效应与政策含义

非正规部门的发展势必对国民经济系统产生系列影响。作为社会商品的供给者,非正规部门的发展将对全社会总供给形成冲击,构成产出效应;作为劳动岗位的提供者,非正规部门的发展将对劳动力市场的就业规模和就业结构形成冲击,构成就业效应;作为货币收入的来源,非正规部门的发展将对居民收入水平和收入分布,尤其是贫困人口数量变化形成冲击,构成收入效应;等等。就其综合效应而言,现有文献并未达成一致意见,各不相同的观点蕴含着不同的政策含义。

一、威胁观与政策含义

该类文献视非正规部门为国民经济健康发展的威胁因素,认为其规模的扩张将阻碍整体经济的增长。Clotfelter(1983)、Crane 等(1987)、Hill 等(1996)、Loayza(1997)、Johnson 等(1998)、Caragata 等(1998)、Orlando(2001)、Acemoglu 等(2001)等研究表明,非正规部门具有"低收入、低生产效率、低政府规制"的三低特征,其规模的拓展将极大地抑制正规部门企业的有效投资,减缓先进技术与生产力的转化进程。同时,非正规部门的存在和发展造成政府税收收入的大量流失、加重财政赤字,致使基础设施和社会公共服务的财政支出缩减,进而阻碍经济增长(Loayza,1997);Read 和 Staines(2004)更是明确指出,非正规部门规模的增长是政府规制能力下降的体现,只有让其归入正规部门才能为经济发展做出贡献;[①]Mbeki(2003)认为非正规部门不具有充足的自身积累,无法实现较高的投资率以满足经济快速增长的需要,终将阻碍整体经济的发展。[②]

麦肯锡全球研究所(MGI)归纳了非正规部门阻碍经济增长的两种途径:①通过"低效率陷阱"降低整体生产部门的效率。由于缺乏技术创新,非

① Read R, Staines A, 2004, *The Emerging Role of Small Firms in Overcoming Economic Vulnerability*, Working Paper, University of Lancaster, United Kingdom, presented at *Islands of the World*, Taiwan.

② Mbeki T, 2003, *Address of the President to the National Council of Provinces (NCOP)*, November 11, http://www.info.gov.za/speeches/2003/03111115461004.htm.

正规部门企业往往具有较低的生产效率。MGI(2006)调查表明,与正规部门的平均生产效率相比,非正规部门的生产效率往往只有前者的50%。此外,为逃避政府规制,企业主具有强烈维持微小规模的动机,这又进一步束缚了企业技术创新能力的提升,致使非正规部门企业陷入"低效率陷阱",从而降低生产部门的整体效率。②通过"低成本优势"加剧市场竞争的不公平性。MGI(2006)指出,鉴于不需支付额外的税费,非正规部门企业具有相对低的生产成本,可以更低的售价参与产品的市场竞争,冲击原本属于正规部门企业的市场份额,这不仅破坏了市场竞争的公平性,更挫伤了正规部门企业加大投资和提高生产率的积极性,进而影响整体经济的增长。[①] 据此,"抑制非正规部门规模,积极促使其正规化"便构成了政府制定相关政策的主导原则,而适当的财政管理体制改革、适当降低正规部门企业的准入门槛将有助于非正规部门企业向"正规化"过渡,从而促进经济增长(De Soto,1998)。[②]

二、促进观与政策含义

与威胁观截然不同,该类文献视非正规部门为一灵活而富有创新性的生产部门,认为非正规部门的存在是国民经济健康发展的表现,其规模的扩张将带动相关产业和整体经济的增长。Moser(1978,1984)、Tokman(1978)、Bromley(1979)、Scott(1979)、Gerry 和 Birkbeck(1981)、Castells 和 Portes(1989)、Mckeever(1998)、Mlinga 和 Wells(2002)等认为非正规部门生产并非属于边缘经济,而是与正规部门生产相互依赖、不可分割的部分,两部门企业的生产效率并不具有显著差异,只有两者共存才可有效满足细分市场中不同群体的消费需求。更为重要的是,由于具有微小的规模,非正规部门企业往往具有较强的灵活性和快速应变能力,能够实现以较低的资本投入实现大量产品的产出,在食品、维修服务、贸易、运输等行业已成为市场供给的主体。同时,非正规部门企业能为中低收入阶层的居民提供廉价的产品,有利于中低收入阶层的居民增加家庭储蓄,从而加速社会资本积累,促进经济增长。ILO(2002)也曾分析了非正规部门对经济增长的两方面贡献:一方面,作为生产部门,非正规部门能创造产出,其规模的持续扩张本

---

① MGI, 2006, *Driving Growth: Breaking Down Barriers to Global Prosperity*, Harvard Business School Press.

② De Soto H, 1989, *The Other Path: The Invisible Revolution in the Third Worlds*, New York: Harper and Row Publishers.

身就意味着经济增长；另一方面，在许多国家，非正规部门相对低的成本可促进相关产业，包括部分出口主导产业的发展。[①] 据此，“支持非正规部门，促使其规模扩张”便构成了政府制定相关政策的指导原则，为非正规部门提供信贷支持、降低税收负担、创造公平的市场竞争环境等措施将促进其规模扩张。

三、折中观与政策含义

第三类观点较为折中，该类文献一方面对非正规部门的产出效应极为推崇，认为非正规部门的存在和发展具有不可忽视的重要性；另一方面亦承认非正规部门的低效，认为其规模的扩展是劳动力市场缺乏效率的直观体现。Cornia 等（1987）、Portes 等（1989）、Evers 和 Mehmet（1994）、Ellis（1998）、Livingstone（2000）、Reardon 等（2000）、Lanjouw 等（2001）、Sudarshan 和 Unni(2003)、Remco 等(2009)均持折中观点，承认非正规部门具有损害国家利益、扰乱市场竞争环境、降低整体经济效率等负面影响，也肯定非正规部门在增加供给、提高居民的可支配收入（特别是低收入者）、满足中低收入者的消费需求、减少失业、缓冲经济衰退等方面的重要作用。

目前，以第三种观点最为流行，尤其受到发展中国家的普遍认同。国内文献也倾向于支持第三种观点，认为中国的非正规部门具有双重影响。就其正面影响而言，Reimer（2006）、陈淮（2001）、夏南新（2002）等学者的观点为：①为低收入者提供了就业机会，就业效果的社会分配有利于社会底层；②提供廉价的消费品和劳务服务，与正规部门实现互补；③能充分利用本地资源，可构成税收和管制所带来低效的有效缓冲；④能够加快城市化水平，促进市场机制发育和产业结构升级。就其负面影响而言，夏兴园（1993）、夏南新（2001，2002）、蔡昉和王美艳（2004）、肖文和李黎（2001）、张华初（2002）、张向达（2002）、张杰和马斌（2004）等学者的观点为：①逃避纳税和社会福利支付，可能导致财政恶化及税率上升；②扰乱社会资源的合理配置，可能导致资源分配结构的畸形化和不良化；③不正当地参与国民收入的分配，导致收入分配结果的不平等；④降低社会保障的覆盖率，加重国家未来的负担；⑤劳资关系不稳定，运行机制和形式不规范；⑥影响城市环境和公共卫生，引发社会问题；⑦降低官方统计数据的准确性。就如何引导我国

---

① ILO，2002，*Women and Men in the Informal Economy：A Statistical Picture*，ILO publication.

的非正规部门的发展而言，黄宗智(2009)等学者认为需要重新界定政府的作用和干预尺度，从"无所不管"转向"有限领域"，从"过度干预"转向"适度干预"，从公共服务的"缺少干预"转向"加强干预"，张彦(2010)等学者指出，对于非正规就业，正确的社会政策的制定和执行要着眼于"扬长避短"这四个字，舍此，将难免出现偏差和非预期后果。

第二节　非正规部门对产出增长贡献的统计分析

诸多调查表明了非正规部门具有强大的产出功能，尤其是发展中国家，如联合国(1995)调查显示，赞比亚1/3的总产值，印度尼西亚1/2的工业、运输业和服务业总产值均由非正规部门创造；在多数亚洲国家，非正规部门创造的产值占运输业总产值的30%—40%、服务业总产值的20%—60%；[①]世界银行(1996)的调查表明，大部分西非国家的非正规部门对GDP的贡献已超过30%，特别是乍得和几内亚，高达66%和62%；基于大范围的抽样调查，ILO(2002)得出"非正规部门创造的产出分别占北非国家、拉丁美洲国家、亚洲国家、撒哈拉以南非洲国家非农GDP(Non-agricultural GDP)的27%、29%、31%、41%"的结论，详细情况参见表4-1。[②] 类似的结论还来自Charmes(2000，2006)、ESCAP(2008)、Portia等(2008)和Brautigam等(2008)等的研究。Hussmanns(2004)指出，非正规部门对创造收入和减少贫困具有显著的贡献，尤其在发展中国家和经济转型国家；[③]Gennari(2005)也认为无论是农村地区还是城市地区，非正规部门生产是提供产出、创造就业和收入机会的主要形式；[④]Muwonge等(2007)对乌干达非正规部门的研究发现，36%的住户家庭从事非正规部门生产，创造了占销售总量87%的奇

---

① 黄乾：《农村劳动力非正规部门的经济学分析》，《中国农村经济》2003年第3期。

② ILO, 2002, *Women and Men in the Informal Economy: A Statistical Picture*, ILO publication.

③ Hussmanns R, 2004, *Measuring the Informal Economy: From Employment in the Informal Sector to Informal Employment*, Working Paper, Bureau of Statistics Policy Integration Department International Labour Office, Geneva.

④ Gennari P, 2005, *Interregional Programme of Technical Cooperation on the Measurement of the Informal Sector and Informal Employment*, Working Paper, Regional Adviser on Economic Statistics, UN ESCAP.

迹；而 Bhaskar Marg 等（2009）也不禁对印度非正规部门“创造了占总额62％的 GDP，积累了 50％的国民储蓄，形成了占总额的 40％出口量，吸纳了93％的劳动力，提供了 83％的非农就业岗位”的强大功能啧啧称奇。

表 4-1　ILO（2002）对部分国家非正规部门产出的调查（1990—2000）

单位：/GDP％

南非国家	27	撒哈拉以南非洲国家		41	
阿尔及利亚	26	贝宁	43	肯尼亚	25
		布基纳法索	36	马里	42
摩洛哥	31	布隆迪	44	莫桑比克	39
		喀麦隆	42	尼日尔	54
突尼斯	23	乍得	45	塞内加尔	41
		科特迪瓦	30	坦桑尼亚	43
拉丁美洲国家	29	加纳	58	多哥	55
		几内亚比绍	30	赞比亚	24
哥伦比亚	25	亚洲国家		31	
墨西哥	13	印度	45	菲律宾	32
秘鲁	49	印度尼西亚	31	韩国	17

一、非正规部门和全社会实际总产出的总量和增速分析

非正规部门的产出效应既表现为非正规部门产出的数量，也表现为非正规部门产量的增长速度。为定量分析非正规部门对产出增长的贡献，笔者仍以浙江省为例展开探讨。需要说明的是，为满足指标统计口径一致性的分析需要，选择“社会总产出”指标来衡量国民经济的整体供给能力，以“劳动力投入分析法”的估算结果度量非正规部门的产出能力。① 更为重要的是，为更有效地测度非正规部门对总产出增长的实际贡献，将官方发布的“社会总产出”数据进行了拓展，与“未被观测的非正规部门产出”加总以形成“全社会实际总产出”指标：

① 所谓总产出是指国民经济各部门的常住单位在一定时期内生产的货物和服务的价值总和，反映国民经济各部门生产经营活动的总成果。

全社会实际总产出＝社会总产出＋未被观测的非正规部门产出　(4-1)

1990—1999 年“浙江省社会总产出”数据源自历年《浙江年鉴》，2000—2009 年数据源自《浙江统计年鉴 2010》，1990—2009 年浙江省非正规部门产出（即生产规模）、未被观测的非正规部门产出、总产出以及形成的全社会实际总产出数据如表 4-2 所示。

表 4-2　浙江省非正规部门产出和全社会实际总产出

单位：亿元

年　份	非正规部门产出	未被观测的非正规部门产出	总产出	全社会实际总产出
1990	421.31	259.32	2357.6	2616.92
1991	499.204	299.424	2957.7	3257.124
1992	622.157	354.467	3913.65	4268.117
1993	1002.954	497.814	5803.27	6301.084
1994	1748.15	649.380	8596.21	9245.59
1995	3241.346	1086.976	11561.9	12648.88
1996	4399.49	1460.76	13839.34	15300.1
1997	4906.768	1774.988	18436.62	20211.61
1998	5626.31	2076.10	17268.58	19344.68
1999	6622.878	2444.848	18436.62	20881.47
2000	7827.922	3039.192	20785.88	23825.07
2001	9194.134	3851.864	23011.28	26863.14
2002	8269.362	3508.542	26536.51	30045.05
2003	11214.83	4324.863	32552.25	36877.11
2004	10661.15	3873.624	39465.06	43338.68
2005	10636.03	3922.885	45910.04	49832.93
2006	11302.52	3642.328	54717.38	58359.71
2007	11982.11	3073.588	65875.71	68949.3
2008	12334.28	2401.812	78414.74	80816.55

续 表

年　份	非正规部门产出	未被观测的非正规部门产出	总产出	全社会实际总产出
2009	13360.78	2377.664	81997.22	84374.88
合　计	135873.69	44920.44	572437.56	617358.00

记非正规部门产出为“ISP_t”、全社会实际总产出为“SJP_t”，ISP_t、SJP_t 的趋势图和 $\ln ISP_t$、$\ln SJP_t$ 散点图分别如图 4-1、图 4-2 所示。图 4-1 显示，1990—2009 年间，随着非正规部门产出的增加，浙江省全社会实际总产出也不断增加，两者的产出增加方向基本一致。从各年度的增量角度看(表4-3)，1991—2000 年间，非正规部门的年均增量从前 5 年的 564.01 亿元扩增至后 5 年的 917.32 亿元，增幅高达 62.64%；同期的全社会实际总产出年均增量从 2006.39 亿元发展至 2235.24 亿元，增幅为 11.41%；21 世纪以来，非正规部门的年均增量从前 5 年的 561.62 亿元发展至后 4 年的 681.19 亿元，增幅为 21.29%；而同期的全社会实际总产出年均增量却从 5201.57 亿元迅速提升至 8635.49 亿元，增幅超过 66%。可见，非正规部门对全社会实际总产出增长的贡献并非均匀：非正规部门产出增加较快的年份，全社会实际总产出的增幅相对缓慢；相反，非正规部门产出增长较慢的年份，全社会实际总产出的增幅却相对提升。

图 4-2 显示，$\ln ISP_t$ 和 $\ln SJP_t$ 具有较强的正相关关系，两者的相关系数高达 0.9683，表明非正规部门对全社会总产出增长有明显的促进作用，其并非平衡的曲线走势也进一步显示出非正规部门对全社会实际总产出增长的促进“并非匀速”。

表 4-3　1991—2009 年各时间段 ISP_t 与 SJP_t 年均增量

单位：亿元

时间段	1991—1995	1996—2000	2001—2005	2006—2009	1991—2009
ISP_t 年均增量	564.01	917.32	561.62	681.19	681.02
SJP_t 年均增量	2006.39	2235.24	5201.57	8635.49	4303.05

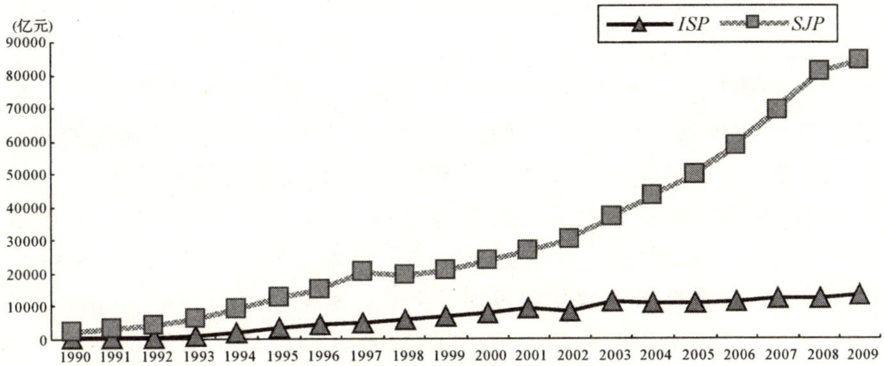

图 4-1　1990—2009 年浙江省 ISP_t、SJP_t 发展趋势图

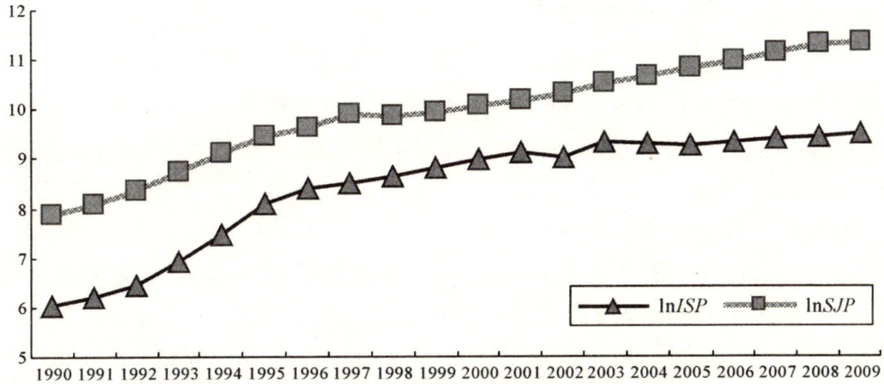

图 4-2　1990—2009 年浙江省 $\ln ISP_t$、$\ln SJP_t$ 散点图

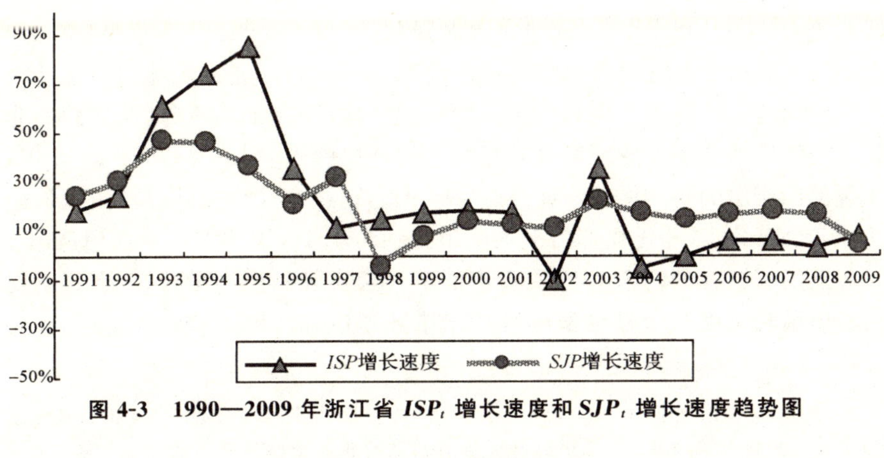

图 4-3　1990—2009 年浙江省 ISP_t 增长速度和 SJP_t 增长速度趋势图

图 4-3 描述了浙江省非正规部门产出增长速度和全社会实际总产出增长速度的发展变化趋势。从两者的关系上看，一个较为显著的特点是，1990—2009 年非正规部门产出随全社会实际总产出变动呈周期性的波动。总体上看，非正规部门产出增长速度与全社会实际总产出增长速度的变动方向和发展步调较为一致。在非正规部门产出增长速度较快的年份，全社会实际总产出的增长速度也呈上升趋势，而在非正规部门产出增长速度放慢，甚至出现负增长的年份，全社会实际总产出增长率也趋于放缓。只是非正规部门产出的增长速度变化幅度更大，并且其在时间上具有领先于全社会实际总产出增长变化的趋势。很明显，非正规部门产出的增长促进了全社会实际总产出的增长。

二、非正规部门的产出弹性分析

为揭示非正规部门产出增长对全社会实际总产出增长作用的大小，可对非正规部门的产出弹性进行分析。非正规部门的产出弹性（记为 $TISP_t$）是非正规部门产出增长速度（记为 $GISP_t$）与全社会实际总产出增长速度（记为 $GSJP_t$）之比，表示非正规部门产出增长 1 个百分点带动全社会实际总产出增长的百分点数。

1991—2009 年，浙江省非正规部门产出弹性的变化发展趋势如图 4-4 所示。总体来看，非正规部门产出与全社会实际总产出的关系较为密切，非正规部门产出的增长推动了全社会实际总产出的增长。除 1998 年、2002 年、2004 年和 2005 年之外的年份，非正规部门产出弹性都大于零，其平均值为 0.99，这说明非正规部门产出每增长 1 个百分点将带动全社会实际总产出平均增长 0.99 个百分点，推动力较为强劲。[①]

表 4-4 显示了各时间段的产出弹性情况，总体来看，非正规部门对全社会实际总产出增长的促进作用具有明显的时间特征：1991—2000 年间，强劲的非正规部门产出增长速度致使其具有相对高的产出弹性。其中，1991—1995 年，非正规部门产出的年均增长速度高达 50.39%，超过全社会实际总产出增长速度 13.35 个百分点，非正规部门平均产出弹性为 1.42，表明非正规部门产出 1 个百分点的增长就带动 1.43 个百分点的全社会实际总产出增长；尽管非正规部门产出增长速度和全社会实际总产出增长速度在 1996—2000 年均有所放

---

① 1998 年非正规部门产出弹性为负值，主要是因为全社会实际总产出下降造成的；2002 年、2004 年和 2005 年产出弹性为负值则是由非正规部门产出的小幅下降导致。

缓，但非正规部门仍具保持着5.78个百分点的产出增长优势，其平均产出弹性仍然高达1.43，非正规部门显然成为促进全社会实际总产出增长的一个不可忽视的动力源。相比之下，2001—2009年间，非正规部门相对低的产出增长速度致使其产出弹性显著降低。其中，2001—2005年，非正规部门的产出增长速度较为缓慢，其平均产出弹性降为0.40，与1996—2000年相比，其降低幅度超过1个百分点；2006—2009年间，由于仍然维持相对缓慢的增长速度使得非正规部门对全社会实际总产出增长的促进作用基本与前5年持平，即非正规部门产出每增长1个百分点带动全社会实际总产出增长0.42个百分点，其平均产出弹性比1991—2009年的平均值低0.57个百分点。

表 4-4　1991—2009 年各时间段年均 $TISP_t$

时间段	1991—1995	1996—2000	2001—2005	2006—2009	1991—2009
ISP_t 年均增长速度	50.39%	19.28%	6.32%	5.87%	18.87%
SJP_t 年均增长速度	37.04%	13.50%	15.90%	14.07%	18.97%
年均 $TISP_t$	1.36	1.43	0.40	0.42	0.99

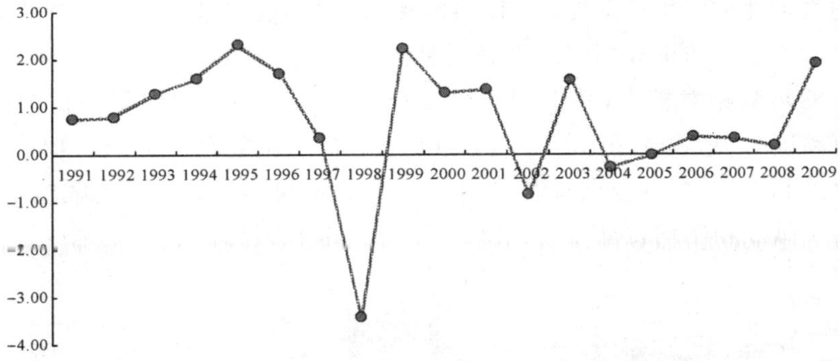

图 4-4　1990—2009 年浙江省非正规部门产出弹性 $TISP_t$ 发展趋势图

三、非正规部门对全社会实际总产出的贡献度与拉动度分析

为分析非正规部门对全社会实际总产出的拉动作用，可通过计算非正规部门对全社会实际总产出增长的贡献度和拉动度两个指标来做定量分析。记非正规部门对全社会实际总产出增长的贡献度为“GXD_t”，是指一定时期内非正规部门产出的增量与全社会实际总产出的增量之比，用以反映

全社会实际总产出增长中由非正规部门产出增加所起的拉动程度；记非正规部门对全社会实际总产出增长的拉动度为“LDD_t”，是 GXD_t 与全社会实际总产出增长速度之乘积，用来表明全社会实际总产出增长速度中由非正规部门贡献的相对程度。1991—2009 年，浙江省非正规部门对全社会实际总产出增长的贡献度与拉动度的计算结果如图 4-5 和图 4-6 所示。

总体来看，非正规部门为浙江省全社会实际总产出的增长做出了较大贡献，20 年间年均贡献度和拉动度分别为 15.83％和 3.00％，表明 15.83％的全社会实际总产出增长由非正规部门贡献，在 18.97％的全社会实际总产出年均增长速度中，有 3 个百分点是由非正规部门拉动的。分年度看（图 4-5），非正规部门的贡献度呈现较为剧烈的波动，尤其从 1998 年的最小值 －83.00％转而升至 1999 年的最大值 64.85％，提升幅度高达 147.85％；① 更具体地看，非正规部门对全社会实际总产出增长的贡献度也体现出明显的时间特征（表 4-5）：1991—2000 年间，其贡献度和拉动度均显著高于 2001—2009 年，其中，1991—1995 年，非正规部门的年均贡献度为 28.11％，拉动度也高达 10.41％，分别比 20 年年均贡献度和年均拉动度高 12.28 个百分点和 7.41 个百分点；在接下来的 5 年间，非正规部门的贡献继续提升，其年均贡献度和年均拉动度达 41.04％和 5.54％，表明接近一半的全社会实际产出增长源自非正规部门的强劲贡献。相比之下，2001—2009 年间，非正规部门的贡献相对较小，其中，2001—2005 年，非正规部门的年均贡献度和年均拉动度为 10.80％和 1.72％，分别比 20 年年均贡献度和拉动度低 5.03 个百分点和 1.28 个百分点；2006—2009 年，非正规部门的贡献度继续下降，其年均贡献度和年均拉动度分别降至 7.89％和 1.11％。

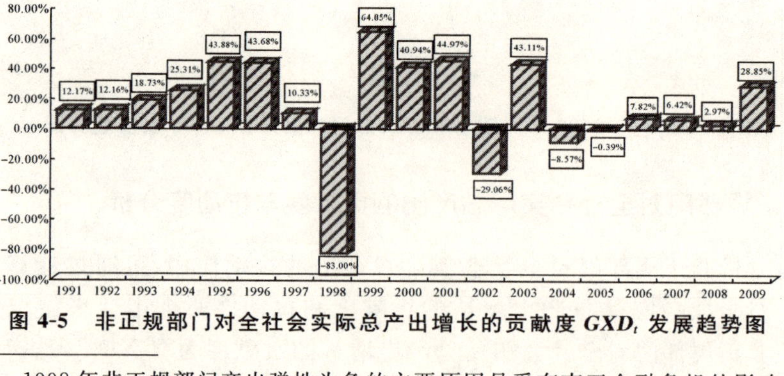

图 4-5　非正规部门对全社会实际总产出增长的贡献度 GXD_t 发展趋势图

① 1998 年非正规部门产出弹性为负的主要原因是受东南亚金融危机的影响，全社会总产出出现了小幅的下降。

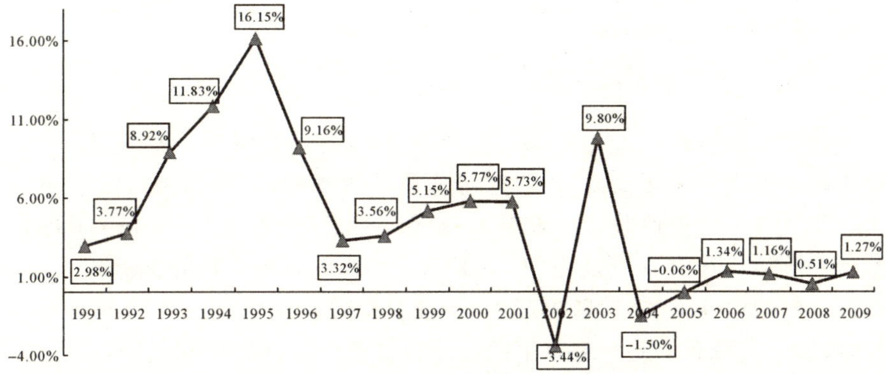

图 4-6　非正规部门对全社会实际总产出增长的拉动度 LDD_t 的发展趋势

表 4-5　1991—2009 年各时间段年均 GXD_t 和年均 LDD_t

时间段	1991—1995	1996—2000	2001—2005	2006—2009	1991—2009
ISP_t 年均增量	564.01	917.32	561.62	681.19	681.02
SJP_t 年均增量	2006.39	2235.24	5201.57	8635.49	4303.05
SJP_t 年均增长速度	37.04%	13.50%	15.90%	14.07%	18.97%
年均 GXD_t	28.11%	41.04%	10.80%	7.89%	15.83%
年均 LDD_t	10.41%	5.54%	1.72%	1.11%	3.00%

第三节　非正规部门对产出增长贡献的计量分析

为探索非正规部门产出与全社会总产出之间的长期均衡关系，笔者运用协整技术对 1990—2009 年浙江省 $\ln ISP_t$ 与 $\ln SJP_t$ 的关系进行检验。协整分析(Co-integration Analysis)是研究经济变量长期关系较先进的分析工具，其涉及一组非平稳变量但一起漂移的变量，共同漂移使得变量间存在长期均衡关系成为可能。为防止出现“伪回归(Spurious Regression)”现象，协整分析从检验时间序列的非平稳性入手，探求非平稳变量间蕴含的长期均衡关系，为非平稳时间序列的建模提供了良好的解决方法。

一、非正规部门与全社会总产出的协整检验

1. ISP_t 与 SJP_t 序列的平稳性检验

检验变量序列是否稳定的过程称为单位根检验(Unit Root Test)。平稳序列将围绕一个均值波动，并有向其靠拢的趋势，而非平稳过程则不具有这个性质。单位根检验方法很多，一般有 DF、ADF 检验和 Philips 非参数检验(PP 检验)，其中基于残差的 ADF 检验(Augmented Dickey-Fuller Test)是最常用的检验方法，检验原理为：通过假定时间序列是一个 p 阶自回归过程，增加一个滞后的差分项来解决误差项的高阶序列相关问题，检验方程即

$$\Delta y_t = \alpha + \beta_t + (\gamma - 1) y_{t-1} + \sum_{j=1}^{p} \delta_j \Delta y_{t-j} + \varepsilon_t \tag{4-2}$$

其中，α，β_t，δ_j 为参数，ε_t 为随机误差项并服从独立同分布的白噪声过程，原假设 H_0 为 $\gamma=1$，即 y_t 有一个单位根，是非平稳的，t 为趋势因素，采用 Mackinnon 临界值。最优滞后期 p 在保证残差项不相关的前提下，同时采用 AIC 准则与 SC 准则，选择二者值为最小时的滞后长度为最佳时滞。

图 4-2 描述了 1990—2009 年浙江省 $\ln ISP_t$ 与 $\ln SJP_t$ 的发展趋势。很明显，该两个序列在一定程度上是一起漂移的，说明二者可能存在协整关系。笔者采用 ADF 检验法对变量 $\ln ISP_t$ 与 $\ln SJP_t$ 以及它们的一阶、二阶差分序列进行平稳性检验，检验结果如表 4-6 所示。结果显示，二阶差分后的 $\ln ISP_t$ 与 $\ln SJP_t$ 序列是平稳的，即两者均为二阶单整序列，由此可进一步检验变量之间的协整关系。

表 4-6 $\ln ISP_t$ 与 $\ln SJP_t$ 平稳性检验结果①

变　量	ADF 检验值	临界值	检验形式(c,t,k)	结　论
$\ln ISP_t$	−0.848374	−3.277364*	$(c,t,4)$	非平稳
$\ln SJP_t$	−1.329308	−3.277364*	$(c,t,4)$	非平稳
$\Delta\ln ISP_t$	−2.058503	−2.660551*	$(c,0,4)$	非平稳

① (1)检验形式中，c 为常数项，t 为趋势项，k 为滞后阶数；(2)滞后期 k 的选择标准是以 AIC 和 SC 值最小为准则；(3)Δ 和 Δ^2 分别表示变量的一阶差分和二阶差分；(4)*、**、*** 分别表示显著水平为 10%、5%、1%的临界值。

续 表

变 量	ADF 检验值	临界值	检验形式(c,t,k)	结 论
$\Delta\ln SJP_t$	-1.971640	-2.660551^{*}	$(c,0,4)$	非平稳
$\Delta^2\ln ISP_t$	-5.632918	-2.708094^{***}	$(0,0,3)$	平稳
$\Delta^2\ln SJP_t$	-5.521888	-2.708094^{***}	$(0,0,3)$	平稳

2. ISP_t 与 SJP_t 序列的协整检验

目前关于协整关系的检验与估计存在许多技术模型，如 Engle-Granger 两步法、Johansen 极大似然法、频域非参数谱回归法等，笔者选择 Engle-Granger 两步法对变量进行协整分析。Engle-Granger 两步法考虑了如何检验具有同阶单整变量间的无协整关系问题。该法用普通最小二乘法（OLS）估计这些变量之间的平稳关系系数，然后用单位根检验来检验残差，如果拒绝存在单位根的零假设则表明变量之间存在协整关系。

笔者利用普通最小二乘法对如下回归方程进行参数估计：

$$\ln SJP_t=\alpha+\beta\ln ISP_t+u_t \tag{4-3}$$

估计结果如下：

$$\ln SJP_t=10.42497+0.270271\ln ISP_t+u_t(5.642064)(2.179657) \tag{4-4}$$

$$u_t=0.95291u_{t-1}+\varepsilon_t$$

其中，$R^2=0.993664$，$\overline{R^2}=0.992872$，$DW=1.679025$，$LM(1)=0.7798$，$LM(2)=0.4352$。

表 4-7 $\ln ISP_t$ 与 $\ln SJP_t$ 协整检验结果

Dependent Variable: LNSJP			Method: Least Squares	
Variable	Coefficient	Std. Error	t-Statistic	Prob.
C	10.42497	1.847722	5.642064	0.0000
$\ln ISP$	0.270271	0.123997	2.179657	0.0446
AR(1)	0.952910	0.028612	33.30483	0.0000
S. E. of regression	0.993664	Mean dependent var		10.02601
Adjusted R-squared	0.992872	S. D. dependent var		0.954476
R-squared	0.080585	Akaike info criterion		-2.055061

续　表

Dependent Variable：LNSJP		Method：Least Squares	
Sum squared resid	0.103904	Schwarz criterion	−1.905939
Log likelihood	22.52308	F-statistic	1254.585
Durbin-Watson stat	1.679025	Prob(F−statistic)	0.000000
Inverted AR Roots	0.95		

模型拟合优度较高，且不存在序列相关与异方差。若变量序列 $\ln ISP_t$ 与 $\ln SJP_t$ 存在协整关系，则模型估计式的残差序列 E 应具有平稳性。对 E 做单位根检验，其 ADF 检验值为−3.5098，小于显著水平为 1%和 5%的临界值，因此残差序列为平稳序列，这表明变量序列 $\ln ISP_t$ 与 $\ln SJP_t$ 之间存在协整关系，而且是唯一的。$\ln ISP_t$ 与 $\ln SJP_t$ 长期关系的拟合效果，如图 4-7 所示。

协整关系所对应的长期关系方程(4-4)具有明确的经济意义，它表示非正规部门产出每增长 1%，浙江省全社会实际总产出将增长 0.27%，同时说明非正规部门产出与全社会实际总产出之间存在长期稳定的均衡关系。

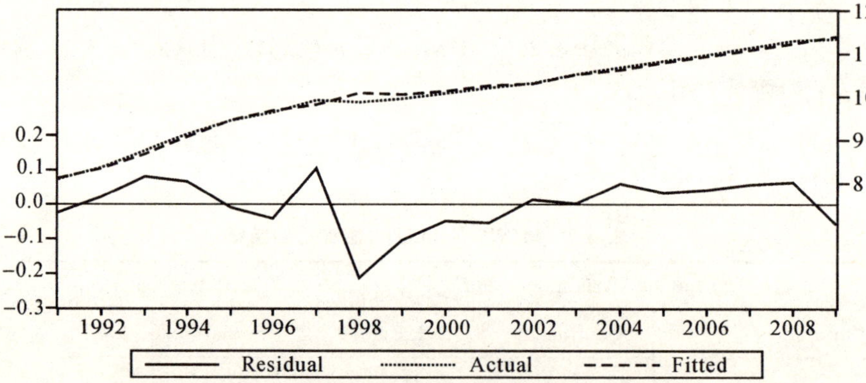

图 4-7　$\ln ISP_t$ 与 $\ln SJP_t$ 长期关系的拟合效果

二、非正规部门与全社会总产出的因果检验

协整检验可以揭示变量序列之间是否存在长期均衡关系，但无法揭示变量之间是否具有因果关系，Granger 因果检验为解决这类问题提供了一种较好的思路和方法。建立非正规部门产出($\ln ISP_t$)与全社会实际总产出($\ln SJP_t$)之间的 Granger 因果关系模型：

$$\begin{cases} \ln SJP_t = a_{10} + \sum_{i=1}^{k} a_{1i} \ln SJP_{t-i} + \sum_{i=1}^{k} \beta_{1i} \ln ISP_{t-i} + \varepsilon_{1t} \\ \ln ISP_t = a_{20} + \sum_{i=1}^{k} a_{2i} \ln ISP_{t-i} + \sum_{i=1}^{k} \beta_{2i} \ln SJP_{t-i} + \varepsilon_{2t} \end{cases} \tag{4-5}$$

其中,k 为最大滞后阶数,ε_{1t},ε_{2t} 为误差项。为确定变量的滞后阶数,笔者根据赤池信息准则(AIC)拟合了 VAR(3)系统,以此来检验 $\ln ISP_t$ 和 $\ln SJP_t$ 之间的因果关系,结果如表 4-8 和表 4-9 所示。可见,非正规部门产出与全社会实际总产出存在着双向因果关系。从长期来看,非正规部门产出是全社会实际总产出增长的 Granger 原因,而全社会实际总产出的增长也反过来拉动非正规部门产出的增加。

表 4-8　VAR(3)系统拟合结果

变　量	$\ln SJP_t$	$\ln ISP_t$
$\ln SJP_t(-1)$	0.806602	−0.074718
	(0.28879)	(0.18982)
	[2.79304]	[−0.39363]
$\ln SJP_t(-2)$	−0.044841	−0.132780
	(0.39168)	(0.25745)
	[−0.11449]	[−0.51576]
$\ln SJP_t(-3)$	−0.354653	−0.115170
	(0.27776)	(0.18257)
	[−1.27683]	[−0.63082]
$\ln ISP_t(-1)$	0.115896	1.020427
	(0.50217)	(0.33007)
	[0.23079]	[3.09151]
$\ln ISP_t(-2)$	−0.058281	0.023921
	(0.71543)	(0.47025)
	[−0.08146]	[0.05087]

续 表

变 量	$\ln SJP_t$	$\ln ISP_t$
$\ln ISP_t(-3)$	0.475328	0.255580
	(0.55887)	(0.36734)
	[0.85052]	[0.69576]
R-squared	0.976915	0.988296
Adj. R-squared	0.964091	0.981794
Sum sq. resids	0.173883	0.075123
S. E. equation	0.138998	0.091362
F-statistic	76.17410	151.9953
Log likelihood	12.14658	18.44099
Akaike AIC	−0.819544	−1.658798
Schwarz SC	−0.536324	−1.375578
Mean dependent	8.750864	10.09431
S. D. dependent	0.733506	0.677109
Determinant resid covariance(dof adj.)		0.000158
Determinant resid covariance		5.69E−05
Log likelihood		30.74156
Akaike information criterion		−2.498875
Schwarz criterion		−1.932435

表 4-9 基于 VAR 系统的 Granger 因果检验结果

Dependent variable：$\ln ISP_t$			
Excluded	Chi-sq	df	Prob.
$\ln SJP_t$	15.00497	3	0.0018
All	15.00497	3	0.0018
Dependent variable：$\ln SJP_t$			
Excluded	Chi−sq	df	Prob.
$\ln ISP_t$	7.033821	3	0.0708
All	7.033821	3	0.0708

第四节　本章小结

通过非正规部门综合效应与政策含义的理论归纳，本章基于"非正规部门和全社会实际总产出的总量和增速分析""非正规部门的产出弹性分析""非正规部门对全社会总产出的贡献度与拉动度分析""非正规部门与全社会总产出的协整检验"和"非正规部门与全社会总产出的因果关系检验"等角度，运用水平分析、速度分析、弹性分析、协整检验、Granger 因果关系检验等方法全方位地考察了非正规部门的产出效应。

总量和增速分析表明，非正规部门产出增长速度与全社会实际总产出增长速度的变动方向和发展步调较为一致。在非正规部门产出增长速度较快的年份，全社会实际总产出的增长速度也呈上升趋势，而在非正规部门产出增长速度放慢，甚至出现负增长的年份，全社会实际总产出增长率也趋于放缓。只是非正规部门产出的增长速度变化幅度更大，并且其在时间上具有领先于全社会实际总产出增长变化的趋势。很明显，非正规部门产出的增长促进了全社会实际总产出的增长。

弹性分析表明，非正规部门产出增长推动了全社会实际总产出的增长。20 年间，非正规部门的平均产出弹性为 0.99，说明非正规部门产出每增长 1 个百分点将带动全社会实际总产出平均增长 0.99 个百分点，具有较强劲的推动力。

贡献度和拉动度分析表明，非正规部门为浙江省全社会实际总产出的增长做出了较大贡献，20 年年均贡献度和拉动度分别为 15.83%和 3.00%，表明 15.83%的全社会实际总产出增长由非正规部门贡献，在 18.97%的全社会实际总产出年均增长速度中，有 3 个百分点由非正规部门拉动。

协整分析显示，非正规部门产出和全社会实际总产出之间存在长期稳定的均衡关系。平均来看，非正规部门产出每增长 1%，浙江省全社会实际总产出将增长 0.27%，同时说明非正规部门产出与全社会实际总产出之间存在长期稳定的均衡关系。Granger 因果关系检验得到，非正规部门产出与全社会实际总产出之间存在着双向因果关系。长期来看，非正规部门产出是全社会实际总产出增长的 Granger 原因，而全社会实际总产出的增长也反过来拉动非正规部门产出的增加。

第五章 非正规部门的就业效应分析

作为就业岗位的提供者，非正规部门的发展将对劳动力市场的就业规模和就业结构形成冲击，构成就业效应。究竟非正规部门的就业效应有多大？本章将基于名义和实际两个维度对浙江省非正规部门的就业效应进行测度和解读。进一步地，本章还将对非正规部门、传统正规部门和新兴正规部门的就业效应进行比较。

第一节 非正规部门对居民就业贡献的经验证据

一、亚非拉国家的经验证据

ILO 和 WTO(2009)最新数据显示,发展中国家 50%—80%的就业岗位和 20%—40%的社会产出由非正规部门创造。[①] 鉴于具有准入门槛低、劳动成本低、文化技能要求低和就业岗位多的"三低一多"优势,非正规部门就业已成为当前扩大就业、缓解压力的有效手段。几乎所有的文献均赞同上述观点,认为非正规部门对居民就业起着不可忽视的作用。所谓非正规部门就业者是指"在特定某段时间内,不论职业身份是否为第二职业,至少在非正规部门生产单位就过一次业的劳动者"(Hussmanns,2001)。[②] 大量调查显示,非洲国家的非正规部门具有强大的就业吸纳能力,非正规部门的发展极大地缓解了发展中国家的就业压力。如 Chen(2001)通过对非洲劳动力市场的分析指出,"20 世纪 90 年代,在全球化、经济改革和竞争压力的影响下,约 93%的就业机会由非正规部门创造";[③]表 5-1 描述了 ILO(2002)对 2000 年部分国家非正规部门就业情况的调查结果,在接受调查的 25 个国家中,非正规部门就业者占非农就业总数的比例均超过 1/3,其中就业比例超过 50%的国家共计 17 个,占被调查国家总数的 68%。特别是对于撒哈拉沙漠以南的非洲国家而言,非正规部门无疑是全社会就业岗位的主要提供源,其就业人数占非农就业人数的比例高达 72%;[④]Schneider(2002)也同样发现,在撒

---

① ILO and WTO, 2009, *Globalization and Informal Jobs in Developing Countries*, Geneva: ILO and WTO.

② Hussmanns R, 2001, *Informal Sector and Informal Employmen: Elements of A Conceptual Framework*, Working Paper, Bureau of Statistics Policy Integration Department International Labour Office, Geneva.

③ Chen M A, 2001, *Women in the Informal Sector: A Global Picture*, The Global Movement, Working Paper, Economic and Social Affairs, Washington.

④ International Labour Organisation, 2002, *Working Out of Poverty*, Working Paper, International Labour Organisation, Geneva.

哈拉沙漠以南的非洲国家，超过 3/4 的非农就业岗位由非正规部门创造；① Talmage 和 Freeman(2006)也得出了类似的结论。Xaba 等(2002)还进一步对非洲国家的非正规部门就业规律进行了探索，他发现非洲国家的非正规部门在缓解就业压力的同时还具有与正规部门相反的发展趋势，“当正规部门就业人数或产出快速增长时，非正规部门就业人数和产出就相对下降，而当正规部门出现了就业下降或产出滞长时，非正规部门就业人数和产出则相对扩张”。②

亚洲国家的经验证据同样显示出非正规部门强大的就业吸纳能力。Charmes(2000)指出，非正规部门已成为许多亚洲国家吸纳城市劳动力的主要场所，约 2/3 的城市就业通过非正规部门就业的形式实现；ILO(2003)通过对 10 个亚洲国家的对比发现，非正规部门的就业比例呈现显著的国别差异③。表 5-2 数据显示，印度、尼泊尔、巴基斯坦、泰国的非正规部门就业占非农就业的比例相对较高，其非正规部门就业占非农就业的比例均超过 50%，特别是泰国和尼泊尔，该比例高达 71.0%—81.7%；哈萨克斯坦、吉尔吉斯斯坦、菲律宾、俄罗斯、土耳其和土库曼斯坦的非正规部门就业比例则相对较低，非正规部门就业占非农就业的比例为 6.8%—24.9%；在接受调查的 10 个国家中，大部分国家的农村非正规部门就业比例相对较高，但在吉尔吉斯斯坦和哈萨克斯坦却表现出不同的现象，城镇非正规部门就业比例相对较高。ILO(2003)指出，尽管不同国家采用不尽相同的非正规部门调查方法，其就业数据并不具备完全可比的充分条件，却足以展现非正规部门能为亚洲居民提供大量就业岗位的潜力；UN-EASC(2006)的调查再次表明了非正规部门强大的就业吸纳能力，印度 51%的非农就业、尼泊尔 65%的非农就业、巴基斯坦 64%的非农就业、泰国 47%的非农就业均通过非正规部门实现；Madziakapita(2003)对“以非常低的资本成本创造了大量就业机会”的非正规部门大加赞赏，认为“如果不存在非正规部门将引发‘社会危机’”；

---

① Schneider F, 2002, *Size and Measurement of the Informal Economy in 110 Countries Around the World*, Working Paper, Department of Economics, Johannes Kepler University, Linz.

② Xaba J, Horn P, Motala S, 2002, *The Informal Sector in Sub-Saharan Africa*, Working Paper, Employment Sector International Labour Office, Geneva.

③ ILO, 2003, *Key Indicators of Labour Market*, Third Edition.

Becker(2004)①对非洲、亚洲、拉丁美洲及加勒比海地区国家的调查发现，非正规部门对非农就业、城镇就业做出了较大贡献，尤其构成了创造新增就业的主要源泉，调查结果如表 5-3 所示。

当然，许多实证研究表明，虽然非正规部门对扩大居民就业、提供所需商品和服务等方面具有积极作用，但发展非正规部门并不是解决失业的最优途径。Ghanna 和 Morisson(1975)、Lubeck(1977)、Maasdorp 和 Pillay(1978)、Dewar 和 Watson(1981)、Demol 和 Nihan(1982)、Elkan 等(1983)给出的理由是“非正规部门生产单位规模小，工作条件艰苦，收入不稳定，增长潜力较低”；Verick(2006)认为一方面是与正规部门的就业相比，非正规部门就业不够体面，而另一方面是随着大量低教育水平工人进入非正规部门，其规模的不断扩张将严重影响技术进步转化为生产力的速度，阻碍整体经济的快速发展②。

表 5-1 ILO(2002)对部分亚非拉国家非正规部门就业的调查

国　家	比例(%)	国　家	比例(%)
北非国家	48	拉丁美洲国家	51
阿尔及利亚	43	玻利维亚	63
摩洛哥	45	巴西	60
突尼斯	50	智利	36
埃及	55	哥伦比亚	38
撒哈拉以南的非洲国家	72	哥斯达黎加	44
贝宁	93	萨尔瓦多	57
乍得	74	危地马拉	56
几内亚	72	洪都拉斯	58
肯尼亚	72	墨西哥	55

① Becker K F, 2004, *The Informal Economy: Fact Finding Study*, Working Paper, Swedish International Development Cooperation Agency(SIDA), Stockholm.

② Verick S, 2006, *The Impact of Globalisation on the Informal Sector in Africa*, Working Paper, Economic and Social Policy Division, United Nations Economic Commission for Africa(ECA)and Institute for the Study of Labour (IZA), Washington D C.

续　表

国　家	比例(%)	国　家	比例(%)
南非	51	多米尼加共和国	48
亚洲国家	65	委内瑞拉	47
印度	83	合　计	比例(%)
印度尼西亚	78	发展中国家(非农就业)	60—70(约)
菲律宾	72	发展中国家(所有)	80—90(约)
泰国	51	欧洲国家(15)	15—25
叙利亚	42	/	/

表 5-2　ILO(2003)对部分亚洲国家非正规部门就业的调查

国　家	年　份	非正规部门就业占非农就业的比例(%)		
		全国	城镇地区	农村地区
印度	2000	55.7	51.3	61.0
哈萨克斯坦	1994	/	4.7	7.6
	1995	11.7	11.9	11.4
	1996	/	17.3	/
吉尔吉斯斯坦	1994	8.2	11.9	/
	1999	24.9	29.4	18.0
尼泊尔	1999	73.3	64.8	76.2
巴基斯坦	1997	64.6	61.2	68.2
	2000	65.8	63.8	68.0
菲律宾	1995	17.3	/	/
俄罗斯	2001	12.6	9.2	23.8
泰国	1990	81.7	/	/
	1992	79.1	/	/
	1994	76.8	47.6	82.9
	2000	71.0	47.1	77.4

续 表

国 家	年 份	非正规部门就业占非农就业的比例(%)		
		全国	城镇地区	农村地区
土耳其	2000	9.9	9.0	13.2
土库曼斯坦	1999	6.8	/	/

表 5-3 Becker(2004)对部分亚非拉地区非正规部门就业的调查

地 区	非农就业(%)	城镇就业(%)	新就业(%)
非洲	78	61	93
拉丁美洲及加勒比海地区	57	40	83
亚洲	45—80	40—60	/

二、发达国家的经验证据

非正规部门就业并不是发展中国家的特有现象，其同样普遍存在于发达国家。日本劳动省(JLM)较早关注发达国家非正规部门的发展情况，通过对 1997 年英国、德国、法国、荷兰和美国的非全日制就业人数、短期就业人数、派遣就业人数、非正规部门就业人数(包括自营就业者和家庭劳动者)的考察，认为发达国家同样存在非正规部门就业，但并未构成居民灵活就业的主要形式。[①]

2000 年以来，OECD 承担了两项关于发达国家非正规部门发展情况的研究：第一项研究成果《就业前景(Employment Outlook)》于 2004 年出版，主要对 OECD 国家同样存在非正规就业的系列证据进行了回顾，并基于国民经济核算数据对社会保障贡献进行了跨区估计；其第二项研究成果发布在 2008 年出版的《就业前景(Employment Outlook)》之中，详细探讨了捷克等 7 个收入相对较低的 OECD 国家的非正规就业现象(Danielle Venn，2008)[②]。研究表明，韩国、墨西哥和土耳其的非正规部门就业比例相对较高，接近非农就业总数的 20%—30%；捷克、波兰和斯洛伐克 3 国的非正规部门就业比例则

---

① 日本劳动省：《1998 年海外劳动白皮书》，1998 年。

② Danielle Venn，2008，*Measuring Informal Employment in OECD Countries*，www.wiego.org/reports/statistics/nov-2008/Venn.pdf.

相对较低，未签署书面劳动合同的非农就业者只占非农就业总数的2%—5%；相比之下，匈牙利的情况更为复杂，尽管几乎所有就业者均签署了书面劳动合同，但未进行社会保障注册的就业者却大有人在，几乎接近非农就业总数的20%（OECD，2008）[①]。OECD调强，尽管"通过社会保障行政数据和劳动力调查数据的比较，将两者之间的差异来衡量非正规部门就业者数量"的方法较为简单，其估算结果仍具有一定的科学性，与相关研究结果也较为吻合，如利用劳动力调查数据对波兰开展的无合同就业者数量估计、基于社会保障的行政数据开展的非正规就业率的替代估计、Stanculesca（2005）对捷克无合同就业者数量的估计等[②]。不同于OECD简单的数据比较，Kölló（2007）、Scharle和Szabó（2008）通过行政数据与劳动力调查数据的相互转换，利用转换后的养老金贡献者存量数据与就业调查的存量数据，估算出匈牙利的非正规部门就业者人数比例（19.4%）[③]；Ihrig和Moe（2000）通过对OECD部分成员国的调查得出，约17%的劳动力通过非正规部门实现就业[④]；另外，Mosotho（2003）、Mukras（2003）、Mwamba（2004）、Kapunda等（2005）、Teal（2006）、Muwonge等（2007）、Akintoye（2008）、Sam O.等（2009）、Kar等（2009）的研究均充分肯定了非正规部门的就业吸纳能力。

表5-4　JLM(1998)对部分发达国家就业情况的调查

国　家	非全日制就业	短期就业	派遣就业	非正规部门就业
英国	25.30%	4.10%	1.10%	/
德国	18.96%	/	0.60%	6.00%

① OECD, 2008, *Declaring Work or Staying Underground: Informal Employment in Seven OECD Countries*, Chapter 2 of *Employment Outlook*, OECD, Paris.

② Stanculesca M, 2005, *Working Conditions in the Informal Sector*, *South-East Europe Review*, No. 3, pp. 79-93.

③ Elek P, Á Scharle, B Szabó, 2008, *An Estimation of Undeclared Employment in Hungary Based on Administrative Data*, Background Paper Prepared as Part of the World Bank Project: Hungary Undeclared Employment, Ministry of Finance, Government of Hungary, Budapest.

④ Ihrig Jane E, Moe Karine S, 2000, *The Dynamics of Informal Employment*, *International Finance Working Paper*, No. 664, http://ssrn.com/abstract=231954 or doi: 10.2139/ssrn.231954.

续 表

国　家	非全日制就业	短期就业	派遣就业	非正规部门就业
法国	16.30%	4.00%	1.60%	/
荷兰	38.30%	12.10%	/	1.20%
美国	17.90%	4.40%	/	0.10%

三、国内文献主要观点归纳

迄今，国内尚未有一个准确的非正规部门就业人数的统计数据，大部分都是文献基于非正规部门就业者的身份构成，如城镇个体从业人员、流入城市的农村劳动力、下岗职工等主体的就业情况，对我国非正规部门就业人数予以估算。其中，较有代表性的结果如复旦大学非正规就业中心（2006）估算出我国非正规部门就业人员已达 1.3 亿；胡鞍钢、赵黎（2006）认为，我国非正规部门就业人员已爆发性地达到 1.68 亿人，等于城镇就业人员总数的 59.4%。部分学者及研究机构对各类就业者的非正规部门就业比例予以粗略估算，如钟水映（1998）、张文娟等（1999）的估算结果表明，城市长期农村劳动力的非正规部门就业比例为 40%—60%；上海城调队（1999）、劳动和社会保障部信息中心（1999）研究显示，下岗职工通过非正规部门实现再就业的比例在 30%—40%；而复旦大学非正规就业中心发布的《2006 中国非正规就业发展报告：劳动力市场的再观察》中指出我国城市劳动人口中超过 40% 的人是非正规就业。

尽管基于各种方法的估算结果不尽相同，但几乎所有文献均认为非正规部门的壮大对缓解我国沉重的就业压力具有重要意义。据此，胡鞍钢和杨韵新（2001）给出的理由主要是非正规就业增长已成为我国城镇就业新增岗位的主导渠道；蔡昉（2005）认为非正规就业的普遍化，有利于发挥尚未全面成熟的劳动力市场配置资源的作用，解决失业和下岗难题；柴定红和赖亦明（2005）更将发展非正规部门视为“解决我国城市农民工就业的一条创造性和革命性道路”；复旦大学非正规就业中心（2007）同样认为，非正规就业使数千万从城市国有和集体大工业企业中转移出来的下岗职工获得了再就业的机会，并保证社会在国有企业改革过程中的稳定和持续发展。在现今世界性经济危机的背景下，企业和社会组织纷纷裁减员工数量，非正规部门所具备的创造就业岗位、吸收待业人员的作用将更加突出。

第二节　名义维度的非正规部门就业效应:测度与解读

非正规部门的就业效应既表现为非正规部门吸纳的劳动力数量,也表现为非正规部门吸纳劳动力数量的增长速度。为定量描述非正规部门的就业效应,较全面地展示非正规部门的发展对全社会就业水平和就业结构带来的动态影响,笔者仍以浙江省为例展开非正规部门就业效应的测度和比较。需要说明的是,为更客观地展示非正规部门与正规部门的就业效应差异,显现未被观测部分对非正规部门及整体就业水平的影响,笔者将从“名义维度”和“实际维度”两个视角分别对非正规部门就业效应进行测度和比较。

一、名义非正规部门就业发展的基本描述

如第一章所述,生产部门可根据主体的法律地位分为“正规部门”和“非正规部门”两类。对应地,现行的就业统计范围亦可根据“正规部门从业人员”和“非正规部门从业人员”重新归类。从名义维度考察非正规部门就业发展情况是指根据官方发布的统计信息来分析非正规部门就业规模及变化情况。笔者将“城乡个体从业人员”定义为“名义非正规部门从业人员”,将“城镇个体从业人员”定义为“城镇名义非正规部门从业人员”,“乡村个体从业人员”定义为“乡村名义非正规部门从业人员”。1990—2009年浙江省名义非正规部门从业人数及城乡构成情况的原始数据如表5-5与图5-1所示。[①]

数据显示,浙江省名义非正规部门就业总体呈现“波动中扩增”的发展态势。1990—2009年间,名义从业人数从153.92万人增至429.49万人,年均从业人数达278.60万人,年均增量为14.50万人,增长速度为5.55%,超过同期全社会从业人数增长速度3.74个百分点。

表5-6描述了浙江省名义非正规部门就业发展的阶段特征。分时间段看,1991—1995年的年均从业人数相对较少,但年均20.04万人的增量和年均10.55%的增长速度使得名义非正规部门从业人数迅速增至254.13万人;步入1996—2000年,名义非正规部门就业量开始出现小幅波动,增长速

① 表中数据根据《浙江统计年鉴》《新浙江五十年统计资料汇编》与《中国统计年鉴》数据整理计算,对相同年份、相同指标在不同年鉴中的数据差异进行了适当调整。

度明显下降，甚至在1997年和2000年出现了负增长；21世纪的头5年，尽管名义非正规部门从业人数的年均增长速度降至3.28%，但年均增量已开始回升；2006—2009年，名义非正规部门从业人数大幅回升，其年均增量扩至27.35万人，年均增长速度升至7.63%。

表5-5 浙江省名义非正规部门从业人数发展情况

单位：万人

年份	名义非正规部门从业人员	城镇名义非正规部门从业人员	乡村名义非正规部门从业人员
1990	153.92	24.73	129.16
1991	155.83	23.37	132.46
1992	174.05	28.40	145.70
1993	197.19	38.50	158.60
1994	232.47	50.70	181.90
1995	254.13	54.50	199.60
1996	264.84	58.88	205.96
1997	256.41	57.90	198.50
1998	267.84	64.60	203.20
1999	281.43	93.90	187.50
2000	272.38	97.10	175.30
2001	277.33	102.20	175.10
2002	275.58	115.10	160.50
2003	298.34	130.90	167.40
2004	312.81	146.70	166.10
2005	320.08	154.80	165.30
2006	359.86	193.90	166.00
2007	391.30	243.43	147.87
2008	396.62	239.94	156.67
2009	429.49	258.57	170.92
均值	278.60	108.91	169.69

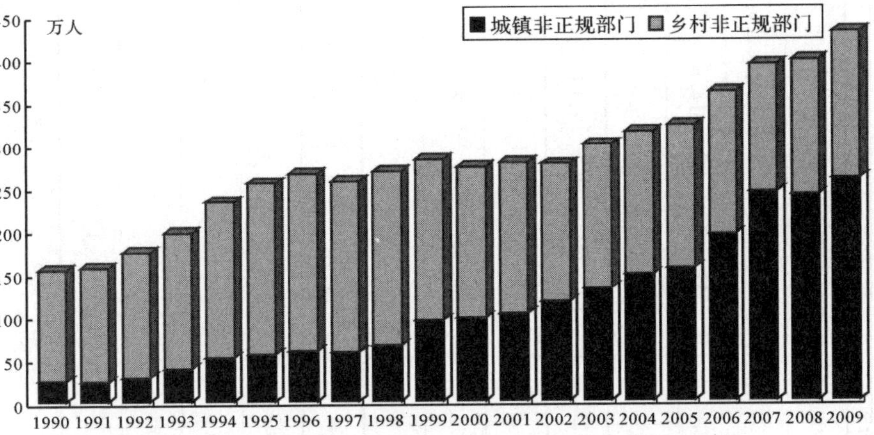

图 5-1　1990—2009 年浙江省名义非正规部门就业发展趋势

从区域构成来看，乡村非正规部门是名义就业岗位的主要提供源，其年均就业人数为 169.69 万人，占名义非正规部门从业人数总量的 60.91%。20 年间，名义非正规部门就业发展呈现“从乡村到城镇转移”和“城镇非正规部门就业增长速度快于乡村非正规部门”的特征，城镇非正规部门无疑成为最有潜力的劳动力吸纳部门。具体来看，1991—1995 年间，与乡村年均 14.09 万人的年均增量及 9.10%的年均增速相比，尽管城镇名义非正规部门从业人数只维持 5.95 万人的年均增量，但年均增长速度却高达 17.12%，超过乡村非正规部门 8.02 个百分点，也领先于城镇从业人数增长速度 13.44 个百分点；步入 1996—2000 年，乡村名义非正规部门从业人数开始下降，除 1996 年和 1998 年维持小幅增长之外，其余年份均出现了超过 5 万人的数量缩减，年均缩减速度达 2.56%。与此不同的是，城镇名义非正规部门从业人数继续上升，年均增量扩至 8.52 万人，年均增速依然维持在 12.24%的高位；2001—2005 年，乡村名义非正规部门从业人数的缩减幅度和速度双双放缓，但仍然形成年均 2.00 万人的缩减量与 1.17%的缩减速度；城镇非正规部门继续维持 11.54 万人的年均就业增量，但年均就业增长速度有所放缓，为 9.78%；2006—2009 年，一改近 10 年的缩减态势，乡村名义非正规部门从业人数转而以年均 1.41 万人的增量和 0.84%增速扩增。与此同时，城镇非正规部门就业规模亦大幅增加，尤其是 2006 年和 2007 年，其名义就业增量达 39.10 万人和 49.53 万人，增长速度均超过 25%。

表 5-6 浙江省名义非正规部门就业发展的阶段特征

时间段		1991—1995	1996—2000	2001—2005	2006—2009	1991—2009
$MISE_t$ 年均规模(万人)		194.60	268.58	296.83	394.32	278.60
$MISE_t$ 年均增量(万人)		20.04	3.65	9.54	27.35	14.50
$MISE_t$ 年均增速(%)		10.55%	1.40%	3.28%	7.63%	5.55%
同期全社会从业人数增速(%)		0.52%	0.79%	2.61%	3.74%	1.81%
城镇非正规部门	$UMISE_t$ 年均规模(万人)	36.7	74.48	129.94	233.96	108.91
	$UMISE_t$ 年均增量(万人)	5.95	8.52	11.54	25.94	12.31
	$UMISE_t$ 年均增速(%)	17.12%	12.24%	9.78%	13.68%	13.15%
同期城镇从业人数增速(%)		3.68%	0.46%	7.84%	15.07%	6.20%
乡村非正规部门	$RMISE_t$ 年均规模(万人)	157.90	194.09	166.88	160.37	169.69
	$RMISE_t$ 年均增量(万人)	14.09	−4.86	−2.00	1.41	2.20
	$RMISE_t$ 年均增速(%)	9.10%	−2.56%	−1.17%	0.84%	1.49%
同期乡村从业人数增速(%)		−0.33%	0.88%	0.84%	−2.23%	−0.11%

二、名义非正规部门就业效应:基于就业弹性的测度

(一)非正规部门就业弹性测度公式

刻画就业效应的主要指标是“产出就业弹性(Output Elasticity of Employment)”,它表示产出增长每增加一个百分点所能带来的就业增加百分点。相关文献显示,产出就业弹性分析已成为经济学者研究经济增长和就业发展关系的一个重要的分析工具。笔者令 $MISE_t$ 为名义非正规部门从业人数,$EMIS_t$ 为名义非正规部门产出,那么,名义非正规部门的弹性 $EMIS_t$ 的计算公式可表示为:

$$EMIS_t=\frac{(MISE_{t+1}-MISE_t)/MISE_t}{(MISP_{t+1}-MISP_t)/MISP_t} \tag{5-1}$$

不同的 $EMIS_t$ 值折射出不同的经济含义:

(1)$EMIS_t>0$,表示非正规部门产出对名义就业具有正向的拉动作用,$EMIS_t$ 值越大表示效应越大,值越小则意味着名义非正规部门产出对名义就业的拉动效应越小。

(2)$EMIS_t<0$,非正规部门产出对名义就业的拉动作用需进一步区分:当非正规部门产出体现为正增长但名义从业人数为负增长,即$(MISE_{t+1}-MISE_t)/MISE_t<0$ 而$(MISP_{t+1}-MISP_t)/MISP_t>0$ 时,意味着非正规部门产出增长对就业增长产生了“挤出效应”,并且随着$|EMIS_t|$的增大,挤出效应也增大;当非正规部门产出表现为负增长而名义从业人数为正增长,即$(MISE_{t+1}-MISE_t)/MISE_t>0$ 而$(MISP_{t+1}-MISP_t)/MISP_t<0$ 时,则意味着非正规部门产出增长对就业增长产生了“吸入效应”,该效应也将随$|EMIS_t|$增大而增大(张车伟和蔡昉,2002)。

(3)$EMIS_t=0$,表示非正规部门产出对名义就业增长不具有拉动作用。

(二)名义非正规部门就业弹性及效应判断

就业弹性依赖的产出指标一般由“GDP 增长率”来衡量,就业指标则由“从业人数增长率”来衡量。由于统计年鉴对 GDP 的分组并不能完全满足研究者对不同类别就业弹性测度的数据要求,因而常常选择相关指标对 GDP 进行替代,如 Navaretti 等(2003)使用“企业营业收入”衡量企业的产出水平,计算并比较了跨国公司和本地企业面临需求冲击时的产出就业弹性

差异[①]；方明月等(2010)采用"企业销售额"衡量产出水平，采用"职工人数"衡量就业水平，计算并比较了 1999—2005 年我国不同所有制企业的微观就业弹性。鉴于无法从统计年鉴中获得按照生产主体的部门构成进行的 GDP 分类数据，笔者以"总产出"指标来衡量非正规部门的产出水平，图 5-2 所描绘的具有高度相关关系的总产出增长速度与 GDP 增长速度(相关系数为 0.90)亦为指标替代提供了依据。

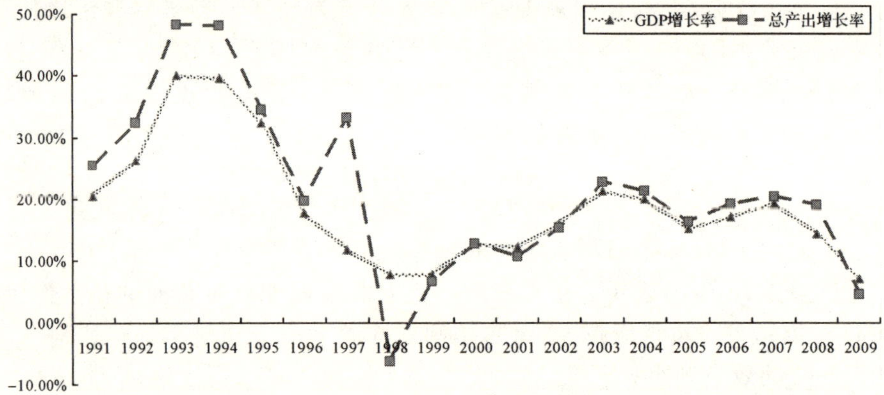

图 5-2　1991—2009 年浙江省总产出增长速度与 GDP 增长速度比较

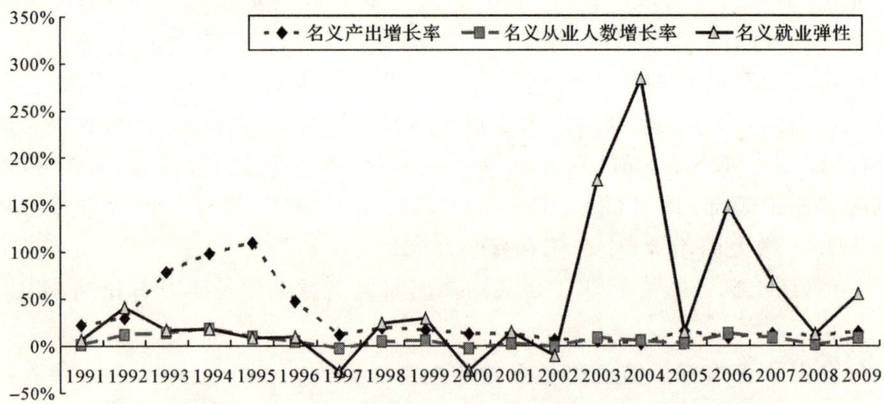

图 5-3　1991—2009 年浙江省名义非正规部门就业弹性发展趋势

① Giorgio Barba Navaretti, Daniele Checchi, Alessandro Turrini, 2003, *Adjusting Labour Demand: Multinational vs. National Firms—A Cross-European Analysis*, *Journal of the European Economic Association*, 1(2):708-719.

具体来看,“非正规部门总产出”由“非正规部门总产值”和“非正规部门营业收入”构成。其中,前者是“从事工业和手工业、建筑业(2005年之后为从事采矿业,制造业,电力、燃气及水的生产和供应业,建筑业)”城乡个体经营户创造的总产值;后者是“从事运输业、商业、饮食业、服务业、修理业、其他行业(2005年之后为从事运输、仓储及邮政业,批发和零售业,住宿餐饮业,房地产业,租赁与商务服务业,居民服务及其他服务业,卫生、社会保障和社会福利业,文化、体育与娱乐业,其他行业)”城乡个体经营户的营业收入。当然,笔者在测度总产出增长速度时,以历年的CPI指数对名义非正规部门总产出水平进行了价格调整,计算结果如表5-7和图5-3所示。①

表5-7 浙江省名义非正规部门就业弹性计算结果

年　份	总产出增长率（剔除物价因素）(%)	名义非正规部门从业人数增长率(%)	名义非正规部门就业弹性	全社会名义就业弹性
1991	21.62	1.26	0.0582	0.0534
1992	29.02	11.69	0.4030	0.0245
1993	78.37	13.29	0.1696	0.0180
1994	98.20	17.89	0.1821	0.0223
1995	109.86	9.32	0.0848	−0.0164
1996	47.23	4.22	0.0893	0.0047
1997	11.84	−3.18	−0.2686	−0.0095
1998	18.36	4.46	0.2427	−0.0248
1999	17.18	5.07	0.2954	0.0625
2000	12.12	−3.21	−0.2652	0.3737
2001	12.83	1.81	0.1414	0.2150

① 1991—2000年数据源自历年的《浙江年鉴》,2001—2007年数据源自历年的《浙江统计年鉴》。必须指出的是,鉴于第二次经济普查结果仅公布了个体经营户单位数,并未公布个体经营户的产出情况。同时,《浙江统计年鉴2009》《浙江统计年鉴2010》《中国统计年鉴2009》《中国统计年鉴2010》也只发布了2008年和2009年的个体经营户单位数。因此,笔者根据2004—2007年的产出年均增长情况估算得到2008年和2009年的个体经营户的总产值和营业收入。

续 表

年 份	总产出增长率（剔除物价因素）（%）	名义非正规部门从业人数增长率（%）	名义非正规部门就业弹性	全社会名义就业弹性
2002	6.06	−0.63	−0.1033	0.1372
2003	4.69	8.26	1.7603	0.1091
2004	1.71	4.85	2.8435	0.1327
2005	15.96	2.33	0.1458	0.1883
2006	8.39	12.43	1.4815	0.1189
2007	12.84	8.74	0.6805	0.4362
2008	9.62	1.36	0.1413	0.1321
2009	17.12	8.29	0.4840	0.2637
均值	24.88	3.11	0.2222	0.0872

总体看来，长期持续的非正规部门产出增长为劳动力提供了大量的就业机会，其年均名义就业弹性为0.22，意味着1个百分点的名义非正规部门产出增长将带来0.22个百分点的就业增长，呈现出显著的正向效应。与同期全社会就业弹性相比，除2000年、2001年和2002年等个别年份外，非正规部门就业弹性均显著高于全社会水平，其强劲的就业潜力一览无余。不可忽视的是，尽管名义非正规部门就业弹性总体为正，但呈现较明显的阶段特征。表5-8显示，名义非正规部门就业弹性从1991—1995年的0.1557降至1996—2000年的0.0809，表明1个百分点的非正规部门产出增长所引致的就业增长下降了0.07个百分点，正向的就业拉动效应有所减弱；21世纪的头5年，名义非正规部门就业弹性转而升至0.4007，其对就业的拉动力度大幅上升；在接下来的5年中，就业弹性继续小幅上升，1个百分点的名义非正规部门产出增长将带来0.6976个百分点的就业人数扩增，其正向的就业拉动度进一步强化。较为特殊的是1997年、2000年和2002年，非正规部门体现出“海绵效应”：11.84%、12.12%和6.06%的名义非正规部门产出增长并未带来从业人数的同期增长，反而以3.18%、3.21%和0.63%的速度缩减，非正规部门表现为明显的“吸入效应”。（见表5-8）

表 5-8 浙江省分时间段名义非正规部门就业弹性计算结果

时间段	1991—1995	1996—2000	2001—2005	2006—2009	1997	2000	2002
名义非正规部门从业人数增长率	10.55%	1.40%	3.28%	7.63%	−3.18%	−3.21%	−0.63%
名义非正规部门产出增长率(剔除物价因素)	67.78%	17.27%	8.18%	10.93%	11.84%	12.12%	6.06%
名义非正规部门就业弹性	0.1557	0.0809	0.4007	0.6976	−0.2686	−0.2652	−0.1033
变异系数	0.8721	3.3563	3.2179	0.8114			
效应判断	正效应	正效应	正效应	正效应	吸入效应	吸入效应	吸入效应

三、对名义非正规部门就业效应的解读

不断变化的就业弹性说明每创造一个增量的非正规部门产出需要投入的劳动增量并非固定，也同时意味着非正规部门的劳动生产率并非稳定。劳动生产率的变化不外乎两种因素的共同作用：一为技术进步；二是与产业结构相对应的就业结构变化。在第一种情况下，相同工作量的劳动量需求趋于降低，其就业弹性将呈现不断衰减的过程；在第二种情况下，一旦资金相对密集的产业增长速度与劳动相对密集的产业增长速度并不一致时，就业弹性随即出现波动。笔者也据此基于产业结构的视角对名义非正规部门就业弹性及其波动进行解读。

(一)基于非正规部门产业分布的解读

表 5-9 描述了 1990—2009 年间浙江省非正规部门生产单位、从业人员和总产出的产业分布。20 年来，非正规部门的产业分布始终维持“三、二、一”的格局，其产业结构基本稳定，变化甚小。从生产单位分布来看，非正规部门生产单位的三大产业分布比重分别是 0.47%、18.77%、80.76%；从就业人员分布来看，三大产业分布比重分别是 0.66%、29.56%、69.78%；从产出分布来看，三大产业分布比重分别是 1.04%、41.13%、57.83%。

第三产业无疑构成了浙江省非正规部门的主导产业，其发展热点主要集聚在与居民生活息息相关的领域，典型的如：①零售商业。在粮油类、禽蛋类、肉食类、烟草类、糖果糕点类、干鲜菜类、调味品类、文化用品类、五金交电类、特产类、日用杂货类等事关居民日常生活的零售商业中发挥主要作用，并形成了以个体商业为主体的小商品交易或专业交易中心，如温州瑞安商城、义乌小商品市场、绍兴轻纺城等市场。②饮食业。如个体饭店、个体酒馆、饮食摊铺、茶馆、咖啡屋、冷饮店、面馆广泛分布于城镇的大街小巷，极大方便了居民的生活。③居民服务业。如旅馆业、理发业、洗浴业、照相业、洗染业、刻字业、信息传播、科技交流、咨询服务等服务业，钟表、自行车、摩托车、收录机、电视机、汽车、冰箱、皮鞋、雨伞等修理行业中，非正规部门生产单位拥有大片的市场。21 世纪以来，随着房地产业持续升温以及各地蓬勃发展的旅游经济和假日经济的积极推动，部分非正规部门生产单位开始涉足社区服务业、中介服务业、信息服务业、融资担保业等，新兴服务业已成为非正规部门第三产业发展中极具增长潜力的亮点之一。第二产业是支撑浙江省非正规部门发展的第二大产业。从事该产业的非正规部门主要集中

于传统的制造业，以服装、纺织品、小家电等产品为典型制造对象。随着浙江特色的区域块状经济的发展，从事第二产业的非正规部门逐渐形成了一定规模的产业集聚，如余姚市马渚镇的蓄电池生产、奉化市新兴的美容美发器具生产、余杭区云会乡的装饰布生产、柳市的低压电器生产、海宁的皮革生产、永康的五金制品生产、嵊州的领带生产、诸暨大唐的袜业生产等。同时，一批以个私企业为主的工业园区的形成，如桐庐分水制笔工业园区、湖州织里童装工业园区等，也进一步促使非正规部门第二产业的发展。从1994年开始，浙江省才开始出现从事第一产业的非正规部门生产单位。第一产业非正规部门主要指在农业用地或单独的场所从事以出售农产品为目的的种植业、林业、牧业、渔业生产经营活动的个体经营户，也包括提供农林牧渔业服务业服务的个体经营户。20世纪末以来，随着浙江省各级工商行政管理机关积极贯彻落实支持“三农”的各项政策，配合政府部门运用产业政策对农民进行引导，极大地提高了农民开办个体工商户的积极性。同时，随着效益农业和农业产业化经营的发展，个私企业投资从事农业和农业开发的积极性明显提高。不可忽视的是，尽管非正规部门第一产业的发展速度一直领先于第二、三产业，但无论是企业数、从业人数还是产出规模，第一产业在非正规部门产业结构中的比重都不足2%。

表 5-9　浙江省非正规部门生产单位、从业人员及总产出的产业分布

年份	各产业经营户（万户）			各产业从业人员（万人）			各产业产出（亿元）		
	第一产业	第二产业	第三产业	第一产业	第二产业	第三产业	第一产业	第二产业	第三产业
1990	0.00	18.93	81.51	0.00	45.41	108.48	0.00	45.34	129.51
1991	0.00	18.70	81.56	0.00	46.74	109.09	0.00	62.43	153.15
1992	0.00	21.34	91.11	0.00	52.30	121.76	0.00	70.36	218.53
1993	0.00	25.55	98.24	0.00	64.34	132.85	0.00	194.41	379.83
1994	0.09	28.80	114.16	0.21	74.10	158.16	1.42	447.03	737.23
1995	0.15	31.26	122.94	0.33	82.07	171.72	4.29	913.07	1407.42
1996	0.20	32.19	127.54	0.42	83.56	180.86	5.94	1250.44	1910.95
1997	0.19	30.13	122.91	0.43	80.46	175.52	6.87	1341.03	2027.15
1998	0.44	30.59	127.37	1.11	82.87	183.86	7.03	1620.56	2246.75
1999	0.68	32.27	131.49	1.46	88.18	191.78	14.29	1929.09	2555.42
2000	1.49	30.34	127.03	2.51	82.86	187.01	21.71	2153.41	2981.22

续　表

年　份	各产业经营户（万户）			各产业从业人员（万人）			各产业产出（亿元）		
	第一产业	第二产业	第三产业	第一产业	第二产业	第三产业	第一产业	第二产业	第三产业
2001	1.47	29.34	127.22	2.41	81.35	193.56	27.10	2328.53	3393.24
2002	0.96	27.93	124.00	1.76	81.53	192.30	32.43	2420.82	3601.40
2003	1.14	28.42	128.96	2.23	83.71	212.40	30.86	2653.28	3833.55
2004	1.19	29.76	137.44	2.67	84.89	225.24	89.91	2781.48	3887.55
2005	1.08	29.08	142.51	2.64	86.32	231.12	46.20	3156.02	4439.20
2006	1.18	31.97	146.64	3.94	105.79	250.14	52.96	3593.09	4620.05
2007	1.25	32.73	146.76	3.75	111.02	276.53	163.59	4043.17	5406.41
2008	1.41	34.40	154.17	3.85	113.44	279.33	184.52	4544.37	6007.37
2009	1.63	36.14	160.92	6.78	116.21	306.50	325.33	4655.41	6591.55
平均值	0.73	28.99	124.72	1.83	82.36	194.41	50.72	2010.17	2826.37

产业特征的显著差异致使从事不同产业的非正规部门生产单位具有不尽相同的劳动力要素需求。从非正规部门生产单位户均劳动力需求比较，第三产业企业的户均劳动力需求最低，其户均从业人数为 1.56 人；第二产业企业的户均劳动力需求相对最高，其户均从业人数为 2.84 人；第一产业企业的户均劳动力需求居中，其户均从业人数为 2.51 人。图 5-4 描绘了 1990—2009 年浙江省各产业非正规部门生产单位的户均从业人数变化情况，较为明显的两个特征便是：①第一产业的非正规部门生产单位户均从业人数波动显著，而第二、三产业的非正规部门生产单位户均从业人数发展较为稳定；②1990—2005 年，非正规部门生产单位户均从业人数一直维持“二产、一产、三产”的位次顺序，当 2006 年第一产业非正规部门生产单位户均从业人数首次超过第二产业非正规部门生产单位户均从业人数之后，其户均从业人数波动更为剧烈，于 2009 年再次超过第二产业非正规部门生产单位，成为户均劳动力需求最高的产业。

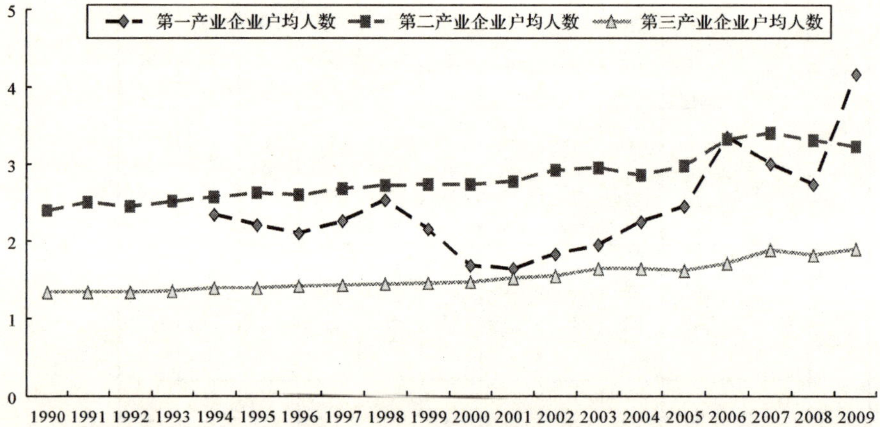

图 5-4　1990—2009 年浙江省各产业非正规部门生产单位平均就业规模发展趋势

不同产业的非正规部门生产单位具有不尽相同的发展速度。图 5-5 显示，第一产业非正规部门生产单位具有相对高的发展速度，其年均增长速度达 21.30%；第二、三产业的非正规部门生产单位发展速度大致相当，分别为 3.46%和 3.64%。同时，第一产业非正规部门生产单位发展速度波动剧烈，第二、三产业的非正规部门生产单位发展速度相对平缓。

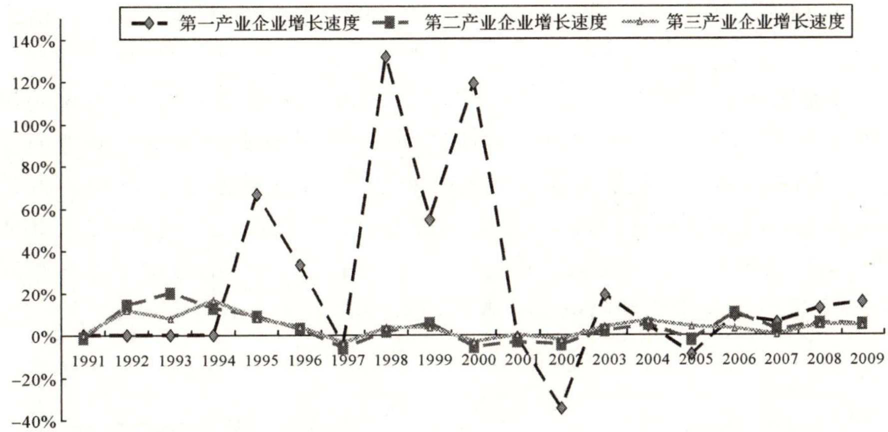

图 5-5　1991—2009 年浙江省各产业非正规部门生产单位增长速度发展趋势

(二)基于非正规部门产业结构偏离度的解读

就业结构依赖于产业结构，随着非正规部门产业结构的演进，其就业结构也将发生相应的变化。一种判断就业结构是否合理的有效方法便是计算产业结构偏离度，其不仅可以反映非正规部门各产业的就业比重和产值比重是否协调一致，而且通过表达式的适当转换还可以论证整体非正规部门产业结构与就业结构的均衡性。

非正规部门产业结构偏离度为非正规部门各产业的劳动力比重与其产值比重之差，计算公式为：

$$P_{it}=MISE_{it}-MISP_{it} \tag{5-2}$$

其中，P_{it} 表示第 t 期第 i 产业的结构偏离度，$MISE_{it}$ 表示第 t 期第 i 产业的从业人数份额，$MISP_{it}$ 为同期第 i 产业的产出份额。P_{it} 越接近于零，表明产业结构与就业结构越吻合；P_{it} 大于零，即该产业非正规部门生产单位的就业比重大于其产值比重，表明该产业非正规部门生产单位的劳动生产率较低；P_{it} 小于零，即该产业非正规部门生产单位的就业比重小于其产值比重，则意味着该产业非正规部门生产单位的劳动生产率较高。

图 5-6 刻画了 1990—2009 年浙江省非正规部门产业结构偏离度的变化趋势。从结构偏离度绝对值之和看，从 1990 年的 7.16%上升至 2009 年的 30.49%，总体呈现越来越大之势，表明浙江省非正规部门的就业结构和产出结构正逐步背离平衡；分三次产业观察，第一产业非正规部门生产单位的结构偏离度基本围绕 0 值波动，表明第一产业的产值增加幅度与从业人数的增加幅度基本相符；第二产业非正规部门生产单位的结构偏离度于 20 世纪

90 年代初期出现小幅波动后持续下降，从 1993 年开始维持持续的负值状态，直至下降到 2009 年的－15.02％，说明第二产业的产值增加幅度远大于从业人数的增加幅度，其就业结构和产出结构存在严重的不对称，也说明第二产业非正规部门生产单位的劳动生产率较高，具有吸纳剩余劳动力的空间；不同的是，第三产业非正规部门生产单位的结构偏离度于从 1993 年开始维持为正，并且结构偏离度绝对值逐年扩大，从 1993 年 1.23％扩大至 2009 年 15.47％，这不仅意味着第三产业非正规部门生产单位的劳动生产率相对较低，也表明了非正规部门第三产业的劳动力吸纳能力正逐年退化。

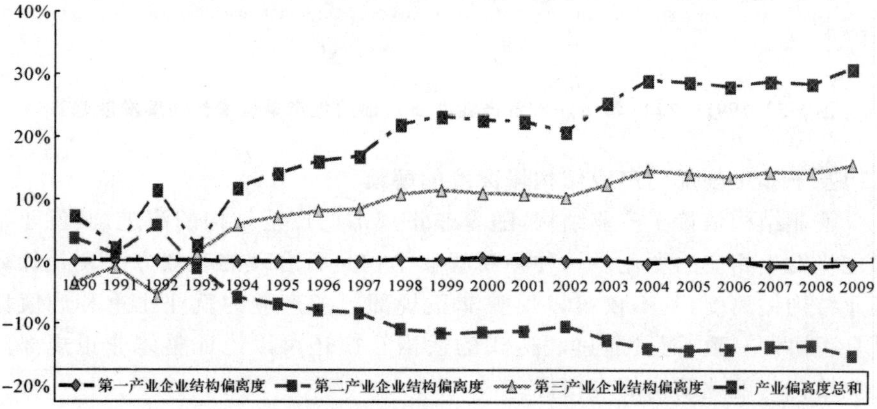

图 5-6　1990—2009 年浙江省非正规部门产业结构偏离度发展趋势

(三)基于非正规部门偏离份额模型的解读

为更加深入地解读非正规部门的就业效应，以区分部门差异（即非正规部门与生产部门一般水平的差异）和产业差异（即非正规部门某产业竞争力与三次产业竞争力一般水平的差异）对非正规部门总就业效应的影响，笔者采用偏离份额分析模型来具体分析。

令 ΔE_{it}^{I} 表示非正规部门第 t 年第 i 产业的从业人数变化，E_{io}^{I} 为基期第 i 产业的从业人数，R_{it}^{I} 表示第 t 年第 i 产业的从业人数增长速度，则

$$\Delta E_{it}^{I}=E_{io}^{I}R_{it}^{I} \tag{5-3}$$

令 R_{it} 表示浙江省第 t 年第 i 产业的从业人数增长速度，R_t 为全省三次产业从业人数平均增长速度，则方程(5-3)可转换为如下方程：

$$\Delta E_{it}^{I}=E_{io}^{I}R+E_{io}^{I}(R_{it}-R)+E_{io}^{I}(R_{it}^{I}-R_{it}) \tag{5-4}$$

进一步转换为：

$$\Delta E_{it}^{I}-E_{io}^{I}R=E_{io}^{I}(R_{it}-R)+E_{io}^{I}(R_{it}^{I}-R_{it}) \tag{5-5}$$

把方程(5-3)代入方程(5-5)得到：

$$E_{io}^{I}R_{it}^{I}-E_{io}^{I}R=E_{io}^{I}(R_{it}-R)+E_{io}^{I}(R_{it}^{I}-R_{it})$$

化简得：

$$R_{it}^{I}-R=(R_{it}-R)+(R_{it}^{I}-R_{it}) \tag{5-6}$$

上式左边为“非正规部门第 i 产业从业人数相对增长率”，用以衡量非正规部门第 i 产业的相对就业效应，即“非正规部门总就业效应”；上式右边第一项为“第 i 产业从业人数相对增长率”，用来测度某产业就业吸纳能力的一般水平；右边第二项为“第 i 产业非正规部门从业人数相对增长率”，用来衡量非正规部门各产业生产单位就业吸纳能力的特殊之处。为体现两者对非正规部门就业效应的贡献份额，笔者将$\frac{R_{it}-R}{R_{it}^{I}-R}$称为“产业效应”，将$\frac{R_{it}^{I}-R_{it}}{R_{it}^{I}-R}$称为“部门效应”。

1991—2009 年浙江省非正规部门三次产业的就业效应及其分解结果如表 5-10 所示。与一般水平比较，非正规部门三次产业的总就业效应值均为正，分别为 23.75%、3.52%和 3.93%，说明非正规部门各产业均呈现较强的就业吸纳能力。从总就业结构和趋势来看，20 世纪 90 年代以来，浙江省政府进行了一系列改革，为劳动力流动创造了宽松的制度环境，大量农村劳动力向非农产业转移，第二产业和第三产业成为吸纳劳动力就业的主导产业。也就是说，第一产业的总就业效应为负，第二、三产业的总就业效应为正，第三产业的就业吸纳能力最强。

然而，非正规部门的就业结构具有特殊之处：①第一产业总就业效应为正，部门效应的巨大贡献弥补了产业效应的负贡献。部门效应使得非正规部门第一产业体现出较强劲的就业吸纳能力，其高达 123.29%的贡献率弥补了产业效应的负贡献，使得从业人数在 2002 年、2005 年和 2007 年出现小幅下降之外，其余年份均保持较快的速度增长，总就业效应为正且潜力巨大。②第二产业总就业效应为正，近八成贡献源于产业效应。第二产业年均 3.52%的就业正效应主要由产业效应贡献，其平均贡献率为 79.53%，表明全省工业化进程的加速推进，对非正规部门第二产业劳动力就业增长也起到了重要作用。当然，除 2003 年外，部门效应均为正值，第二产业的竞争优势为非正规部门总就业效应做出了 20.47%的贡献。③第三产业总就业效应为正，产业效应成为主导贡献源。第三产业年均 3.93%的就业正效应主要由产业效应贡献，其平均贡献率为 96.77%。尽管非正规部门的部门效应对第三产业就业效应的贡献微乎其微，但 1991 年、1997 年、2002 年、2003 年、2004 年、2005 年和 2008 年，部门效应的贡献率超过 100%。

表 5-10　浙江省非正规部门各产业就业效应及其分解结果

单位：%

年份	第一产业			第二产业			第三产业		
	总效应	产业效应	部门效应	总效应	产业效应	部门效应	总效应	产业效应	部门效应
1991	−0.97	34.21	65.79	1.95	6.36	93.64	−0.41	−200.27	300.27
1992	−0.81	167.32	−67.32	11.08	−7.41	107.41	10.80	52.37	47.63
1993	−0.60	1472.23	−1372.23	22.42	64.50	35.50	8.51	19.71	80.29
1994	−0.94	565.28	−465.28	14.23	17.93	82.07	18.11	50.29	49.71
1995	57.86	−4.75	104.75	11.48	−26.99	126.99	9.29	124.52	−24.52
1996	27.14	−7.80	107.80	1.68	13.44	86.56	5.19	73.64	26.36
1997	2.59	−47.06	147.06	−3.50	8.95	91.05	−2.75	−98.67	198.67
1998	158.41	−0.08	100.08	3.27	−86.41	186.41	5.02	83.83	16.17
1999	31.05	−10.46	110.46	5.92	−146.22	246.22	3.82	442.84	−342.84
2000	68.07	−20.39	120.39	−9.88	−196.04	296.04	−6.33	4.62	95.38

续 表

年份	第一产业			第二产业			第三产业		
	总效应	产业效应	部门效应	总效应	产业效应	部门效应	总效应	产业效应	部门效应
2001	−6.57	93.86	6.14	−4.41	−42.79	142.79	0.91	576.11	−476.11
2002	−29.18	25.89	74.11	−1.99	−190.07	290.07	−2.86	−132.86	232.86
2003	24.60	−35.77	135.77	0.57	1785.44	−1685.44	8.35	−40.78	140.78
2004	17.22	−47.17	147.17	−1.10	−556.96	656.96	3.54	−20.33	120.33
2005	−4.76	130.61	−30.61	−1.95	−177.79	277.79	−1.03	−34.17	134.17
2006	46.93	−16.63	116.63	20.25	7.89	92.11	5.92	66.15	33.85
2007	−12.16	99.86	0.14	−2.39	−98.14	198.14	3.22	164.60	−64.60
2008	0.27	−1579.62	1679.62	−0.21	−855.30	955.30	−1.38	−2.78	102.78
2009	73.08	−6.63	106.63	−0.58	−163.07	263.07	6.70	21.54	78.46
均值	23.75	−23.29	123.29	3.52	79.53	20.47	3.93	96.77	3.23

第三节　实际维度的非正规部门就业效应:测度与比较

一、实际生产部门就业发展的基本描述

从实际维度考察非正规部门就业发展,是指结合官方发布的统计信息以及笔者的估算结果来分析实际从事非正规部门就业的人数及变化情况。同时,为开展非正规部门与正规部门就业效应的比较分析,笔者将“单位从业人员”定义为“正规部门从业人员”,记为 FSE_t。根据就业单位注册类型的差异,进一步将正规部门细分为“传统正规部门”和“新兴正规部门”,前者主要指“城镇单位,包括国有单位、集体单位、联营单位、股份合作单位、有限责任公司、股份有限公司、港、澳、台商投资单位和外商投资单位”等城镇单位;后者主要包括“城镇私营企业、农村乡镇企业和农村私营企业”等企业。对应地,传统正规部门从业人员是指在城镇各级国家机关、政党机关,社会团体及企业、事业单位中工作,取得工资或其他形式的劳动报酬的全部人员,记为 $TFSE_t$;新兴正规部门从业人员是指在城镇私营企业、农村乡镇企业和农村私营企业中工作,取得工资或其他形式的劳动报酬的全部人员,记为 $UFSE_t$。

非正规部门和正规部门从业人员的具体构成可概括为:

非正规部门从业人数＝名义非正规部门从业人数＋未被观测的非正规部门从业人数　(5-7)

正规部门从业人数＝传统正规部门从业人数＋新兴正规部门从业人数　(5-8)

传统正规部门从业人数＝城镇单位从业人数　(5-9)

新兴正规部门从业人数＝城镇私营企业从业人数＋农村私营企业从业人数＋乡镇企业从业人数　(5-10)

表 5-11 和图 5-7 描述了浙江省正规部门从业人员、非正规部门从业人员以及各部门从业人员的具体构成发展情况。经济的高速发展和社会的快速转型使得阻碍劳动力流动的因素逐步消除,1990—2009 年间浙江省生产部门的就业发展总体显现以下三个特征。

表 5-11 1990—2009 年浙江省生产部门从业人员发展情况①

单位:万人

年份	正规部门从业人员					非正规部门从业人员			
	合计	传统正规部门从业人员	新兴正规部门从业人员			名义从业人员			实际从业人员
			城镇私营企业	农村私营企业	乡镇企业	城镇非正规部门	乡村非正规部门	合计	
1990	986.51	476.02	5.11	9.89	495.49	24.73	129.16	153.92	802.22
1991	1031.93	492.81	7.61	8.13	523.38	23.37	132.46	155.83	779.63
1992	1077.62	491.37	6.00	11.8	568.45	28.40	145.70	174.05	785.20
1993	1198.95	502.36	13.00	16.50	667.09	38.50	158.60	197.19	710.40
1994	1342.53	500.88	30.80	36.96	773.89	50.70	181.90	232.47	597.29
1995	1398.51	498.61	40.80	63.39	795.71	54.50	199.60	254.13	593.81
1996	1401.73	495.35	49.00	70.95	786.43	58.88	205.96	264.84	613.47
1997	1385.2	482.26	51.20	83.16	768.58	57.90	198.50	256.41	641.44
1998	1396.72	455.8	57.20	95.64	788.08	64.60	203.20	267.84	683.06
1999	1432.02	427.45	68.40	122.5	813.67	93.90	187.50	281.43	718.01

① 表中数据根据《浙江统计年鉴》《新浙江五十年统计资料汇编》与《中国统计年鉴》数据整理计算，对不同年鉴中相同年份相同指标数之间的差异进行了适当调整。其中，1995—2009 年城乡私营企业从业人数源自 1996—2010 年《中国统计年鉴》。

续 表

年份	正规部门从业人员					非正规部门从业人员			
	合计	传统正规部门从业人员	新兴正规部门从业人员			名义从业人员			实际从业人员
			城镇私营企业	农村私营企业	乡镇企业	城镇非正规部门	乡村非正规部门	合计	
2000	1578.51	398.53	110.60	188.99	880.39	97.10	175.30	272.38	730.78
2001	1648.64	372.39	133.40	213.33	929.52	102.20	175.10	277.33	807.16
2002	1764.31	367.14	165.40	238.13	993.64	115.10	160.50	275.58	813.70
2003	1939.97	373.21	218.27	265.71	1082.78	130.90	167.40	298.34	794.88
2004	2141.02	447.47	236.36	280.95	1176.24	146.70	166.10	312.81	785.78
2005	2301.72	522.93	218.46	316.38	1243.95	154.80	165.30	320.08	816.02
2006	2494.81	590.47	273.17	328.07	1303.1	193.90	166.00	359.86	813.45
2007	2753.36	641.17	387.05	372.04	1353.1	243.43	147.87	391.30	749.11
2008	2797.01	689.35	443.93	351.13	1312.6	239.94	156.67	396.62	650.78
2009	2905.03	749.57	491.28	367.18	1297	258.57	170.92	429.49	675.88

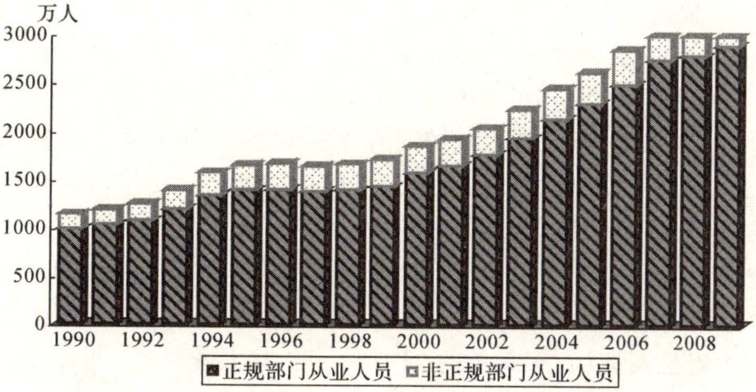

图 5-7　1990—2009 年浙江省生产部门从业人员发展趋势

(一)正规部门仍然是吸纳劳动力的主要部门

1990—2009 年,由正规部门从业人员和非正规部门从业人员共同构成的浙江省生产部门从业人数得到快速发展,从 1990 年的 1788.73 万人逐年扩增至 2009 年的 3580.91 万人。年均 94.33 万人的增量与 3.72%的年均增速显现出快速发展的非农化进程,顺应了“农业劳动力份额逐渐下降”的经济发展规律。尤其是 21 世纪以来,除 2008 年出现小幅度的就业回流之外,劳动力非农化脚步明显加快,各年生产部门从业人数的增长速度均超过 5 个百分点。从生产部门构成来看,正规部门依然是吸纳劳动力的主要部门,从 1990 年的 986.51 万人发展至 2009 年的 2905.03 万人,其年均增量为 100.97 万人,年均增速为 5.85%,超过生产部门从业人数增长速度 2.13 个百分点。20 年来,平均每年有 70.60%从业人员在正规部门实现就业,其就业比例从 1990 年的 55.15%提升至 2009 年的 81.13%,平均每年提升 1.37 个百分点。相比之下,尽管非正规部门对扩大浙江省居民就业具有十分重要的作用,但并非成为吸纳就业的主要部门。

(二)传统正规部门相对萎缩,新兴正规部门则不断壮大

图 5-8 描述了 1990—2009 年浙江省正规部门从业人员及其构成的发展趋势。总体来看,传统正规部门就业规模经历了“逐年萎缩—小幅回升”的发展过程。数据显示,1990 年以来,随着经济体制向市场经济的转型和城镇就业体制改革,城镇单位,尤其是国有单位和集体单位逐步消弭着长期存在的冗员现象,浙江省传统正规部门的相对规模逐年缩小,其从业人数占正规

部门从业人数的比例从1990年的48.25%逐年降至2003年的19.24%。特别是城镇国有单位和集体单位从业人数分别从1990年的280.87万人和189.12万人降至2003年的170.40万人和30.53万人，下降幅度达39.33%和83.86%；2004年开始随着城镇国有单位和集体单位从业人数的回调，浙江省传统正规部门从业人数比例出现小幅的回升，2009年，其从业人数占正规部门从业人数的比例升至25.80%。

截然相反的是，新兴正规部门就业规模不断增长，逐渐成为正规部门劳动力的主要吸纳源。从绝对规模看，以私营企业和乡镇企业构成的新兴正规部门，其从业人员从1990年的510.29万人增长至2009年2155.46万人，提升了3.22倍，平均每年增加86.58万人，年均增长速度为7.88%；从相对规模看，新兴正规部门从业人员占正规部门就业总数的比例从1990年的51.75%提升至2009年的74.20%，平均每年提升1.18个百分点。观察新兴正规部门的就业构成，随着浙江省各项政策的出台，如2003年出台的通过减免税费、提供小额贷款、财政贴息、创业培训等含金量颇高的优惠措施；2006年发布的《关于鼓励支持和引导个体私营等非公有制经济发展的实施意见》；2007年提出了"创业富民创新强省"战略，鼓励民营经济通过多种形式进入社会事业领域、农业和公用服务行业等，新兴正规部门的就业经历了由"乡镇企业主导型"转换为"乡镇企业和私营企业并列"的模式转变，私营企业从业人数比例从1990年的不足3%稳步提升至2009年的接近40%，俨然已成为新兴正规部门的主要部门。

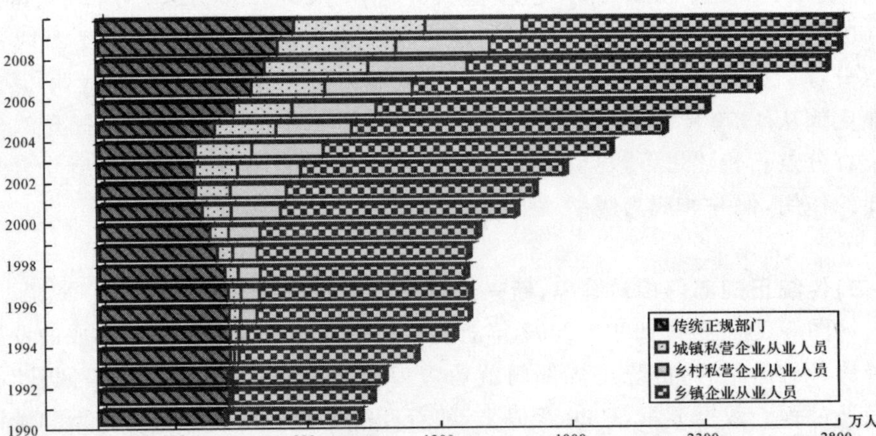

图5-8 1990—2009年浙江省正规部门从业人员及其构成发展

(三)非正规部门在一定程度上充当了经济发展的"稳定器"

考察1991—2009年非正规部门和正规部门就业人数增长速度的发展趋势,如图5-9。按照传统的"峰—峰"法划分,1991年以来浙江省非正规部门的就业发展经历了四次完整的周期(即1992—1998年整周期、1999—2001年整周期、2002—2005年整周期、2006—2009年整周期)。与此同时,正规部门就业发展也经历了三个较完整的经济周期(即1994—2000年整周期、2001—2004年整周期、2005—2007年整周期)和两个半周期(1991—1993年半周期和2008—2009年半周期)。初步考察发现,两者具有较强的互补关系。表5-12描述了特殊年份两部门的就业发展关系。总体而言,非正规部门从业人数增长体现出明显的"逆正规部门就业增长"特征,当正规部门从业人数增长速度为正并持续上升时,非正规部门从业人数往往缩减并维持持续的下降,尤其是1994年、2000年、2001年和2005年,两部门从业人数的增长波动恰恰互补。进一步地,笔者通过计算Pearson相关系数和Spearman相关系数来考察非正规部门从业人数增长率和正规部门从业人数增长率之间的同步性。计算表明,1990—2009年间,两部门从业人数增长率之间的Pearson相关系数为-0.475,Spearman相关系数为-0.568,二者均于5%的显著水平通过相关性检验。考虑到时间跨度比较大,可能会因从业人数增长波动因素的互相抵消而降低计算结果的准确性,笔者根据非正规部门从业人数的增长波动周期来计算相关系数,结果如表5-13所示。计算结果再一次表明了两部门从业人数发展显著的互补关系,非正规部门在一定程度上减缓了全社会的就业波动,为浙江省经济快速而稳健的发展起到了积极作用。这一特征也与国外文献的研究结论相吻合,如Carneiro(1997)和Maloney(1997)等。

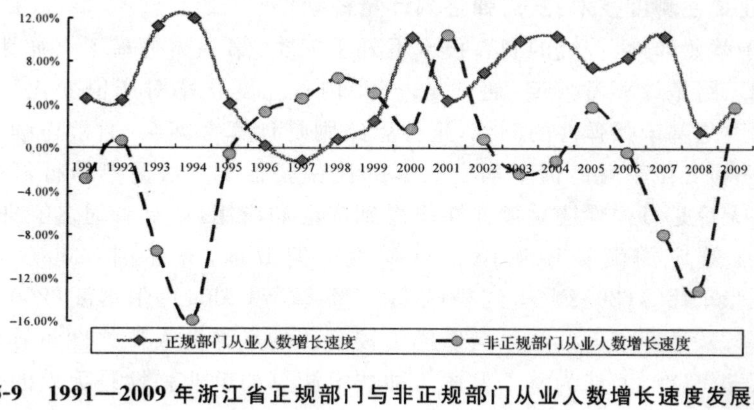

图5-9 1991—2009年浙江省正规部门与非正规部门从业人数增长速度发展趋势

表 5-12 特殊年份正规部门和非正规部门从业人数增长的波动情况

年 份	正规部门从业人数增长速度(%)	波动周期位置	非正规部门从业人数增长速度(%)	波动周期位置
1994	11.98	波峰	−15.92	波谷
1997	−1.18	波谷	4.56	波峰(前一期)
2000	10.23	波峰	1.78	波谷
2001	4.44	波谷	10.45	波峰
2003	9.96	波峰(前一期)	−2.31	波谷
2005	7.51	波谷	3.85	波峰
2007	10.36	波峰	−7.91	波谷(前一期)

表 5-13 不同时段正规部门和非正规部门从业人数增长的相关系数

就业周期	Spearman 相关系数	Pearson 相关系数	同步程度
1992—1998	−0.721	−0.930	高度(显著)负相关
1999—2001	−0.400	−0.557	显著负相关
2002—2005	−0.800	−0.925	高度负相关
2006—2009	0.000	0.232	低度正相关

二、实际非正规部门就业效应测度:基于时变参数状态空间模型

(一)就业弹性测度技术:从点弹性到计量模型

对于就业弹性,传统的测算技术不外乎三类:第一类是基于点弹性的测算,这种思路是计算考察期(通常是一年)内就业变化率对产值变化率的比率;第二类是基于弧弹性的测算,这种思路则是计算考察期(通常连续几年)内就业平均变化率对产值平均变化率的比率。鉴于方法简单易行,数据要求较低,无论是点弹性还是弧弹性均得到广泛的应用,如笔者对名义非正规部门就业效应的测算便运用了点弹性。类似地,齐建国(2000)、阎革(2002)、张车伟等(2002)、李红松(2003)、蔡昉等(2004)、张本波(2005)、程连升(2007)、简新华等(2007)均选择了较简便的点弹性或弧弹性测算技术。然而,丁守海(2009)认为基于上述两种技术测算的就业弹性是无效的,主要

原因是点弹性无法避免剧烈波动，无法对就业弹性形成一个稳定的判断，尽管弧弹性能避免波动问题，但它的科学性不仅高度依赖考察期的合理性以及“要素投入结构一成不变”的严格假设。一旦基准年和结束年份在要素投入方式上发生了重大变化，弧弹性就只能是一种统计游戏。第三类是基于计量模型的测算，这种思路通过建立就业变量与产出变量的计量模型来刻画就业弹性的变化。在实际应用中，根据计量模型形式设定和参数估计方式的不同选择，该思路又可细分为：①基于时序数据构建回归方程，采用经典的 OLS 方法估计一时间段的就业弹性值，其替代方法便是将较长时期时间序列拆分为若干时间段，进而测算出不同时期的就业弹性值，ILO(2000)、张本波(2002)、赵建国(2003)、王春雷(2007)等选择了此类路径；②基于面板数据构建回归方程，通过 GLS 方法估算随时间变化的就业弹性值或随样本成员变化的就业弹性值，张江雪(2005)、Abdulnasser(2006)、Suryadarma(2007)等选择了该类路径；③基于新设定的计量方程，通过添加新的控制变量考察非产出因素对就业变量的影响以揭示更可靠的弹性值。国外学者在面板模型的基础上，从解释变量的角度进行了新的尝试，如 Wah(1997)引入了资本劳动比和资本积累变量，Pehkonen(2000)引入了就业和产值的滞后变量，Solimano 和 Larrain(2002)引入了实际工资，Daniel 等(2007)引入了劳动参与率的变化率，Sawtelle(2007)引入了人均收入、雇佣成本指数和利率等变量。国内学者同样开展了有意义的探索，如丁守海(2009)以 Kumar-Michl 理论为基础，通过引入劳动要素的准固定性假设以及对厂商调整劳动要素行为的修正，构建了估算就业弹性的动态模型，进而根据面板数据估算了不同地区不同产业的即期就业弹性和长期就业弹性；丁从明和陈仲常(2010)构建了带有雇用和解雇成本的就业模型，估算了不同类型冲击下的就业弹性值。从点弹性到计量模型的发展被认为是就业弹性测算技术的进步，计量模型不仅可以有效克服弧弹性方法的不足，并且经济意义充足，技术进步和资本投入等因素的作用都可以包含到截距中并具有易扩展的优势(陆梦龙，2007)。

在较长的时间跨度内，非正规部门的经济要素构成很可能会发生重大变化，因此其就业弹性也极可能随之变动。为此，笔者采用时变参数的状态空间模型来构建非正规部门产出增长与就业增长的关系，并借助卡尔曼滤波(Kalman Filter)方法测算 1990—2009 年浙江省实际非正规部门就业效应。

状态空间模型由一组信号方程和状态方程构成，一般应用于多变量时间序列,设 y_t 是包含 k 个经济变量的 $k\times1$ 维可观测向量。这些变量与 $m\times1$ 维向量 α_t 有关,α_t 被称为状态向量。定义"信号方程"为:

$$y_t=Z_t\alpha_t+d_t+u_t,\ t=1,2,\cdots,T \tag{5-11}$$

其中,T 表示样本长度,Z_t 表示 $k\times m$ 维矩阵,d_t 表示 $k\times1$ 维向量,u_t 表示$k\times1$维向量,是均值为 0,协方差矩阵为 H_t 的连续的不相关扰动项,即 $E(u_t)=0$,$Var(u_t)=H_t$。一般地,α_t 的因素是不可观测的,然而可表示成一阶马尔可夫(Markov)过程,再定义"状态方程"为:

$$\alpha_t=T_t\alpha_{t-1}+c_t+R_t\varepsilon_t,\ t=1,2,\cdots,T \tag{5-12}$$

其中,T_t 表示 $m\times m$ 维矩阵,c_t 表示 $m\times1$ 维向量,R_t 表示 $m\times g$ 维矩阵,ε_t 表示 $g\times1$ 维向量,是均值为 0,协方差矩阵为 Q_t 的连续的不相关扰动项,即$E(\varepsilon_t)=0$,$Var(\varepsilon_t)=Q_t$。①

选择状态空间模型至少存在两个优点:第一,状态空间模型将不可观测的变量(状态变量)并入可观测模型并与其一起得到估计结果;第二,状态空间模型是利用强有力的迭代算法——卡尔曼滤波来估计的,卡尔曼滤波是在时刻 t 基于所有可得到的信息计算状态向量的最理想的递推过程,它被广泛地用于变参数模型中。

(二)实际非正规部门就业弹性测度:整体视角

基于非正规部门整体视角计算实际非正规部门的就业弹性系数。笔者令 $SISE_t$ 表示非正规部门实际从业人数,$SISP_t$ 表示非正规部门实际产出(经 CPI 调整成可比价实际产出)。取变量的自然对数并利用状态空间模型构造如下时变参数模型:

$$\ln SISE_t=c+\alpha_t\ln SISP_t+\mu_t \tag{5-13}$$

$$\alpha_t=\phi\alpha_{t-1}+\eta_t \tag{5-14}$$

上述方程共同构成状态空间模型,其中方程(5-13)为量测方程,方程(5-14)为状态方程。参数 α_t 为状态变量,反映非正规部门实际产出对实际从业人数变化的敏感程度,即实际非正规部门就业弹性。

1. 变量单位根检验

在变量之间建立模型,当且仅当等式两端的变量具有相同的单整阶数时,所建立的模型才有意义,否则所建立的模型将产生伪回归问题。为此借

① 高铁梅:《计量经济分析方法与建模》,清华大学出版社 2006 年版。

助 Eviews 6.0 软件对 $\ln SISE_t$ 和 $\ln SISP_t$ 及相关变量进行平稳性检验，如表 5-14 所示。检验结果显示，尽管非正规部门实际从业人数、非正规部门实际总产出（剔除物价因素）都是非平稳序列，但它们的二阶差分在1%的显著水平下都是平稳序列，即 $\ln SISE_t$ 和 $\ln SISP_t$ 均为二阶单整序列。

表 5-14 $\ln SISE_t$ 和 $\ln SISP_t$ 及相关变量平稳性检验

变量	检验形式	ADF 值	结论	变量	检验形式	ADF 值	结论
$\ln SISE_t$	$(c,0,1)$	−2.3143	不平稳	$\Delta^2 \ln SISE_t$	(0,0,1)	−4.1854***	平稳
$\ln SISP_t$	$(c,0,1)$	−3.0000	不平稳	$\Delta^2 \ln SISP_t$	(0,0,2)	−4.0086***	平稳

注：检验形式$(c,0,k)$中 c 表示含有截距项，0 表示不含趋势项，$k=1$ 表示滞后一阶，$k=2$ 表示滞后二阶，*** 表示在1%水平下显著。

2. 就业弹性系数估计结果

借助卡尔曼滤波算法对状态方程的形式进行筛选，得到如下模型：

量测方程：$\ln SISE_t = 3.6226 + \alpha_t \ln SISP_t$ (5-15)

(0.000)(0.000)

状态方程：$\alpha_t = 0.0240 + 0.9007\alpha_{t-1}$ (5-16)

(0.004)(0.000)

其中，LogL = 30.48，AIC =− 2.55，SC =− 2.30，HQ =− 2.50。

Eviews 6.0 估算显示模型拟合效果较好，其各个系数是显著的，AIC 值和 SC 值也较小。表 5-15 和图 5-10 描述了 1990—2009 年浙江省整体非正规部门实际就业弹性的变化趋势。总体来看，整体非正规部门实际就业弹性系数维持在 0.23 左右，意味着每一个百分点的非正规部门产出增长将拉动就业人数增长 0.22%—0.25%。与名义就业弹性系数相比，实际维度的非正规部门就业弹性系数上升至 0.2345，1991—2009 年间，有 11 年的实际就业弹性系数大于名义就业弹性系数，进一步表明非正规部门强大的就业吸纳能力。

表 5-15 1990—2009 年整体非正规部门实际就业弹性系数

年份	弹性系数	量测变量	年份	弹性系数	量测变量
1990	0.2412	5.0825	2000	0.2291	5.6847
1991	0.2343	5.0778	2001	0.2225	5.6636
1992	0.2308	5.0985	2002	0.2206	5.6467

续　表

年份	弹性系数	量测变量	年份	弹性系数	量测变量
1993	0.2404	5.2566	2003	0.2199	5.6619
1994	0.2441	5.4032	2004	0.2256	5.7054
1995	0.2495	5.6138	2005	0.2310	5.7812
1996	0.2401	5.6307	2006	0.2308	5.7865
1997	0.2347	5.6216	2007	0.2414	5.8935
1998	0.2274	5.5996	2008	0.2487	5.9685
1999	0.2278	5.6405	2009	0.2493	6.0054

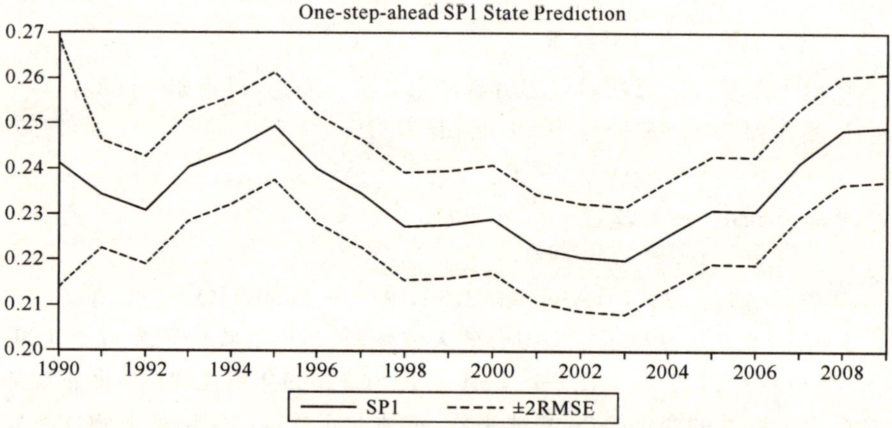

图 5-10　1990—2009 年浙江省整体正规部门实际就业弹性发展趋势

需要指出的是，受参数估计过程中初始值选取、经济周期与制度变迁等因素的影响，实际就业弹性系数不可避免地存在一定的波动。党的十一届三中全会以来，在“坚持以公有制为主体，发展多种经济成分”方针政策的指引下，浙江省的非正规部门得到迅速发展。20 世纪 90 年代初，省委、省政府面对城乡个体经济发展中存在的一些问题，如存在着违法经营、牟取暴利、偷税漏税、挥霍浪费等不法行为和不良现象等，提出了《加强城乡个体工商户管理的若干意见》并对生产销售伪劣产品、偷工减料、以次充好、进行假冒欺骗活动的个体工商户进行了严厉地打击，非正规部门就业弹性系数随之出现轻微的下调。1993 年，在党的“十四大”精神和邓小平同志南方视察谈话的指引下，各地坚持以“三个有利于”为标准，认真贯彻以公有制为主体、多种经济成分长期共同发展的方针，把发展个体、私营经济作为经济发展的重要增长点和培育市场主体、健全市场机制的重要环节来抓。浙江省委、省政府发出《关于促进个体、私营经济健康发展的通知》，为非正规部门的发展注入了强劲的推动力，如积极鼓励个体工商户从事农业基础开发、科技开发、外向型产品和高新技术产品开发；鼓励具备条件的个体工商户开展边境贸易，兴办中外合资、合作企业，开展"三来一补"业务；允许个体工商户、私营企业从事综合经营、批发零售、长途贩运、代购代销和代储代运等经营活动；经工商行政管理机关依法审核批准，允许个人从事经纪人、代理商等中介性的经营活动等。同时，对非正规部门的用工制度也进行了一系列放松，如鼓励农民、城镇待业人员从事个体经营等；允许机关、企事业单位的离退休人员，停薪留职、辞退职人员以及编余富余人员、停工待业人员，持原单位有关证明，申请从事个体经营；企事业单位的科技人员，经所在单位同意，可以利用业余时间到个体工商户兼职等，非正规部门就业弹性系数随之上扬。

(三) 实际非正规部门就业弹性测度：分产业视角

单位根检验结果显示，各产业非正规部门实际总产出 $\ln SISP_t^1$、$\ln SISP_t^2$ 和 $\ln SISP_t^3$ 均为非平稳序列，但它们的二阶差分在 5% 的显著水平下都是平稳序列。用卡尔曼滤波算法对各产业非正规部门的状态方程进行筛选，估计结果如表 5-16、表 5-17 和表 5-18 所示。并归纳出以下特征：

表 5-16　各产业非正规部门实际总产出变量的平稳性检验

变量	检验形式	ADF 值	结论	变量	检验形式	ADF 值	结论
$\ln SISP_t^1$	$(c,0,1)$	0.7881	不平稳	$\Delta^2 \ln SISP_t^1$	$(0,0,1)$	-5.5047^{***}	平稳
$\ln SISP_t^2$	$(c,0,1)$	-2.7100	不平稳	$\Delta^2 \ln SISP_t^2$	$(0,0,1)$	-3.8199^{**}	平稳
$\ln SISP_t^3$	$(c,0,1)$	-3.0276	不平稳	$\Delta^2 \ln SISP_t^3$	$(0,0,2)$	-4.4049^{***}	平稳

注：检验形式 $(c,0,k)$ 中 c 表示含有截距项，0 表示不含趋势项，$k=1$ 表示滞后一阶，$k=2$ 表示滞后二阶，*** 和 ** 分别表示在 1% 和 5% 水平下显著。

(1) 非正规部门三次产业的产出就业弹性系数均为正。计算结果表明，1990—2009 年间，各产业非正规部门的产出就业弹性系数均大于 0，表明非正规部门发展对居民就业具有正向作用，非正规部门生产规模的扩张促进了居民就业水平的提高。

表 5-17　各产业非正规部门状态空间模型筛选结果

产　业	非正规部门第一产业	非正规部门第二产业	非正规部门第三产业
测量方程	$\ln SISE_t = 5.4031 + \beta_t \ln SISP_t^1$ (0.000)(0.000)	$\ln SISE_t = 3.9387 + \gamma_t \ln SISP_t^2$ (0.000)(0.000)	$\ln SISE_t = 3.6667 + \eta_t \ln SISP_t^3$ (0.000)(0.000)
状态方程	$\beta_t = 0.0139 + 0.8390\beta_{t-1}$ (0.4140)(0.000)	$\gamma_t = 0.1051 + 0.5356\gamma_{t-1}$ (0.000)(0.000)	$\eta_t = 0.0109 + 0.9569\eta_{t-1}$ (0.012)(0.000)
LogL	28.65	25.59	29.08
AIC	−2.96	−2.06	−2.41
SC	−2.71	−1.81	−2.167
HQ	−2.94	−2.01	−2.36

(2) 非正规部门各产业的产出就业弹性维持"三、二、一"的高低位次。与名义维度的就业效应测度结果具有一致的结论,尽管非正规部门第三产业生产单位的劳动生产率较低,其就业吸纳能力依然强劲。从数值大小比较,第三产业非正规部门的产出就业弹性系数最大,其平均值为 0.2432,说明第三产业非正规部门更具有"劳动密集型"的生产特征;第二产业非正规部门的产出就业弹性系数次之,其平均值为 0.2242;而第一产业非正规部门的产出就业弹性系数最小,其平均值为 0.0819,表明就业吸纳能力相对较弱。

(3) 非正规部门各产业的产出就业弹性波动维持"一、二、三"的大小位次。实际维度的测度结果改变了名义维度测度结果的强烈波动,这也从侧面反映出未被观测的非正规部门对实际就业吸纳能力的显著影响。从计算结果来看,第二产业非正规部门产出就业弹性系数最为稳定,其变异系数为 0.0301,第二产业非正规部门产出就业弹性的波动高于第二产业,其变异系数为 0.0436,第一产业非正规部门产出就业弹性的波动最为剧烈,其变异系数为 0.1581。

表 5-18 1990—2009 年各产业非正规部门实际就业弹性系数

年份	第一产业	第二产业	第三产业	年份	第一产业	第二产业	第三产业
1990	0.0863	0.2263	0.2527	2000	0.0778	0.2189	0.2386
1991	0.0863	0.2301	0.2387	2001	0.0624	0.2151	0.2305
1992	0.0863	0.2248	0.2363	2002	0.0628	0.2144	0.2277
1993	0.0863	0.2362	0.2445	2003	0.0597	0.2141	0.2267
1994	0.0863	0.2312	0.2534	2004	0.0771	0.2176	0.2333
1995	0.0815	0.2331	0.2610	2005	0.0724	0.2211	0.2401
1996	0.0812	0.2267	0.2503	2006	0.0863	0.2210	0.2395
1997	0.0846	0.2233	0.2438	2007	0.1075	0.2272	0.2524
1998	0.0659	0.2185	0.2355	2008	0.1030	0.2324	0.2604
1999	0.0799	0.2182	0.2368	2009	0.1043	0.2328	0.2612

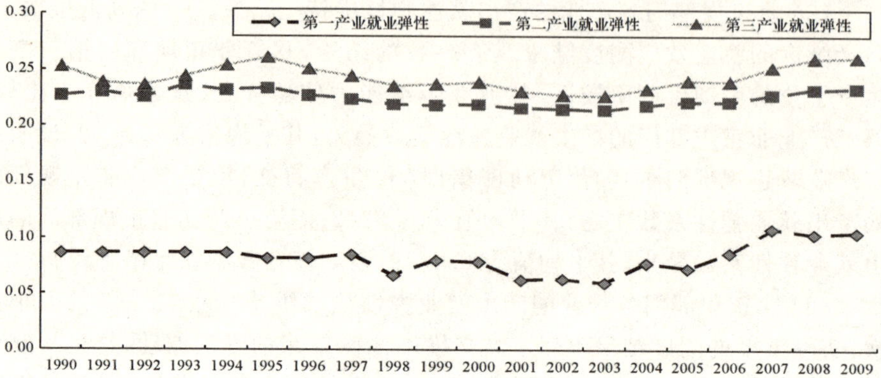

图 5-11　浙江省各产业正规部门实际就业弹性发展趋势

为详细分析各行业非正规部门的就业吸纳能力，笔者选择了 2004 年和 2008 年的经济普查数据进行描述与比较。由于第二次经济普查并未公布个体工商户从业人员的产业分布数据，也未公布无照经营的个体户相关信息，考虑到个体工商户户均从业人数的变化幅度并不显著，笔者以两次经济普查公布的有证照的个体工商户的产业分布数据来详细分析细分行业的非正规部门就业吸纳能力的变化情况，相关数据如表 5-19 所示。

表 5-19　2004 年和 2008 年非正规部门生产单位的产业分布情况[①]

单位：万户

<table>
<tr><th>产业分类</th><th>2004 年</th><th>2008 年</th><th>产业分类</th><th>2004 年</th><th>2008 年</th></tr>
<tr><td>第二产业</td><td>27.45</td><td>77.30</td><td>第三产业</td><td>/</td><td>/</td></tr>
<tr><td>工业</td><td>26.81</td><td>69.05</td><td>教育业</td><td>0.70</td><td>0.72</td></tr>
<tr><td>建筑业</td><td>0.64</td><td>8.25</td><td>卫生和福利业</td><td>1.71</td><td>1.88</td></tr>
<tr><td>第三产业</td><td>138.38</td><td>233.18</td><td>居民服务业</td><td>7.31</td><td rowspan="2">22.35</td></tr>
<tr><td>交通运输业</td><td>26.21</td><td>35.70</td><td>其他行业</td><td>4.94</td></tr>
<tr><td>批发业</td><td>15.09</td><td rowspan="2">143.80</td><td>文化、体育和娱乐业</td><td>0.99</td><td>3.15</td></tr>
<tr><td>零售业</td><td>69.62</td><td>信息传输、计算机服务和软件业</td><td>/</td><td>1.01</td></tr>
</table>

① 相关数据根据浙江省第一次经济普查公报和第二次经济普查整理计算。

续 表

产业分类	2004 年	2008 年	产业分类	2004 年	2008 年
住宿业	1.35	20.46	金融业	/	0.09
餐饮业	8.42		科学研究、技术服务和地质勘查业	/	0.12
房地产业	0.37	1.56	水利、环境和公共设施管理业	/	0.02
租赁和商务服务业	1.67	2.32			

无论是 2004 年还是 2008 年，工业非正规部门依然是第二产业非正规部门的主要构成，也依然是劳动力吸纳的主要部门。5 年间，工业非正规部门单位数从 2004 年的 26.81 万户增长到 2008 年 69.05 万户，增长了 157.26%。同时，伴随着浙江省建筑产业的迅速发展，建筑业非正规部门同样飞速扩增，其单位数从 2004 年 0.64 万户发展至 2008 年的 8.25 万户，足足增长了 11.89 倍，已然成为第二产业非正规部门最具潜力的就业吸纳部门。

行业分类的调整致使第三产业非正规部门的发展相对复杂。首先，原有产业的非正规部门仍然保持较快的发展势头，源源不断地提供就业岗位，如主导的第三产业非正规部门——批发零售业和住宿餐饮业非正规部门保持年均 14.14%和 20.3%速度高速增长，其单位数分别从 2004 年的 84.71 万户和 9.77 万户扩至 2008 年 143.8 万户和 20.46 万户，依然是非正规部门就业者的主要岗位提供者。其次，随着居民需求尤其是服务需求不断向多样化和专业化转变，诸如居民服务业和其他行业等非正规部门的发展速度大大超过了第三产业非正规部门的总发展速度。需要指出的是，文化、体育和娱乐业非正规部门和房地产业非正规部门异军突起，分别从 2004 年的 0.99 万户和 0.37 万户迅速发展到 2008 年的 3.15 万户和 1.56 万户，占第三产业非正规部门的比重分别从 2004 年 0.72%和 0.27%上升至 2008 年 1.35%和 0.67%，成为整体比例上升最快的行业。再次，经济的快速发展催生了诸如信息传输、计算机服务和软件业，金融业，科学研究、技术服务和地质勘查业等新兴第三产业非正规部门的兴起和快速发展，亦体现出较为强劲的就业吸纳能力。

三、实际非正规部门就业效应：一个比较分析

为进一步展现实际非正规部门就业效应，笔者开展非正规部门与传统正规部门、新兴正规部门的就业效应比较分析。令 $\ln TRFE_t$ 为传统正规部门从业人数的对数序列、$\ln TRFP_t$ 为传统正规部门实际产值的对数序列、$\ln XXFE_t$ 为新兴正规部门从业人数的对数序列、$\ln XXFP_t$ 为新兴正规部门实际产值的对数序列。单位根检验结果显示，各变量的二阶差分为平稳序列。用卡尔曼滤波算法对传统正规部门和新兴正规部门的状态方程进行筛选，得到估计结果如表 5-17、表 5-18 和表 5-19 所示。

表 5-17 $\ln TRFE_t$、$\ln TRFP_t$、$\ln XXFE_t$、$\ln XXFP_t$ 及相关变量平稳性检验

变量	检验形式	ADF 值	结论	变量	检验形式	ADF 值	结论
$\ln TRFE_t$	$(c,0,1)$	−1.9159	不平稳	$\Delta^2\ln TRFE_t$	$(c,0,0)$	−3.5427**	平稳
$\ln TRFP_t$	$(c,0,1)$	−0.5723	不平稳	$\Delta^2\ln TRFP_t$	$(c,0,0)$	−4.6832***	平稳
$\ln XXFE_t$	$(c,0,1)$	−1.5494	不平稳	$\Delta^2\ln XXFP_t$	$(c,0,1)$	−3.8132**	平稳
$\ln XXFP_t$	$(c,0,1)$	−2.7658	不平稳	$\Delta^2\ln XXFP_t$	$(c,0,1)$	−3.1842**	平稳

注：检验形式$(c,0,k)$中 c 表示含有截距项，0 表示不含趋势项，$k=1$ 表示滞后一阶，$k=2$ 表示滞后二阶，*** 和 ** 分别表示在 1% 和 5% 水平下显著。

表 5-18 传统正规部门和新兴正规部门状态空间模型筛选结果

产业	传统非正规部门	新兴非正规部门
测量方程	$\ln TRFE_t=5.3064+\varepsilon_t\ln TRFP_t$ (0.000)(0.000)	$\ln XXFE_t=4.2010+\delta_t\ln XXFP_t$ (0.000)(0.000)
状态方程	$\varepsilon_t=0.0134+0.8860\varepsilon_{t-1}$ (0.026)(0.000)	$\delta_t=0.0099+0.9683\delta_{t-1}$ (0.000)(0.000)
LogL	25.8877	32.0235
AIC	−2.0888	−2.7024
SC	−1.8398	−2.4534
HQ	−2.0402	−2.6538

表 5-19　1990—2009 年传统正规部门和新兴正规部门就业弹性系数

年份	传统正规部门	新兴正规部门	年份	传统正规部门	新兴正规部门
1990	0.1174	0.3123	2000	0.0988	0.2893
1991	0.1186	0.3058	2001	0.0919	0.3019
1992	0.1200	0.3028	2002	0.0859	0.3051
1993	0.1171	0.3004	2003	0.0825	0.3087
1994	0.1189	0.3033	2004	0.0794	0.3151
1995	0.1186	0.3064	2005	0.0945	0.3177
1996	0.1230	0.2962	2006	0.1088	0.3166
1997	0.1144	0.2932	2007	0.1170	0.3182
1998	0.1024	0.2868	2008	0.1218	0.3239
1999	0.1026	0.2867	2009	0.1241	0.3207

平均来看，由“城镇国有企业”和“城镇集体企业”两类机构单位组成的传统正规部门已不再呈现往日的辉煌，就业吸纳能力远低于新兴正规部门。1990—2009 年间，传统正规部门就业弹性系数维持在 0.11 左右，意味着 1 个百分点的传统正规部门产出增长平均拉动就业人数增长 0.11%，低于非正规部门 0.12 个百分点。不同的是，由“私营企业”和“乡镇企业”等机构单位组成的新兴正规部门逐渐显现出强劲的就业吸纳潜力，其就业弹性系数维持在 0.31 左右，意味着 1 个百分点的传统正规部门产出增长平均拉动就业人数增长 0.31%，高于非正规部门 0.08 个百分点。图 5-12、图 5-13 分别描述了传统正规部门、新兴正规部门与非正规部门就业弹性波动的比较情况。可以发现，传统正规部门产出就业弹性系数较非正规部门产出就业弹性波动剧烈，其变异系数为 0.1345，新兴正规部门的产出就业弹性波动较非正规部门产出就业弹性波动平稳，其变异系数为 0.0368。

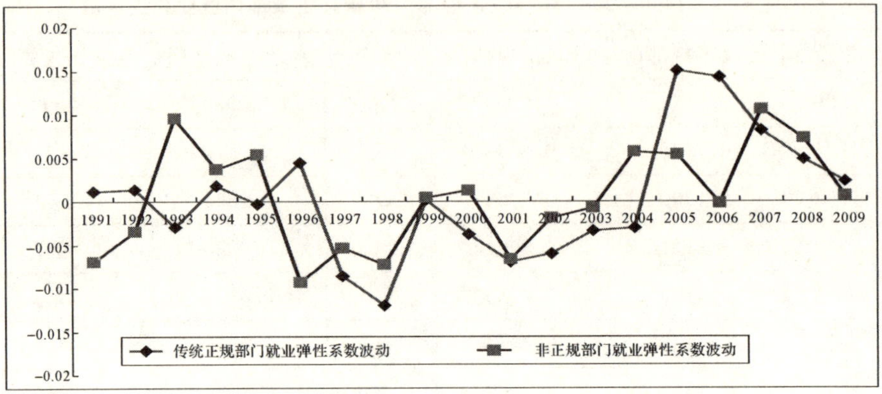

图 5-12　传统正规部门与非正规部门产出就业弹性系数波动

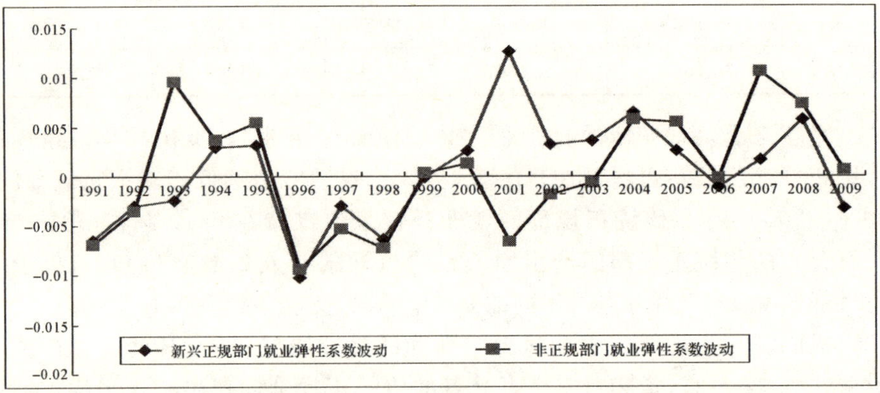

图 5-13　新兴正规部门与非正规部门产出就业弹性系数波动

第四节　本章小结

通过对亚非拉国家、发达国家以及国内文献对非正规部门就业效应贡献证据的归纳，本章围绕“名义非正规部门就业发展的基本描述”“名义非正规部门就业效应测度”“名义非正规部门就业效应解读”“实际非正规部门就业效应测度”和“实际非正规部门就业效应的一个比较分析”等内容，基于名义维度和实际维度较全面地对非正规部门就业效应进行了测度、比较与分析。

(一)名义就业效应测度与解读

总体来看,浙江省名义非正规部门就业总体呈现“波动中扩增”的发展态势。1990—2009 年间,名义从业人数从 153.92 万人增至 429.49 万人,年均就业规模达 278.60 万人,年均增量为 14.50 万人,增长速度为 5.55%,超过同期全社会从业人数增长速度 3.74 个百分点。从区域构成看,乡村非正规部门是名义就业岗位的主要提供源,其年均就业规模为 169.69 万人,占名义非正规部门就业总量的 60.91%。20 年间,名义非正规部门就业发展呈现“从乡村到城镇转移”和“城镇非正规部门就业增长速度快于乡村非正规部门”的显著特征,城镇非正规部门无疑成为最有潜力的劳动力吸纳部门。

产出就业弹性测度结果表明,长期持续的产出增长致使非正规部门提供了大量的劳动力就业机会,其年均名义就业弹性为 0.22,意味着 1 个百分点的名义非正规部门产出增长将带来 0.22 个百分点的就业增长,呈现正向效应。除个别年份外,非正规部门就业弹性均显著高于全社会水平,其强劲的就业潜力一览无余。

不断变化的就业弹性说明每创造一个增量的非正规部门产出需要投入的劳动增量并非固定,也意味着非正规部门劳动生产率并非一成不变。20 年来,非正规部门的产业分布始终维持“三、二、一”的格局,其产业结构基本稳定,变化甚小。产业特征的显著差异使从事不同产业的非正规部门生产单位具有不尽相同的劳动力吸纳能力。从产业分布看,就业人数的产业分布比重分别是“0.66%、29.56%、69.78%”,表明第三产业是创造非正规部门就业岗位的主要源泉。尽管第三产业吸纳了大部分的非正规部门劳动力,其劳动生产率并非最高。产业结构偏离度分析表明,第二产业生产单位的产值增加幅度远大于从业人数的增加幅度,说明非正规部门第二产业的劳动生产率较高,具有吸纳剩余劳动力的空间;而非正规部门第三产业生产单位的结构偏离度从 1993 年开始维持为正,不仅意味着劳动生产率相对较低,也表明了非正规部门第三产业并不具有持续的劳动力吸纳能力。

非正规部门偏离份额模型的计算结果进一步解释了非正规部门各产业生产单位就业吸纳能力的不同来源。其中,部门效应的巨大贡献弥补了第一产业非正规部门产业效应的消极影响,也使其具有正向的就业吸纳能力;不同的是,促使非正规部门第二产业和第三产业维持正向就业吸纳能力的动力仍然是产业效应,部门效应影响并非显著。

(二)实际就业效应测试与解读

状态空间模型的测度结果显示，与名义就业弹性系数相比，实际维度的非正规部门就业弹性系数上升至0.2345，意味着1个百分点的非正规部门产出增长将拉动就业人数增长0.22%—0.25%。1991—2009年间，有11年的实际就业弹性系数大于名义就业弹性系数，进一步表明非正规部门强大的就业吸纳能力。

分产业角度看，三次产业非正规部门的产出就业弹性系数均为正，其产出就业弹性维持"三、二、一"的高低位次，表明第三产业非正规部门仍然提供了最多的就业岗位。同时，从产出就业弹性的波动性来看，第一产业非正规部门最为剧烈，第二产业非正规部门次之，第三产业非正规部门最为平稳。

从细分产业角度看，工业非正规部门依然是第二产业劳动力主要吸纳部门，但建筑业非正规部门的发展速度远高于工业非正规部门，已然成为第二产业非正规部门最具潜力的就业吸纳部门。批发零售业和住宿餐饮业非正规部门保持高速增长，依然是第三产业非正规部门就业者的主要岗位提供者。随着居民需求，尤其是服务需求不断向多样化和专业化转变，诸如文化、体育和娱乐业非正规部门和房地产业非正规部门异军突起，成为就业比例上升最快的非正规部门；经济的快速发展催生了诸如信息传输、计算机服务和软件业，金融业，科学研究、技术服务和地质勘查业等新兴第三产业非正规部门的兴起和快速发展，亦体现出较为强劲的就业吸纳能力。

(三)非正规部门与正规部门的就业效应比较分析

比较分析表明，传统正规部门的就业效应小于非正规部门，其就业弹性系数维持在0.11左右，低于非正规部门就业单位系数0.12个百分点。当然，新兴正规部门仍然是浙江省劳动力的主要吸纳之源，其就业弹性系数高于非正规部门0.08个百分点。

第六章 非正规部门的周期效应分析

由于与劳动力就业存在千丝万缕的联系，国内有关非正规部门的研究大多基于非正规就业（Informal Employment）视角展开。主流观点依然遵从市场分割假说，视中国的非正规部门是正规部门不足以吸收农村剩余劳动力与释放原有过剩劳动力的结果，尽管能缓解就业压力，但局限于“低劳动报酬、低资本化水平、低生产效率”三低特征，非正规部门规模的扩张意味着整体经济的衰退，“正规化”便成为非正规部门的未来发展方向（如汪和建，1998；丁金宏和冷熙亮等，2001；金一虹，2006；徐林清，2008；李培林，2009）。尽管有学者对主流观点提出质疑，也提出了较有意义的理由（如吴要武，2009；胡凤霞和姚先国，2010），但所有基于就业视角与基于部分居民调查的微观证据终究无法满足基于宏观视角开展非正规部门研究的基本要求，更无法为这一在争议中不断扩展的生产部门指明未来的发展方向。

随着经济周期不同阶段的更替，非正规部门规模所体现出的规模变化规律便可称之为“非正规部门周期效应”。由于存在不尽相同的经济动因和复杂的生产特征，对非正规部门周期效应的探索吸引了国内外研究者的广泛关注，而一个被发展中国家普遍接受的观点就是基于二元理论视角的市场分割假说。非正规部门也因此被普遍视为国民经济的边缘部分，其形成根源是正规部门并不充足的岗位提供能力，其规模唯一依赖于前者的就业吸纳能力并遵循典型的“逆经济周期（Counter-cyclical）”发展轨迹（Carneiro，1997）。

我国的非正规部门发展是否呈现主流观点认可的逆周期特征呢？如果并不遵循典型的逆周期规律，又该怎样理解我国的非正规部门的发展？本章将以浙江省为例对上述问题展开探讨，在验证主流的市场分割假说是否成立的同时积极探索新的发展特征。

第一节　非正规部门周期性发展规律的理论归结

一、劳动力市场分割假说视角的非正规部门发展规律

市场分割假说（Labour Segmentation Hypothesis）根源于二元理论（The Dual View）。根据就业者所获报酬、生产效率、就业与劳工保护等方面的区别，该假说将劳动力市场区分为正规部门与非正规部门两部分，并视后者为分割的弱势构成。正规部门经由工会力量或立法等措施维持工资刚性，而进入非正规部门的劳动者不仅无法受到立法保护，更被迫接受着相对低的报酬（Lewis，1956；Stiglitz，1976）。较多文献通过对不同国家的调查，发现非正规部门与正规部门存在系列差异，如 Saavedra 和 Chong（1999）指出，秘鲁的非正规部门就业人员的平均收入仅为正规部门就业者平均收入的 66%；Funkhouser（1997）研究发现在萨尔瓦多，非正规部门就业人员不仅受教育水平普遍较低，其收入也显著低于正规部门就业人员，如男性工人平均受教育年限为正规部门就业者平均受教育年限的 66%，平均收入为后者的 75%；女性受教育水平为正规部门就业者平均受教育年限的 44%，其收入仅为后者的 52%。类似的差异还在危地马拉、洪都拉斯、哥斯达黎加、墨西哥等国家普遍存在（Funkhouser，1996；Marcouiller，1997）。由于非正规部门被认为具有“进出自由、低资本化程度、低劳动生产率、低收入、生产技术

落后”等特征(*Piore*,1979;Porta 和 Shleifer①,2008),在 Harris 和 Todaro(1970)的移民理论中,非正规部门就业者被视为一类“变相的失业者”,其规模的扩张在一定程度上是劳动市场配置效率低下的表征,采取必要的政策措施对实现非正规部门生产到正规部门生产的制度性转化是非常重要的(Tokman,1978;Ray,1998)。

该假说并不认为正规部门和非正规部门之间存在竞争行为,一旦进入壁垒消失,非正规部门就业者便放弃原有工作选择进入正规部门,Becker(2004)就此认为正规经济部门对剩余劳动力的吸收能力下降必然伴随着非正规部门就业规模的扩张。Millon 和 Coetzee(2007)同样指出,非正规部门是正规部门无法提供充足就业岗位的产物,其规模的扩张是“被迫的”。也就是说,非正规部门就业规模的大小极大地依赖于正规部门的就业吸纳能力,遵循“逆经济周期(Counter-cyclical)”的动态发展规律(Carneiro,1997)。经验表明,在劳动力市场存在分割的前提下,部门相对规模和相对报酬的动态变化应该是反向的。当整体经济受到积极的正向冲击时,正规部门提升就业吸纳能力,而非正规部门的就业规模降低;当整体经济受到消极的负面冲击时,正规部门的工资刚性将具有较强大的约束力,生产部门的整体结构将遵循更传统的二元论转移途径演化:相对报酬的变化致使部分劳动者被迫进入非正规部门,而相对规模的变化将进一步降低非正规部门就业者的报酬。据此,非正规部门常常被视为就业缓冲区(Buffer),特别在经济低迷时期,其被普遍视为正规部门的储备军,为那些未能在正规部门获得一份好工作的劳动者提供工作岗位,其缓冲效果是明显的(Carneiro,1997;Maloney,1997)。

迄今,基于二元理论的市场分割假说仍然是解释非正规部门形成和发展的主导理论。由于普遍认为非正规部门就业者为维持家庭的最低生活标准而被迫接受工作,广大政策制定者正积极采取措施引导非正规部门“正规化”(EC,2007)。

二、比较优势假说视角的非正规部门发展规律

尽管存在显著的报酬差异,Banerjee(1983)、Dickens 和 Lang(1985)、Heckman 和 Hotz(1986)、Rosenzweig(1988)、Magnac(1991)、Gindling

---

① Rafael La Porta, Andrei Shleifer, 2008, *The Unofficial Economy and Economic Development*, Tuck School of Business Working Paper, No. 2009-57.

(1991)、Chen 等(2004)、Bosch 和 Maloney(2006)、Perry 等(2007)、Gasparini 和 Tornarolli(2007)等却坚持认为,不尽相同的教育收益率和经验收益率并不能为劳动力市场分割的存在提供完美解释。更确切地说,只要劳动者可自由地在正规部门和非正规部门之间选择,不同的工资方程并不意味着劳动力市场分割的存在(Dickens 和 Lang,1985)。

比较优势假说(Comparative Advantage Hypothesis)为正规部门与非正规部门的共存提供了另一种解释。该假说的基本思想源于 Adam Smith(1776),即判断不同类型的工作价值应综合考虑各类优缺点、金钱和非金钱等因素,劳动者的就业选择前提是符合其偏好与技能素质并能获取最大的净优势(Net Advantage)。Yamada(1996)、Maloney(1999)、Saavedra 和 Chong(1999)等研究发现,大部分非正规部门就业者,尤其是自雇佣就业者进入非正规部门是完全自愿的。之所以如此选择的主要原因是,劳动者以个人效用最大化为终极目标,对每个工作的各个属性进行全方位地考察,以此来比较潜在的优缺点以进行正规部门就业和非正规部门就业的选择。在劳动者的衡量尺度中,比较所获报酬、比较是否获得劳动保护等特征只是判断工作优缺点的一部分,并非涵盖衡量尺度的全部。由于非正规部门具有良好的非工资特点,如更自由、更能发挥个人的创业潜能、成本更低等比较优势,非正规部门就业可能是劳动者的自愿选择(Maloney,2004),Gindling(1991)也认为至少部分在非正规部门就业的劳动者不会比在正规部门就业感觉更差。相关研究发现,年轻人、已婚妇女和非技术工人等许多自愿从事非正规部门工作的就业者认为,从事非正规部门工作可获得较多优势,如可享受更灵活的工作时间、开拓创业能力、提高流动性、获得培训机会、逃避税收及社会保障缴款的支付等。来自 Perry 等(2007)的研究提供了最新证据,阿根廷、玻利维亚、哥伦比亚和多米尼加等国家的调查表明,自主权、灵活的工作时间和良好的工作前景等非货币因素在劳动者评价工作满意度和就业幸福感的指标体系中占有较大的权重。① 当劳动者找到更有利于发挥自身认知、社会关系、技能等禀赋的工作时,非正规部门的比较优势就产生了(Lucas,1978;Rosen,1978;Willis 和 Rosen,1979;Heckman 和 Sedlacek,1985),这些禀赋也被认为是成为企业家的关键元素(Lucas,1978;Lazear,2005;Blanchflower 和 Oswald,1998;Ñopo 和 Valenzuela,2007)。

---

① Perry, Guillermo E. et al., 2007, *Informality: Exit and Exclusion*, Washington D C: The World Bank.

如果非正规部门是正规部门的竞争者，劳动者对非正规部门的选择是，最大化其就业效用，那么政府政策应该支持劳动者对非正规部门的参与，而不是迫使其向正规部门转移，也不能因其不属于正规劳动力市场而开出罚单。据此，从非正规部门的发展规律来看，正规部门与非正规部门的就业规模和报酬变化应该是同步的，其应体现“顺经济周期(Pro-cyclical)”的发展规律。

三、内部分化假说视角的非正规部门发展规律

另一种强调非正规部门内部异质性(Heterogeneous)的理论起源于20世纪70年代。Hart(1973)与Moser(1978)一致认为由微小企业(Micro and Small Enterprises，简称MSE)构成的非正规部门尽管在一定程度上象征着居民艰难的生产生活方式，但同时也是成功企业家的孵化器。他们的观点开辟了内部分化理论(Internal Differentiation Theory)的先河。20世纪90年代以来，经验证据频频与二元理论视角的非正规部门性质及发展轨迹相违背，如House(1984)、Banerjee和Newman(1993)、Galor和Zeira(1993)、Arimah(2001)、ILO(2004)、Banerjee和Duflo(2004)、Fields(2004)、McKenzie和Woodruff(2006)、Schündeln(2006)、Udry和Anagol(2006)、Chen(2007)、De Mel等(2008)、Lee和Robinson(2008)、Bosch和Maloney(2010)、Grimm(2010)、Grimm等(2011)通过对诸如斯里兰卡、加纳、肯尼亚、墨西哥等发展中国家的非正规部门的动态考察发现：①非正规部门的存在具有持久性，其规模并没有随着经济增长而逐步缩小，反而呈现扩张的态势；②非正规部门中的微小企业常常具有较高的资本回报率，并不像传统观点中的低效；③经济衰退期的非正规部门规模扩张并未伴随经济繁荣期的规模收缩，反而依然蓬勃发展；④非正规部门内部的劳动力流动值得考察，而正规部门劳动力向非正规部门的反向流动现象更值得关注(Altman，2007)，Maloney(2004)提供的“在拉丁美洲国家，约60%的自雇佣就业者曾放弃正规部门工作转而进入非正规部门”的调查结果为劳动力的反向流动提供了直接证据。大量事实表明，生计活动并非是非正规部门就业者的全部经济行为，较低资本水平的高回报也进一步体现出“将低资本水平等同于生存活动”的错误逻辑。相反，高资本回报率暗示着部分非正规部门企业具有较强增长潜力，而正规部门劳动力向非正规部门的反向流动证明非正规部门确实存在一定的吸引力。

基于异质性假设，Fields(2005)等学者指出非正规部门内部并非同质，

而存在“高层和低层(Upper Tier and Lower Tier)”的企业分化,是创业活动和生计活动的共同经济主体。他们认为,高层非正规部门与正规部门存在竞争,主要吸纳自愿从事非正规部门工作的劳动者;低层非正规部门无法与正规部门竞争,仅为那些维持生计但千方百计想进入正规部门的劳动者提供就业。略有不同的是,Pieters 等(2010)将高层非正规部门称为现代非正规部门(Modern Informal Sector),认为其由“资本相对密集、规模较大、生产率较高、生产技术水平较高、收入较高”的非正规部门企业构成;低层非正规部门则是由“容易进入、资本化程度较低、生产率较低、生产技术水平较低的传统非正规部门(Traditional Informal Sector)企业构成”。[①] 相应地,非正规部门就业者的内部收入同样存在显著的差异(Chen 等,2004;Perry 等,2007;UNIFEM,2005;Gasparini 和 Tornarolli,2007),Chen 等(2004)给出了各种身份非正规部门就业者的报酬排序,分别是雇主(Employers)、自谋职业者(Own Account Operators)、无付酬家庭工人(Unpaid Family Workers)、非正规雇主企业雇员(Employees of Informal Enterprises)、其他非正规工人(Other Informal Wage Workers)。[②]

Portes(1994)曾经对三类非正规部门企业的动态发展规律进行了归纳:“生存(Survival)型”非正规部门表现出逆经济周期的发展规律,具有缓冲作用;由于与城镇低收入居民密切关联,“独立(Independent)型”非正规部门遵循顺经济周期的发展规律;“附属型”非正规部门的发展较为复杂,由于该类非正规部门企业主要为正规部门企业提供原料或从事外包业务(Outsourcing),其周期发展规律往往取决于其与正规部门企业的关系。如果大部分非正规部门企业为正规部门企业提供原料,那么正规部门企业需求量的增减决定了非正规部门的发展方向,那么其将遵循顺经济周期的发展规律;如果大部分非正规部门企业从事正规部门企业的外包业务,而正规部门企业为削减成本而在经济萧条期将更多的业务分包给非正规部门,那么正规部门将遵循逆经济周期的发展规律。Maloney(2004)同样认为,高层非正规部门的规

---

① Janneke Pieters, Ana I Moreno-Monroy, Abdul A Erumban, 2010, *Formal-informal Production Linkages and Informal Sector Heterogeneity: Evidence From Indian Manufacturing*, www.iariw.org/papers/2010/poster2Pieters.pdf.

② Chen, Martha Alter, Joann Vanek, et al., 2004, *Mainstreaming Informal Employment and Gender in Poverty Reduction, A Handbook for Policy-makers and Other Stakeholders*, International Development Research Centre, Ottawa.

模发展遵循"顺周期"性质，而低层非正规部门的规模发展却维持着"逆周期"性质，其对哥伦比亚和墨西哥非正规部门的考察直接证明了非正规部门并不稳定的发展模式：在1995年之后的哥伦比亚经济衰退期，非正规部门规模发展较多地体现出逆周期性质，而在1987—1992年墨西哥经济复苏期间则较多地体现出顺周期性质。因此，并不能为非正规部门勾勒出具有范式的整体动态发展规律（Bosch 和 Maloney，2010）。

第二节　非正规部门周期性反应函数估计：浙江经验

一、整体非正规部门周期性反应函数的构建

（一）整体非正规部门周期性反应函数的设定

刻画非正规部门的周期性反应可选择不同内涵的指标以及不同形式的数据表达，现有文献给出了四类选择：①考察非正规部门就业数量变化，检验非正规部门就业人数是否遵从经济复苏期收缩或扩张、经济衰退期扩张或收缩的发展规律。较典型的研究包括 Portes（1989）、Franks（1994）、Pradhan 和 Soest（1995）、Carneiro 和 Henley（1998）对巴西、玻利维亚等拉丁美洲国家非正规部门发展规律的探索（均表现为逆周期性）。②考察非正规部门就业份额的变化，即检验非正规部门就业比例与经济周期的动态关系，如 Saavedra 和 Chong（1999）通过对1990—1992年秘鲁经济低迷时期与1993—1995年复苏时期非正规部门就业比例的比较，得出了"非正规部门遵循逆周期发展模式"的结论。③同时考察非正规部门就业数量和份额的变化，即分别考察非正规部门就业数量和就业比例，或通过设置交叉项的方式综合考察非正规部门就业数量和比例在不同经济周期阶段的变化，如 Saavedra 和 Torero（2000）通过对1987—1997年秘鲁的正规部门就业人数数量和比例的综合考察，得出了与 Saavedra 和 Chong（1999）截然相反的结论，即非正规部门具有顺周期的发展特征；Maloney（1997）分别考察了1987—1992年墨西哥城市地区不同身份就业者数量和份额的变化，认为正规部门规模和非正规部门规模分别遵循顺周期和逆周期的发展轨迹，而自雇佣就业份额的顺周期变化一定程度上与其主张的"自雇佣就业的生命周期理论"相吻合；Calderon-Madrid（2000）也得出了与 Saavedra 和 Torero

(2000)、Maloney(1997)相类似的结论。④考察非正规部门就业产出弹性的变化，即通过计算非正规部门就业产出弹性，以弹性的正负及数值的大小判断非正规部门发展的周期性反应，如 Galli 和 Kucera(2003)分别以 GDP 和非农 GDP 为因变量，通过构建带有时间哑变量的固定效应模型计算了阿根廷等拉丁美洲国家的非正规部门就业份额产出弹性，两类估算一致地表明非正规部门发展具有显著的逆周期发展特征。

为揭示浙江省非正规部门的周期反应，笔者选择"非正规部门就业份额"为非正规部门规模的代理变量，并以两种形式表达——"非正规部门从业人数与全社会从业人数之比"和"非正规部门从业人数与非农从业人数之比"；考虑到"产出缺口"可以衡量实际产出与潜在产出之间周期性偏离规模的优势以及国内学者的普遍推崇，笔者通过计算不同年份的产出缺口来测度经济周期的不同阶段。[①] 同时，为控制经济发展阶段对就业水平及结构的影响，引入"人均 GDP(不变价计)"为控制变量。非正规部门的周期性反应函数设定如下：

$$\Delta share_t^i = \alpha share_{t-1}^i + \beta_1 Gap_t \times Boom_t + \beta_2 Gap_t \times Recession_t + \gamma X_t + \varepsilon_t \quad (6\text{-}1)$$

其中，$share_t^i$ 表示非正规部门规模代理变量，$i=1$ 表示"非正规部门就业人数/全社会从业人数"，$i=2$ 则表示"非正规部门就业人数/非农从业人数"；Gap_t 表示经济周期指标，是产出缺口的简称；$Boom_t$ 表示经济繁荣期；$Recession_t$ 表示经济衰退期，具体定义是，如果 $Gap_t>0$ 则 $Boom_t=1$，否则为 0；如果 $Gap_t<0$ 则 $Recession_t=1$，否则为 0；X_t 表示控制变量；ε_t 为误差项，原始数据如表 6-1 所示。

(二)计量结果分析

1. 产出缺口估计

估计潜在产出可基于不同的方法，如消除趋势法、增长率推算法、生产函数法等，笔者借助较流行的 HP 滤波法(Hodrick 和 Prescott，1990)对产出序列进行趋势成分和周期性成分的分解。HP 的核心思想体现为：

---

① 通过产出缺口的计算来判断经济周期的不同阶段已得到了较广泛的运用，最近的文献包括谢攀(2010)、黄桂田(2010)、耿强(2010)、王晓明(2010)、殷剑峰(2010)、张成思(2010)、卢二坡(2008)等。

$$\sum_{t=1}^{T}(\ln Y_t - \ln Y_t^*)^2 + \lambda\sum_{t=2}^{T-1}[(\ln Y_{t+1}^* - \ln Y_t^*) - (\ln Y_t^* - \ln Y_{t-1}^*)]^2 = \min \tag{6-2}$$

其中，$\ln Y_t$ 表示现实产出的对数序列，$\ln Y_t^*$表示现实产出序列的趋势成分，$\ln Y_t - \ln Y_t^*$ 即为产出缺口。笔者以 GDP 来衡量现实产出规模，对其剔除物价因素影响并转化为基于 1990 年价格的可比价产出序列。根据 HP 滤波经验，取 $\lambda = 100$（高铁梅，2006），滤波后的 $\ln GDP_t$ 序列及其趋势成分和周期性成分如图 6-1 与表 6-2 所示。

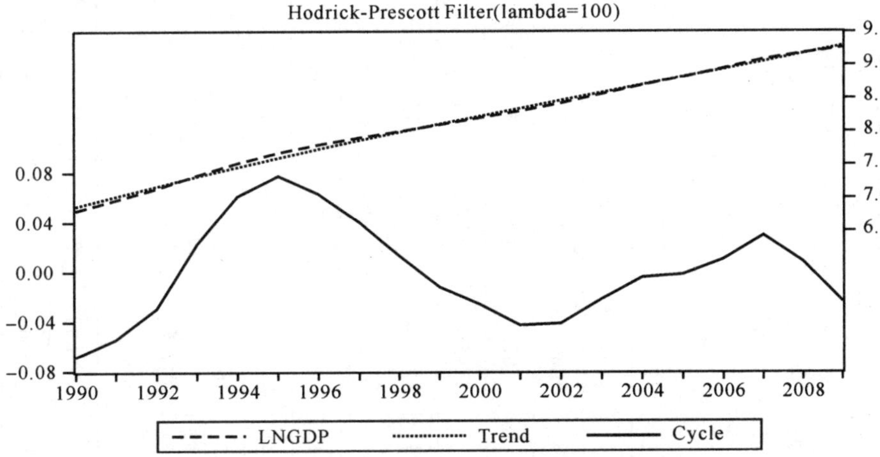

图 6-1　1990—2009 年浙江省产出缺口估算结果

表 6-1 非正规部门周期性反应函数估计的原始数据

年份	现价 GDP（亿元）	GDP 环比指数（%）	从业人员总数（万人）	非正规部门就业人数（万人）	农业从业人数（万人）	人均 GDP（元/人）	人均 GDP 环比指数（%）	非正规部门从业人数（万人）		
								第一产业	第二产业	第三产业
1990	904.69	103.9	2554.46	153.92	1336.5	2138	103.1	0.00	45.41	108.48
1991	1089.33	117.8	2579.36	155.83	1348.74	2558	117.1	0.00	46.74	109.09
1992	1375.7	119	2600.38	174.05	1338.56	3212	118.3	0.00	52.30	121.76
1993	1925.91	122	2615.89	197.19	1239.16	4469	121.3	0.00	64.34	132.85
1994	2689.28	120	2640.51	232.47	1187.43	6201	119.2	0.21	74.10	158.16
1995	3557.55	116.8	2621.47	254.13	1145.87	8149	116.0	0.33	82.07	171.72
1996	4188.53	112.7	2625.06	264.84	1123.06	9552	112.2	0.42	83.56	180.86
1997	4686.11	111.1	2619.66	256.41	1106.59	10624	110.4	0.43	80.46	175.52
1998	5052.62	110.2	2612.54	267.84	1102.7	11394	109.6	1.11	82.87	183.86
1999	5443.92	110	2625.17	281.43	1073.58	12214	109.5	1.46	88.18	191.78
2000	6141.03	111	2726.09	272.38	1014.93	13416	108.1	2.51	82.86	187.01
2001	6898.34	110.6	2796.65	277.33	985.11	14713	108.0	2.41	81.35	193.56
2002	8003.67	112.6	2858.56	275.58	929.58	16978	112.0	1.76	81.53	192.30
2003	9705.02	114.7	2918.74	298.34	872.96	20444	113.9	2.23	83.71	212.40
2004	11648.7	114.5	2991.95	312.81	826.63	24352	113.6	2.67	84.89	225.24

续　表

年　份	现价 GDP（亿元）	GDP 环比指数（%）	从业人员总数（万人）	非正规部门就业人数（万人）	农业从业人数（万人）	人均 GDP（元/人）	人均 GDP 环比指数（%）	非正规部门从业人数（万人）		
								第一产业	第二产业	第三产业
2005	13417.68	112.8	3100.76	320.08	786.92	27661	111.2	2.64	86.32	231.12
2006	15718.47	113.9	3172.38	359.86	732.92	31825	111.8	3.94	105.79	250.14
2007	18753.73	114.7	3405.0[illegible]	391.30	698.04	37358	112.8	3.75	111.02	276.53
2008	21462.69	110.1	3486.53	396.62	660.35	42166	108.5	3.85	113.44	279.33
2009	22990.35	108.9	3591.98	429.49	653.55	44641	107.7	6.78	116.21	306.50

表 6-2 $\ln Y_t$ 的趋势成分和周期性分解结果

年 份	$\ln GDP_1$	$\ln GDP_1^*$	$\ln DGP_1-\ln DGP_1^*$	经济周期判断
1990	6.8076	6.8756	−0.0680	萧条
1991	6.9714	7.0254	−0.0539	萧条
1992	7.1454	7.1744	−0.0291	萧条
1993	7.3442	7.3216	0.0226	繁荣
1994	7.5265	7.4654	0.0611	繁荣
1995	7.6818	7.6045	0.0773	繁荣
1996	7.8014	7.7383	0.0631	繁荣
1997	7.9066	7.8667	0.0399	繁荣
1998	8.0038	7.9906	0.0131	繁荣
1999	8.0991	8.1111	−0.0121	萧条
2000	8.2034	8.2295	−0.0261	萧条
2001	8.3042	8.3469	−0.0427	萧条
2002	8.4229	8.4641	−0.0413	萧条
2003	8.5600	8.5817	−0.0217	萧条
2004	8.6954	8.6997	−0.0042	萧条
2005	8.8159	8.8178	−0.0019	萧条
2006	8.9460	8.9359	0.0101	繁荣
2007	9.0832	9.0538	0.0294	繁荣
2008	9.1794	9.1713	0.0081	繁荣
2009	9.2646	9.2885	−0.0239	萧条

数据显示，2000 年之前浙江省产出缺口的波动相对剧烈，波幅相对较大；2001 年以后，产出缺口的波幅逐渐收窄，经济波动趋于缓和。根据产出缺口的正负号，笔者据此对虚拟变量 $Boom_t$ 和 $Recession_t$ 赋值。

2. 非正规部门动态发展的逆周期性

表 6-3 描述了非正规部门周期反应函数的估算结果。一个极为显著的特征是，无论考察非正规部门就业人数相对于全社会从业人数的份额，还是考察非正规部门就业人数相对于非农从业人数的份额，4 类反应函数中的参

数 β_2 均为正数且估计显著。这意味着萧条经济周期对非正规部门就业份额具有较大的影响，当实际GDP每低于潜在产出1个百分点，全社会就业总数中的非正规部门就业份额将上升13.12或16.11个百分点，而非农就业总数中的非正规部门就业份额将上升20.01或26.52个百分点。与秘鲁、巴西、玻利维亚、哥伦比亚等国家的非正规部门发展规律具有一定的类似之处(Portes，1989；Franks，1994；Pradhan 和 Soest，1995；Carneiro 和 Henley，1998；Saavedra 和 Chong，1999；Maloney，2004)，面临萧条经济周期，浙江省非正规部门依然体现出强劲的发展势头，表现出较显著的逆周期发展态势。

表 6-3　非正规部门周期性反应函数估计结果(1991—2009)

被解释变量	$\Delta share_t^1$		$\Delta share_t^2$	
$share_{t-1}$	−0.36945*** (−3.5788)	−0.3929*** (−3.9453)	−0.6357*** (−3.4156)	−0.6868*** (−3.7788)
$Gap_t \times Boom_t$	0.0375 (0.9201)	/	0.0819 (1.1157)	/
$Gap_t \times Recession_t$	0.1312** (2.1453)	0.1611*** (3.1178)	0.2001* (1.8145)	0.2652** (2.8135)
X_t	0.0042*** (3.7672)	0.0045*** (4.3498)	0.0066*** (3.3317)	0.0074*** (3.9065)
R^2	0.5573	0.5324	0.5499	0.5125
$\overline{R^2}$	0.4688	0.4739	0.4599	0.4516
对数似然比	81.3363	80.8147	70.1404	69.3830
AIC	−8.1407	−8.1910	−6.9621	−6.9877
SC	−7.9418	−8.0419	−6.7633	−6.8386
DW统计量	2.4483	2.3524	2.5087	2.3518

注：(1) $\Delta share_t^1$ 表示以“非正规部门从业人数/全社会从业人数”的变化率为应变量，$\Delta share_t^2$ 表示以“非正规部门从业数/非农从业人数”的变化率为应变量；(2)括号中的数值为 t 统计量；(3)*** 表示在1%水平上显著；** 表示在5%水平上显著；* 表示在10%水平上显著；(4) $share_t$、$Gap_t \times Boom_t$ 和 $Gap_t \times Recession_t$ 为内生变量，控制变量为外生变量。

这一规律也似乎为 Échevin 和 Murtin(2008)的“非正规部门的缓冲作用在经济受到外生的负面冲击时更为显化”的观点提供了异国证据。对此，Bosch 和 Maloney(2007)、Duryea 等(2006)、Packard(2007)给出了这样的解释：当受到外生的负面冲击时，正规部门劳动力市场的收缩导致部分工人“被挤入”非正规部门，也促使部分新增劳动力冒险尝试创业，而转入非正规部门从事自雇佣经营活动往往是一个不错的创业开端。

3. 非正规部门动态发展的不对称性

那么，能否与许多拉丁美洲国家一样，将浙江省的非正规部门视为一个能避免整体经济出现剧烈波动的“缓冲区(Buffer)”呢？答案是否定的。表6-3同时显示，尽管在经济衰退时期能形成劳动力的蓄水池，但非正规部门的就业份额并未伴随着经济繁荣期的来临而缩减。4个估计函数中参数β_1均不为负且不显著，一致地说明繁荣经济周期的到来仅仅延缓了浙江省非正规部门规模扩张的脚步，并没有为从业者投向正规部门的怀抱提供强劲的推动力，非正规部门的逆周期发展规律并不对称。[①]“不对称的逆周期”发展规律同时蕴含着“市场分割假说”和“比较优势假说”对解释浙江省非正规部门整体发展规律的实效，而一个较合理的假设便是——非正规部门内部的“企业”并非同质，存在“高层非正规部门”和“低层非正规部门”的分化。[②]事实是否如此，需进一步证实。

二、高层、低层非正规部门周期性反应函数的构建

(一)高层、低层非正规部门的识别

最恰当的非正规部门内部层次识别标志应围绕“生产单位特征”设置，House(1984)和Arimah(2001)等建议将“具有较高收入、投入较多资金、雇用较多工人”的企业视为高层非正规部门，而将“收入相对较低、不使用或使用少量资金、不雇用工人(生产者主要以家庭成员为主)”的企业归入低层非正规部门；Ranis和Stewart(1999)不仅追加了另一条标准——“生产中间产品(Intermediate Goods)”[③]，还另辟蹊径地根据生产单位的产业特征进行高、低层非正规部门的区分；Pieters等(2010)同样采纳了产业特征区分方式

① 笔者分别计算了非正规部门从业人数比例对经济繁荣期的产出弹性和对经济衰退期的产出弹性，结果支持我们对非正规部门规模发展具有弱逆周期的性质判断。

② 需要说明的是，“企业(Enterprise)”一词采用了ICLS的宽泛概念，与“市场生产单位(Market Production Unit)”相当。

③ 根据在社会再生产过程中所处的地位和加工阶段分类，社会产品可分为“初级产品”“中间产品”和“最终产品”三类。

并提出了三个可行的识别标志，分别是“产业内人均固定资本”“产业内户均从业人数”和“产业内拥有固定生产场所企业的比例”。尽管从事任何产业的生产单位必将是高、低层非正规部门的结合，受已有资料的约束，我们对浙江省高、低层非正规部门的识别同样基于产业特征，主要的识别指标为“户均产值”“户均注册资金”和“产业结构偏离度”。具体地说，“户均产值”和“户均注册资金”分别用来衡量各产业非正规部门的产出规模和资本密集程度；“产业结构偏离度”则能同时反映非正规部门规模和劳动生产率的变化，其计算公式为：

$$P_{it}=MISE_{it}-MISP_{it} \tag{6-3}$$

当第 i 产业非正规部门的就业份额大于产值份额时，即 $P_{it}>0$ 说明该产业非正规部门的劳动生产率较低；而 $P_{it}<0$ 则表明该产业非正规部门的劳动生产率较高。比较发现，工业非正规部门具有较高的资本密集程度①；同时，图 6-2 和图 6-3 所描述的户均产值变化趋势和产业结构偏离度变化趋势显示，1990—2009 年间，工业非正规部门户均产值远大于非工业非正规部门，其结构偏离于 20 世纪 90 年代初期出现小幅波动后持续下降，从 1993 年开始维持持续的负值状态，直至下降到 2009 年的－13.55％，表明工业非正规部门的劳动生产率较高并持续上升；不同的是，非工业非正规部门的结构偏离度从 1993 年开始维持为正，并且结构偏离度绝对值逐年扩大，从 1993 年 1.22％扩大至 2009 年 13.55％，这不仅意味着非工业非正规部门的劳动生产率相对较低，也表明了其劳动力吸纳能力正逐年退化。笔者据此将工业非正规部门视为高层非正规部门，而将从事非工业的非正规部门视为低层非正规部门。

（二）高层、低层非正规部门的周期性反应

表 6-4 描述了高、低层非正规部门周期反应函数的估算结果，进一步证实了非正规部门内部异质性的存在。数据显示，高层非正规部门的周期性反应与非正规部门整体具有显著差异，4 类函数中的参数 β_2 均为负且估计显著，表明繁荣经济周期对非正规部门就业份额的影响较大。当实际 GDP 每高于潜在产出 1 个百分点，高层非正规部门相对于全社会就业人数的份额

---

① 受已有资料的约束，根据 1990—2001 年的《浙江年鉴》数据，笔者发现工业非正规部门的户均注册资金为 1.91 万元/户，非工业非正规部门的户均注册资金为 1.09 万元/户，后者仅为前者的 57.07％。

将上升 0.04 个百分点，而相对于非农就业人数的份额将上升 0.09 个百分点，这体现出强劲的顺周期发展规律。不同的是，低层非正规部门仍然只对萧条经济周期反应强烈，当实际 GDP 每低于潜在产出 1 个百分点，低层非正规部门相对于全社会就业人数的份额将上升 0.10 个百分点，而相对于非农就业人数的份额将上升 0.16 个百分点，依然维持显著的逆周期发展规律。高层非正规部门顺周期发展规律的深层含义体现了其与正规部门存在某种关联，这种关联该如何诠释呢？

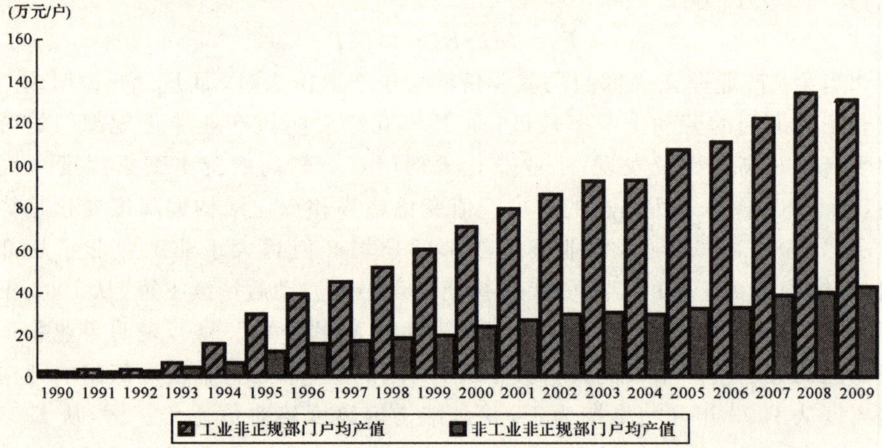

图 6-2　工业非正规部门与非工业非正规部门户均产值发展趋势

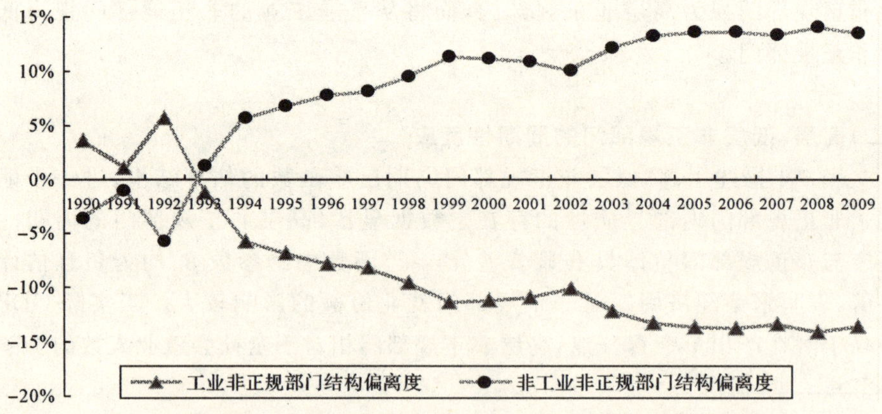

图 6-3　工业非正规部门与非工业非正规部门产业结构偏离度发展趋势

表 6-4　高层、低层非正规部门周期性反应函数的估计(1991—2009)

被解释变量	高层非正规部门		低层非正规部门	
	$\Delta share_t^1$	$\Delta share_t^2$	$\Delta share_t^1$	$\Delta share_t^2$
常数项	/	0.0202* (1.9849)	−0.0259 (−2.0459)	0.0536*** (3.2894)
$share_{t-1}$	−0.4092*** (−3.3875)	−0.3016** (−2.6176)	−0.6608*** (−3.6600)	−0.2960** (−2.5235)
$Gap_t \times Boom_t$	0.0432** (2.3788)	0.0948** (2.8019)	/	/
$Gap_t \times Recession_t$	0.0268 (1.0307)	/	0.1003** (2.9360)	0.1672** (2.5078)
X_t	0.0012*** (3.3887)	−0.0009 (−0.9331)	0.0078* (3.0934)	−0.0020 (−1.4748)
R^2	0.5577	0.4848	0.5655	0.4614
$\overline{R^2}$	0.4692	0.3817	0.4786	0.3536
对数似然比	96.1078	83.8721	89.5455	76.9276
AIC	−9.6956	−8.4076	−9.0048	−7.6766
SC	−9.4967	−8.2088	−8.8060	−7.4778
DW 统计量	2.5232	2.5394	2.1962	2.4522
F 统计量	/	4.7043**	6.5085***	4.2826**

注：(1)$\Delta share_t^1$(或 $\Delta share_t^{L1}$)表示以"非正规部门从业人数(高层非正规部门从业人数、低层非正规部门从业人数)/全社会从业人数"的变化率为应变量、$\Delta share_t^2$(或 $\Delta share_t^{L2}$)表示以"非正规部门从业数(高层非正规部门从业人数、低层非正规部门从业人数)/非农从业人数"的变化率为应变量;(2)括号中的数值为 t 统计量;(3)*** 表示在 1% 水平上显著;** 表示在 5% 水平上显著;* 表示在 10% 水平上显著;(4)$share_{t-1}$、$share_{t-1}^U$、$share_{t-1}^L$、$Gap_t \times Boom_t$ 和 $Gap_t \times Recession_t$ 为内生变量,控制变量为外生变量。

第三节 非正规部门不对称逆周期发展规律:理论假说与检验

一、正规部门的后向关联:理论框架

(一)基本前提

由于较廉价的劳动力成本以及较宽松的规制环境,非正规部门生产活动往往具有较低的成本,其产品的售价也相对较低。然而,正规部门却面临不同的环境,逐渐成熟的劳动力市场和不断完善的政府规制体系不可避免地加剧了正规部门企业间的竞争。为降低生产成本、提升企业生产灵活性,部分正规部门企业开始与非正规部门企业联手,通过"直接购买""委托加工"和"业务外包"等方式与非正规部门建立生产关联。非正规部门或成为正规部门生产原材料、辅助材料、燃料等中间产品的供应方,或成为部分劳动密集型产品(零部件、组件等产品)的委托生产商(Mazumdar 和 Sarkar, 2008; Siggel, 2010)。

(二)模型描述

笔者采用"二分法"分别对正规部门和非正规部门进行区分:首先,正规部门分为"大型企业部门(Large-scale Enterprise Sector,简称 LES)"和"中小企业部门(Small and Middle Scale Enterprise Sector,简称 SMES)"。前者具有"从事资本密集型产业、支付高工资、运用高技术、具有规模经济"等特征;尽管也使用一定数量的资金,但 SMES 不一定从事资本密集型产业活动。与 LES 相比,SMES 生产不需要复杂的技术并维持规模报酬不变。其次,非正规部门分为高层非正规部门(Upper Tier Informal Sector,记为 IS^U)和低层非正规部门(Lower Tier Informal Sector, 记为 IS^L)。假设正规部门与非正规部门的生产关联主要存在于 IS^U 与 SMES 之间并以直接采购的形式维持关联。从产业链所处的位置看,作为 IS^U 的下游产业,SMES 需求的扩张将以"后向关联"路径对处在上游产业的 IS^U 的规模发展带来正向诱导,House(1984)、Arimah(2001)和 Pieters 等(2010)等的研究结论支持上

述假设。[①]

为简化分析，笔者假设：①SMES 生产中间产品和最终消费品，其所需的中间投入品可来自本部门也可源自 IS^U；② IS^U 生产中间产品和最终消费品，其部分中间产品用于提供本部门其他单位的生产消耗，部分以中间投入产品的形式提供给 SMES 的生产活动；③对 IS^U 中间产品的需求既取决于市场对 SMES 部门产品的需求，也取决于 SMES 的购买意愿。用公式表述为：

$$SMESP_t = SMESIP_t + SMESZP_t \qquad (6\text{-}4)$$

$$ISP_t^U = ISZP_t^U + ISIP_t^{SMESU} + ISIP_t^{UISU} \qquad (6\text{-}5)$$

$$ISIP_t^{SMESU} = F(lr_t, SMESP_t) \qquad (6\text{-}6)$$

其中，$SMESP_t$、$SMESIP_t$ 和 $SMESZP_t$ 分别表示第 t 期的 SMES 总产出、中间产品产出和最终产品产出；ISP_t^U、$ISZP_t^U$、$ISIP_t^{SMESU}$ 和 $ISIP_t^{UISU}$ 分别表示第 t 期的高层非正规部门总产出、最终产品产出、提供给 SMES 的中间投入产品产出和提供给本部门的中间投入产品产出；lr_t 表示第 t 期的 SMES 对高层非正规部门的购买意愿[②]，将(6-6)式代入(6-5)式得到 SMES 与 IS^U 的"后向关联"模型：

$$ISP_t^U = F(lr_t, SMESP_t) + ISIP_t^{UISU} + ISZP_t^U \qquad (6\text{-}7)$$

二、后向关联诱导下的高层非正规部门发展的路径描述

(一)繁荣周期下的 SMES 对 $ISZP_t^u$ 的直接诱致

图 6-4 描述了繁荣经济周期高层非正规部门规模的发展变化。象限Ⅰ

---

① Albert Otto Hirschman 在《经济发展战略》中指出，在经济活动中，有两种关联效应对一个产业的产生、发展起到了诱导作用，分别是前向关联效应和后向关联效应。当被计算的产业作为上游产业对下游产业产生的效应称为前向关联效应；当它作为下游产业要求其他产业（上游产业）对其投入时，对其他产业的作用方向是向后的，称为后向关联效应。

② 一系列文献对非正规部门整体规模的变化提供了诸多可能的解释，综合起来看，税收负担、政府规制强度、公共服务效率、民众道德感知等因素将影响非正规部门的规模发展（Thomas，1992；Loayza，1996；De Soto，1998；Kugler，2000；Gërxhani，2004；Paula 和 Scheinkman，2007；Chong 和 Gradstein，2007）。对非正规部门进行高低层次的划分并不否定上述因素本身对非正规部门规模的影响路径，事实上，它们的重要性业已通过正规部门之所以与高层非正规部门建起生产关系桥梁的动机中含蓄地得以体现。

描述了 SMES 总产出与 IS^U 最终产品的产出变化；SMES 对 IS^U 中间产品的需求，即 $ISIP_t^{SMESU}$ 产量的变化反映在象限Ⅲ中；象限Ⅳ描述了 IS^U 的中间产品和最终产品生产情况；LR 表示 SMES 对 IS^U 中间产品的需求线，其斜率则代表了 SMES 对 IS^U 中间产品的购买意愿（若购买意愿增加，LR 向顺时针方向旋转）。假设 N_1 代表产品市场的初始均衡点，P_1 表示 IS^U 的初始产量（中间产品产量为 C_1P_1，最终产品产量为 AP_1），由于存在生产关联，IS^U 提供给 SMES 的中间产品产量为 AL，提供给本部门的产量为 OL。经济的繁荣促使外部市场对 SMES 产品的需求大幅增加，SMES 相应将产量扩大至 N_2。如果维持购买意愿不变，需求的增加将直接引致 SMES 对中间产品需求量从 AL 增至 BL，从而 IS^U 生产可能线（PPF）从 P_1 外扩至 P_2。因此，繁荣周期下的 SMES 对 $ISZP_t^U$ 的直接诱致路径体现为"经济繁荣→SMES 产品需求上升→对 IS^U 中间产品需求量上升→IS^U 规模上升"。

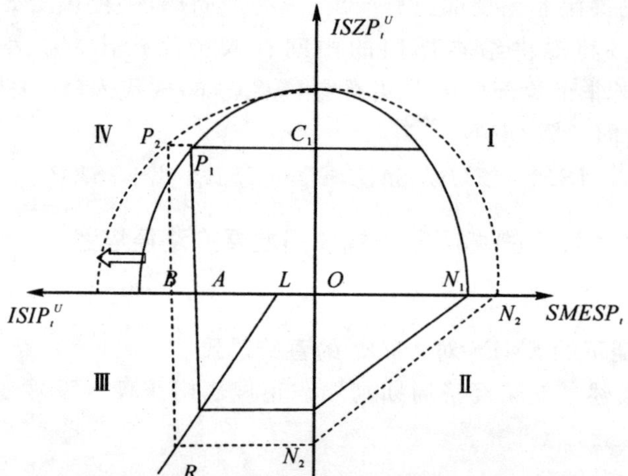

图 6-4 繁荣周期下的 SMES 对 $ISZP_t^U$ 的直接诱致

（二）萧条周期下的 SMES 对 $ISZP_t^U$ 的间接诱致

图 6-5 描述了萧条周期下高层非正规部门规模的发展变化。经济的萧条促使外部市场对 SMES 产品的需求大幅缩减，SMES 相应缩减产量（从 N 缩至 N_3）。如果维持购买意愿不变，需求的缩减直接引致 SMES 对中间产品需求量的减少，从 BL 降至 AL，从而 IS^U 生产可能线将从 P_3 内移至 P_4。然而，为进一步降低生产成本。SMES 往往提升对 IS^U 中间产品的购买意

愿，致使对 IS^U 中间产品需求线的斜率发生改变，即从 LR 向 LR' 转移，SMES 对 IS^U 中间产品需求量从 BL 反而增至 CL，IS^U 生产可能线将从 P_3 外移至 P_5。因此，SMES 对 IS^U 中间产品的需求量并未因萧条周期的到来而大幅缩减，甚至反而上升。萧条周期下的 SMES 对 $ISZP_t^U$ 的间接诱致路径体现为"经济萧条→SMES 的中间产品购买意愿改变→对 IS^U 中间产品需求量上升→IS^U 规模上升"。

(三)非正规部门不对称逆周期发展规律：理论假说

笔者据此提出假说：浙江省的非正规部门发展之所以在衰退期比繁荣期更能呈现逆周期特征，是经济周期与新兴正规部门对高层非正规部门的后向关联效应相互作用的一个可解释的结果。面对经济的繁荣，SMES 产品需求的扩张提升了对中间产品的需求，直接诱致 IS^U 规模扩张而抵消了 IS^L 规模缩减引致的非正规部门整体规模收缩；而在经济萧条期，间接效应中和了(甚至超过了)直接效应使得 IS^U 规模未减反增，而逆周期发展规律引致 IS^L 规模的扩张，从而致使非正规部门整体规模受萧条周期的影响更大。

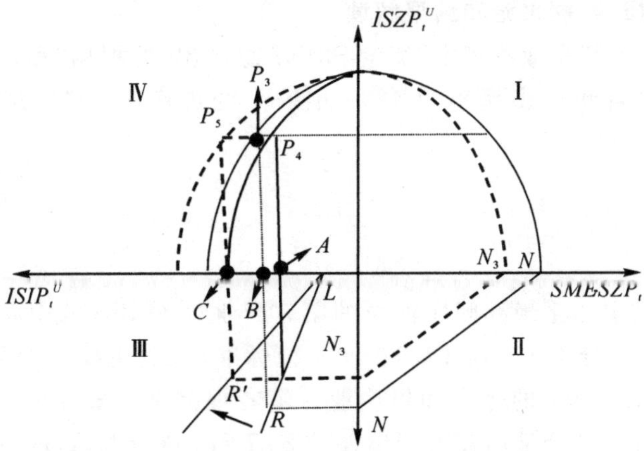

图 6-5　萧条周期下的 SMES 对 $ISZP_t^U$ 的间接诱致

三、正规部门的后向关联效应：实际检验

(一)后向关联效应函数构建

验证 SMES 与 IS^U 的后向关联效应无疑成为验证上述假说的关键。为

保证分析的全面性，笔者分“高层非正规部门和低层非正规部门”两个层次、“就业规模和生产规模”两个维度对 SMES 与 IS^U 间的后向关联效应展开检验，效应检验函数如下：

$$\ln ISE_t^i = x_0^i + x_1^i \ln(ZJTRL_t \times SMESP_t) + \delta^i T_t + \eta_t^i \tag{6-8}$$

$$\ln ISP_t^i = \omega_0^i + \omega_1^i \ln(ZJTRL_t \times SMESP_t) + \tau^i T_t + \psi_t^i \tag{6-9}$$

其中，ISE_t^i 为非正规部门就业规模变量（$i=U$ 表示 IS^U 的从业人数；$i-L$ 表示 IS^L 的从业人数）；ISP_t^i 为非正规部门产出规模变量（$i=U$ 表示 IS^U 总产出；$i=L$ 表示 IS^L 总产出）；变量（$ZJTRL_t \times SMESP_t$）表示 SMES 对 IS^U 中间产品的需求量。其中，$ZJTRL_t$ 表示 SMES 中间投入率，用以反映在货物生产或服务提供过程中所消耗的源自 IS^U 中间产品的价值与其总产出的比重，$SMESP_t$ 表示 SMES 总产出；T_t 表示人均 GDP，用以控制经济水平对就业人数和产量的影响；η_t 表示误差项。笔者期待高层非正规部门的后向关联效应为正，由于 SMES 对中间产品需求量的增减受经济周期的显著影响，笔者据此预期低层非正规部门与 $ZJTRL_t \times SMESP_t$ 呈现负相关。

（二）变量选择、数据来源和结果解读

笔者用“私营企业总产出”衡量 SMES 总产出，并根据“私营工业品出厂价格指数”将各年产出调整为 1990 年的不变价产出。$ZJTRL_t$ 的计算公式为：

$$ZJTRL_t = \frac{\sum_{i=1}^{n} is_{it}^g}{SMESP_t},\ i = 1,2,\cdots,n \tag{6-10}$$

其中，is_{ij}^g 为高层非正规部门所涉及的第 i 产业对 SMES 的中间投入。根据《国民经济行业分类》（GB/T4754—2002）标准，工业主要涉及采掘业、制造业与电力、煤气及水的生产和供应业。笔者根据浙江省 1997 年、2002 年、2007 年编制的 42 个部门投入产出表对 $ZJTRL_t$ 进行取值，取值结果和估算的原始数据如表 6-5 和表 6-6 所示。

表 6-5 SMES 的 $ZJTRL_t$ 取值（1990—2009）

年　份	1990—1996	1997—2001	2002—2006	2007—2009
$ZJTRL_t$	80%	79.11%	77.63%	78.54%

表 6-6　后向关联效应函数估算原始数据

年　份	高层非正规部门		低层非正规部门		$SMES_t$ 总产出（亿元）	私营工业品出厂价格环比指数（%）	全省生产总值环比指数（%）
	从业人数（万人）	总产值（亿元）	从业人数（万人）	总产值（亿元）			
1990	45.22	45.08	108.70	129.77	13.37	100.40	103.90
1991	46.55	62.20	109.28	153.38	13.42	101.80	117.80
1992	52.11	70.09	121.94	218.80	17.82	104.80	119.00
1993	54.16	164.73	143.03	409.51	58.66	117.30	122.00
1994	73.90	444.75	158.57	740.93	333.73	117.50	120.00
1995	81.71	905.62	172.42	1419.16	789.83	112.30	116.80
1996	83.17	1240.62	181.67	1926.71	1082.18	99.50	112.70
1997	80.11	1328.74	176.30	2046.31	1184.81	99.20	111.10
1998	82.55	1564.43	185.29	2309.91	1499.23	95.60	110.20
1999	87.86	1916.69	193.57	2582.11	1983.79	96.80	110.00
2000	82.57	2137.34	189.81	3019.00	3271.27	101.10	111.00
2001	81.02	2307.33	196.31	3441.54	3861.22	98.30	110.60
2002	80.97	2388.83	194.61	3665.82	4643.60	96.90	112.60
2003	83.11	2607.89	215.23	3909.80	5115.68	100.60	114.70
2004	83.50	2701.85	229.31	4057.09	6213.27	105.00	114.50
2005	85.51	3080.61	234.57	4560.81	6926.22	102.30	112.80
2006	103.33	3504.02	256.53	4762.08	7639.16	103.80	113.90
2007	108.17	3938.59	283.13	5674.58	9213.25	102.40	114.70
2008	112.01	4544.37	284.61	6191.89	11111.69	104.30	110.10
2009	114.58	4655.41	314.91	6916.88	13401.31	94.90	108.90

表 6-7 分别描述了高层非正规部门和低层非正规部门的后向关联效应估算结果。计量结果显示，无论是就业规模维度，还是产出规模维度，高层非正规部门的后向关联效应极为明显，其参数为正且显著，当 SMES 中间产品需求上升 1 个百分点，高层非正规部门的就业规模和产出规模分别上升 0.19 和 0.20 个百分点，符合笔者的预期；低层非正规部门就业规模与

SMES中间产品需求之间呈现显著的负相关,也与笔者的预期相符;尽管低层非正规部门产出规模与SMES中间产品需求并未呈现负相关,其尚不显著的参数估计值足以表明低层非正规部门与高层非正规部门之间的异质性。综合来看,笔者的理论假说是稳健的。

表6-7　高、低层非正规部门后向关联效应函数的估计(1991—2009)

被解释变量	就业规模维度		产出规模维度	
	$\ln ISE_t^G$	$\ln ISE_t^L$	$\ln ISP_t^G$	$\ln ISP_t^L$
常数项	−3.8367 (−1.3956)	2.3349*** (12.1633)	−0.3117 (−0.3282)	0.6949 (0.5264)
$\ln(ZJTRL_t \times SMESP_t)$	0.1904** (2.77474)	−0.1099** (−2.5722)	0.2010** (2.3432)	0.0677 (0.6857)
$\ln X_t$	0.4586** (1.7876)	0.4977*** (6.5200)	0.4797*** (3.3110)	0.6462*** (3.7769)***
AR(1)	0.6874*** (3.0800)	0.5563** (2.623811)	0.9440*** (9.9630)	0.9144 (4.8393)
AR(2)	0.1796 (0.8713)	−0.347505* (−1.9701)	−0.2875*** (−3.5318)	−0.2214 (−1.4308)
R^2	0.9079	0.9753	0.9968	0.9942
$\overline{R^2}$	0.8772	0.9671	0.9958	0.9923
对数似然比	26.1736	33.7142	27.7420	25.0878
AIC	−2.4910	−3.3781	−2.6755	−2.3633
SC	−2.2459	−3.1331	−2.4305	−2.1182
DW统计量	1.8260	2.4075	2.3076	2.4170
F统计量	29.5687***	29.5687***	940.9837***	518.3844***

注:(1)$\ln ISE_t^G$($\ln ISE_t^L$)表示以“高层(低层)非正规部门从业人数的自然对数”为因变量,$\ln ISP_t^G$($\ln ISP_t^L$)表示以“高层(低层)非正规部门总产出的自然对数因变量”;(2)括号中的数值为t统计量;(3)***表示在1%水平上显著,**表示在5%水平上显著,*表示在10%水平上显著。

第四节　本章小结

基于对非正规部门发展规律的理论归纳，本章尝试紧扣2008版SNA最新核定的“Informal Sector”概念，基于机构部门视角考察了我国非正规部门形成和发展的规律。在验证我国的非正规部门发展是否呈现主流观点认可的逆周期特征的同时积极探索新的发展特征。

已有文献将非正规部门的发展规律主要归纳为三类：①基于劳动力市场分割假说的逆周期发展规律。该观点认为正规部门对剩余劳动力吸收能力的下降是非正规部门规模扩张的主导原因，遵循典型的“逆周期(Counter-cyclical)”动态路径：当整体经济进入繁荣期时，正规部门提升就业吸纳能力而挤压非正规部门规模；当整体经济进入萧条期时，正规部门挤出部分就业者而致使非正规部门规模扩张。②基于比较优势假说的顺周期发展规律。该观点认为，非正规部门在与正规部门的竞争过程中，规模发展遵循典型的“顺周期(Pro-cyclical)”动态路径：经济越繁荣，发展空间越大，非正规部门规模越扩张。为支持劳动者效用最大化，政府应该鼓励非正规就业，不应强制他们正规化。③基于内部分层假说的不确定发展规律。该观点认为非正规部门内部存在“高层和低层”分化，高层非正规部门发展遵循顺周期轨迹，而低层非正规部门发展具有逆周期性质，难以从整体上勾勒出具有范式的非正规部门发展规律。

周期性反应函数估计结果表明，主流观点认可的劳动力市场分割假说并能充分解释非正规部门的发展规律，浙江省非正规部门发展呈现“不对称的弱逆周期”发展轨迹。“不对称的弱逆周期”发展轨迹按暗示着非正规部门内部并非同质，而存在“高层非正规部门”和“低层非正规部门”的分化。通过高层非正规部门的识别和高、低层非正规部门周期反应函数的估算证实了非正规部门内部异质性的存在。面对非正规部门在衰退期比繁荣期影响更大的弱逆周期特征，笔者提出了一种理论假说，即这是经济周期与高层非正规部门和新兴正规部门的后向关联相互作用的一个可解释的结果。进一步地，利用投入产出表的相关数据证实了上述假说。

笔者认为，立足于机构部门具有系列优点：首先，紧扣2008版SNA核定的新标准，既可澄清国内研究对非正规部门内涵理解的各种偏差，又能实现与国际标准的对接；其次，根据生产单位性质来判断“非正规”属性，可通过对非正规部门就业规模变化和非正规部门产出规模变化的考察，实现非正规部门对劳动就业与经济增长影响的综合回应，为全面分析其“双刃效应”提供了一个可行的视角；①最后，便于通过机构单位的筛选与分类，触及非正规部门内部的“二次分化”，有利于突破已有文献基于整体性和静态性的研究局限。

① 非正规部门具有积极作用：拥有巨大的产出潜力，可以弥补正规部门的产出缺口，满足广大中低收入者的消费需求；能提供大量的工作岗位，缓解就业压力，但毕竟无法摆脱其“低、小、散”的经营特征所带来的工作条件相对劣、创新能力相对弱、产出效率相对低和职工待遇相对差等缺陷，致使流入非正规部门的资源无法实现最优配置。非正规部门的“双刃效应”迫使政府陷入了进退两难的政策困境：对非正规部门规模是加以适当遏制还是继续任由扩展？是保就业还是保增长？一个典型的例子是，1998 年政府鼓励劳动者采取多种形式的就业，包括“灵活就业”（非正规就业）以缓解严重的就业压力，带来了 1999 年以来的非正规部门规模不断扩大；而 2006 年以后，政府一面声称“就业压力仍然巨大”，一面悄然转变鼓励“灵活就业”的政策，开始出台一系列提高劳动力市场安全性的政策、措施甚至法律法规，已然把劳动力市场的正规化当作近年来的政策目标（吴要武，2009）。类似地，ILO 在 1991 年和 2002 年分别召开了以“非正规经济的两难选择”和“体面就业与非正规经济”为主题的专门会议，会议指出，是推动非正规就业来提供就业和提高低收入者的收入，还是运用政策和社会保障把非正规部门纳入主流社会之中，存在着两难抉择。

第七章 研究总结与政策启示

我们研究的最终结论包括哪些？我们的研究是具有哪些不足？对政府而言，我们的研究又具有怎样的政策启示？本章将给出较全面的归纳。

第一节　研究总结

一、主要结论

本书得到的主要结论如下：

(1)立足于我国 SNA 框架，非正规部门是住户部门下属的一个子部门，主要由从事个体工商业经营的个人和家庭组成，包括独立经营户和小规模雇主经营户两类机构单位。这两类经营户的从业人员一般低于 7 人，生产资料归个人或家庭所有，并以个体劳动为基础，劳动成果归劳动者个人或家庭占有和支配。我国的非正规部门主要以两种形式存在：①按照《民法通则》和《城乡个体工商户管理暂行条例》规定，经各级行政管理机关登记注册、领取营业执照的个体工商户；②没有领取营业执照，但有相对固定场所、实际从事个体经营活动 3 个月以上的个体经营户和为住户部门提供服务的独立劳动者。所有由独立经营户和小规模雇主经营户从事的合法非农货物生产和用于市场交换的服务生产就构成了非正规部门的生产范围，但不包括农民家庭以辅助劳力或利用农闲时间进行的一些兼营性的工业、商业及其他活动。

(2)获取非正规部门生产规模可选择直接调查或间接估算，前者区分为非专项调查法、专项调查法和多目标综合调查法三类，后者以剩余平衡法最为典型。进一步地，非专项调查法又细分为非正规部门劳动力调查、非正规部门家庭收支调查两种具体形式；专项调查法也可细分成非正规部门企业调查法、非正规部门住户企业混合调查法、住户调查附加非正规部门企业模块调查三种形式。非专项调查具有“成本低、可行性强、易成周期”等优势，专项调查则以“质量高、运用灵活”著称。比较而言，虽然直接调查法存在若干难以避免的缺点，但仍然得到了较广泛的运用；而间接估算法则因受到严格的假设条件制约，并未得到广泛普及。

(3)估算我国非正规部门生产规模可借助非专项调查，并可选择人口普查、经济普查或住户调查为依托。以人口普查为依托的非正规部门非专项调查可采取两种形式开展，即开展全面调查或抽样调查，前者的设计重点在于保持人口普查长表内容不变、在短表上附加非正规部门的相关调查项目，而后者调查设计的重点则在于保持普查短表内容不变、在普查长表上附加有关非正规部门生产规模的调查项目；以经济普查为依托的非正规部门非专项调查，其调查设计重点是对第629张调查表的调整以实现非正规部门生产规模信息的搜集；以住户调查为依托的非专项调查的设计思路包括“原表拆分、添加非正规部门调查项目、对‘非正规部门’的解释”三个步骤。

(4)估算我国非正规部门生产规模亦可借助数据比较法和劳动力投入分析法两种间接估算法。前者重点考察非正规部门单位数，结合非正规部门平均产出来估算其生产规模，而后者主要分析非正规部门未统计部分就业人数、结合其平均生产效率来估算生产规模。

(5)数据比较法估算显示，浙江省非正规部门的年均生产规模达到6629.65亿元，年均增长830.28亿元。其中，已观测的非正规部门的年均规模为4547.66亿元，占总规模的68.60%；未被观测的非正规部门的年均规模为2081.99亿元，占总规模的31.40%。劳动力投入分析法估算显示，浙江省非正规部门的年均生产规模达到6793.68亿元，年均增长681.02亿元。其中，已观测的非正规部门的年均规模为4547.66亿元，占总规模的66.94%；未被观测的非正规部门的年均规模为2246.02亿元，占总规模的33.06%。两种间接估算法思路明晰，操作简单，可行性较强，有一定的说服力和应用价值。

(6)非正规部门具有巨大的产出效应，非正规部门产出的增长显著促进了全社会实际总产出的增长。总量和增速分析表明，非正规部门产出增长速度与全社会实际总产出增长速度的变动方向和发展步调较为一致，只是非正规部门产出的增长速度变化幅度更大，并且其在时间上具有领先于全社会实际总产出增长变化的趋势；弹性分析表明，20年间，非正规部门的平均产出就业弹性为0.99，说明非正规部门产出每增长1个百分点将带动全社会实际总产出平均增长0.99个百分点，具有较为强劲的推动力；贡献度和拉动度分析表明，非正规部门的年均贡献度和拉动度分别为15.83%和3.00%，表明15.83%的全社会实际总产出增长由非正规部门贡献，在18.97%的全社会实际总产出年均增长速度中，有3个百分点由非正规部门拉动。

(7)计量分析结果同样验证了非正规部门显著的产出效应。协整检验显示，非正规部门产出和全社会实际总产出之间存在长期稳定的均衡关系；并且，非正规部门产出与全社会实际总产出之间存在着双向因果关系。长期来看，非正规部门产出是全社会实际总产出增长的Granger原因，而全社会实际总产出的增长也反过来拉动非正规部门产出的增加。

(8)总体来看,浙江省名义非正规部门就业总体呈现"波动中扩增"的发展态势。1990—2009 年间,名义从业人数从 153.92 万人增至 429.49 万人,年均就业规模达 278.60 万人,年均增量为 14.50 万人,增长速度为 5.55%,超过同期全社会从业人数增长速度 3.74 个百分点。从区域构成看,乡村非正规部门是名义就业岗位的主要提供源,其年均就业规模为 169.69 万人,占名义非正规部门就业总量的 60.91%。20 年间,名义非正规部门就业发展呈现"从乡村到城镇转移"和"城镇非正规部门就业增长速度快于乡村非正规部门"的显著特征,城镇非正规部门无疑成为最有潜力劳动力吸纳部门。

(9)产出就业弹性测度结果表明,长期持续的产出增长致使非正规部门提供了大量的劳动力就业机会,其年均名义就业弹性为 0.22,意味着 1 个百分点的名义非正规部门产出增长将带来 0.22 个百分点的就业增长,其强劲的就业潜力一览无余。

(10)产业结构偏离度分析表明,第二产业非正规部门单位的产值增加幅度远大于从业人数的增加幅度,说明第二产业非正规部门单位的劳动生产率较高,具有吸纳剩余劳动力的空间;而第三产业非正规部门单位的结构偏离度从 1993 年开始维持为正,不仅意味着劳动生产率相对较低,也表明了第三产业非正规部门单位并不具有持续的劳动力吸纳能力。

(11)偏离份额模型的计算结果进一步解释了各产业非正规部门单位就业吸纳能力的不同来源。其中,部门效应的巨大贡献弥补了第一产业非正规部门单位产业效应的消极影响,也致使其具有正向的就业吸纳能力。不同的是,促使第二产业和第三产业非正规部门单位维持正向就业吸纳能力的动力仍然是产业效应,部门效应的影响并非显著。

(12)状态空间模型的侧度结果显示,与名义就业弹性系数相比,实际维度的非正规部门产出就业弹性系数上升至 0.2345,意味着 1 个百分点的非正规部门产出增长将拉动就业人数增长 0.22%—0.25%。分产业角度看,三次产业非正规部门单位的产出就业弹性系数均为正并维持"三产、二产、一产"的高低位次;从产出就业弹性的波动性比较,则维持"一产、二产、三产"的高低位次。

(13)细分产业看,工业非正规部门依然是第二产业劳动力的主要吸纳部门,但建筑业非正规部门的发展速度远高于工业非正规部门,已然成为第二产业非正规部门最具潜力的就业吸纳部门。批发零售业和住宿餐饮业非正规部门保持高速增长,依然是第三产业非正规部门就业者的主要岗位提供者,但文化、体育和娱乐业非正规部门和房地产业非正规部门异军突起,成为就业比例上升最快的非正规部门；信息传输、计算机服务和软件业，金融业，科学研究、技术服务和地质勘查业等新兴第三产业非正规部门的兴起和快速发展，亦体现出较为强劲的就业吸纳能力。

(14)周期性反应函数估计结果表明，主流观点认可的劳动力市场分割假说并能充分解释非正规部门的发展规律，浙江省非正规部门发展呈现“不对称的弱逆周期”发展轨迹。

(15)“不对称的弱逆周期”发展轨迹按暗示着非正规部门内部并非同质，而存在“高层非正规部门”和“低层非正规部门”的分化。通过高层非正规部门的识别和高低层非正规部门周期反应函数的估算证实了非正规部门内部异质性的存在。

(16)面对非正规部门在衰退期比繁荣期影响更大的弱逆周期特征，笔者提出了一种理论假说，即这是经济周期与高层非正规部门和新兴正规部门的后向关联相互作用的一个可解释的结果。进一步地，利用投入产出表的相关数据证实了上述假说。

二、不足之处

估算非正规部门的生产规模是国民经济统计中的重大问题，从方法角度开展应用及创新研究并对非正规部门发展引致的系列效果进行量化，需要具备深厚的宏观经济学、统计学、金融学、计量经济学等学科知识，需要积累翔实的中国经济发展背景知识，需要做好繁多外文文献的筛选和消化工作，需要具备扎实的软件操作和实现能力。尽管主观上做了多年的努力，但依然受制于多种主客观因素，本书研究仍然存在许多不尽如人意的地方，有待于进一步完善和提高。归结起来看，本书不足主要体现在以下三方面。

(一)所采用数据的不足之处

在本书论述中，数据的可获得性及质量高低直接影响估算方法的可行性与估算结果的合理性。本书所使用的数据主要来源于两方面：一方面是官方公布的数据系统，主要包括各类统计年鉴和大型专项调查的最终汇总数据；另一方面是估算数据，主要包括相关研究成果中的结论和根据历史资料推算的数据。在该两类数据的运用过程中，存在如下问题：

首先，狭隘的数据源对估算方法的研究带来了诸多限制。由于无法获得全国历年流动人口数量、流动人口类型及各类型劳动者的就业率数据，笔者放弃了对中国非正规部门未被观测生产规模的估算，而仅以浙江省取代之。相比而言，经济普查提供了较为全面的经济数据，笔者的估算也体现了对普查数据的高度依赖。

其次，官方数据的质量也不高。由于我国的统计体系尚不完善，统计调查方法相对落后，核算制度也经常进行变革，诸多原因造成官方数据质量有待进一步提高。不同年鉴的数据并不一致，如《中国统计年鉴》与《浙江统计年鉴》中的部分指标数据尚未完全统一、《浙江统计年鉴》和《浙江年鉴》中的部分指标数据尚未完全统一、《浙江统计年鉴》和政府机构发布的工作报告中的部分指标数据尚未完全统一、《浙江统计年鉴 2010》与《浙江统计年鉴 2006》中的部分指标数据尚未完全统一等。鉴于搜集途径、数据处理方式及调整模式等因素的不同，不同类型年鉴中的指标数据出现轻微的差异是可以理解的，但对笔者研究带来的影响并不可忽视，尤其体现在对引自不同类型年鉴且合并生成的时序数据时，数据质量的差异往往对序列的稳定性带来极大的影响，直接关系到估算方法的适用性。

其三，参考其他研究中的相关数据，对估算结果的准确性也造成了一定的影响。如在借助数据比较法和劳动力投入分析法对非正规部门生产规模的估算中，对非普查年份"无照率"的取值，对劳动者各类"就业率"的取值，笔者均参考了相关研究的估算结果。显然，估算数据的质量将直接影响最终估算结果的合理性。

最后，使用低频数据，对估算结果的准确性和稳定性也带来了影响。笔者的估算和分析均采用了年度数据。与季度、月度等高频数据相比，年度数据对模型稳定性和准确性影响显然是存在显著差异的。

(二)估算方法的不足之处

本书定位于应用统计方法研究。在论述过程中，无论是梳理、评价国外流行的非正规部门生产规模估算方法，还是提出新的估算方法，抑或是借助各类方法进行非正规部门生产规模的实际估算，"估算方法"是项目研究的重要主题。

在对非正规部门生产规模估算方法的创新研究部分，笔者不仅利用国外流行方法对中国非正规部门生产规模估算的可行性进行了分析，而且原创性地提出了若干种思路和两种新的间接估算方法。既然是原创性的研究，就难免有不成熟的地方，甚至是错误的地方。如对于诸如非正规部门未统计劳动者生产效率的取值是否合理，各就业群体非正规部门就业率的取值是否准确，流动人口规模如何测算，未被观测的非正规部门生产单位数的估算是否有更科学的方法，未被观测的非正规部门生产效率如何更准确衡量等问题，还值得进一步研究；同时，已观测的非正规部门生产规模数据是否真实等问题，也值得关注。

（三）效应分析的不足之处

非正规部门的发展将对国民经济系统的各个层面带来影响，如非正规部门发展将影响居民的收入、国家的财政收入、金融市场的稳定性等，本书对非正规部门效应的分析仅局限于产出效应、就业效应和周期效应，并未涉及其他影响。

第二节　政策启示

一、官方统计机构

缺乏准确的统计数据，难以把握非正规部门的真实发展状况，是直接影响政府制定法规政策和指导推动工作的因素之一。为此，官方统计机构必须尽快建立起规范的统计制度，准确界定非正规部门概念，将非正规部门尤其是未被观测的非正规部门纳入正规的统计制度体系之中，并辅之以定期、不定期的抽样调查，为科学制定促进非正规部门发展扩大的法规政策和完善统计制度体系提供必要的数据支持。

二、经济政策制定者

经济政策制定者对非正规部门的引导需实现以下几方面的转变：首先，政策定位的转变。非正规部门与正规部门并存是一国际现象，作为生产部门的组成之一，非正规部门，尤其是高层非正规部门，绝不该被视为国民经济的边缘部分，其深嵌产业链底部为国民经济整体发展蓄积内生力量。因此，对非正规部门的引导不应以消极政策为主，力图实现“非正规部门的正规化”不应通过限制非正规部门的发展为代价。其次，政策重点的转变。积极引导非正规部门发展的重点应围绕“非正规部门高层化”展开，即通过非正规部门内部结构调整，鼓励生产率低下的低层非正规部门向生产率相对高的高层非正规部门转型。第三，政策措施的转变。许多案例表明，过激措施往往欲速则不达，而采取旨在降低低层非正规部门交易成本的柔性措施才是可行之道，如对低层非正规部门提供信贷支持、放松管制、提供公共服务等。当低层非正规部门获得了长足发展，其向高层非正规部门流动的可能性就会增加；而对高层非正规部门，采取改善就业工作环境和社会保障状况等柔性措施亦是可行之道。

主要参考文献

[1] ABHIJIT V, BANERJEE, NEWMAN A F. 1993. Occupational Choice and the Process of Development[J]. Journal of Political Economy, 101(2): 274-298.

[2] AEWUYI, ADEOYE. 2008. Potential Impacts of Trade Policy Reform Arising from Economic Partnership Agreement (EPA) on Wage and Employment in the Nigerian Manufacturing Subsectors [J]. African Journal of Economic Policy, 15(2): 121-165.

[3] AITMAN M. 2007. What are the policy implications of the informal sector becoming the informal economy? [R]. IZA/WB Conference on Employment and Development, June 8-9, Bonn.

[4] AKINTOYE I R. 2008. Reducing Unemployment Through the Informal Sector: A CaseStudy of Nigeria[J]. European Journal of Economics, 11: 97-106.

[5] ANDERSON J H. 1998. The Size, Origins, and Character of Mongolia's Informal Sector during Transition [R]. World Bank Policy Research Working Paper No. 1916. Washington D C: The World Bank.

[6] ARIMAH B C. 2001. Nature and Determinants of the Linkages between Informal and Formal Sector Enterprises in Nigeria[J]. African Development Review, 13(1): 114-144.

[7] BANERJEE A V, DUFLO E. 2004. Do Firms Want to Borrow More? Testing Credit Constraints Using A Directed Lending Program [R]. CEPR Discussion Papers, No. 2-25.

[8] BARDON R. 1998. The 1-2-3 Survey: Principles, Definitions and Operations: The Case of Yaoundé and Antananarivo[R]. 'Le secteur informelle dans les pays du bassin méditerranéen' ISTAT, MEDSTAT programme, Rome.

[9] BECKER K F. 2004. The Informal Economy: Fact Finding Study[EB/OL]. Stockholm: Swedish International Development Cooperation Agency (SIDA) Working Paper. [2013-08-09]. http://rru. worldbank.

org/Documents/PapersLinks/Sida. pdf.

[10] BLADES, DEREK. 1982. The Hidden Economy and The National Accounts[M]. Paris: OECD(Occasional Studies): 28-44.

[11] BLANCHFLOWER, DAVID G, OSWALD A J. 1998. What Makes an Entrepreneur? [J]. Journal of Labor Economics, 16(1): 26-60.

[12] BOSCH M, MALONEY W F. 2010. Comparative Analysis of Labor Market Dynamics Using Markov Processes: An Application to Informality[J]. Labour Economics, 17(4): 621-631.

[13] BRAUTIGAM D, FJELDSTAD, MOORE M. 2008. Taxation and State-Building in Developing Countries: Capacity and Consent[M]. Cambridge: Cambridge University Press.

[14] BROMLEY R J. 1979. The Urban Informal Sector: Critical Perspectives on Employment and Housing Policies[M]. University College of Swansea. New York: Pergamon Press.

[15] BROMLEY R. 1978. Introduction The Urban Informal Sector: Why is it Worth Discussing[J]. World Development, 9(10): 1033-1039.

[16] CALDERÓN-MADRID A. 2000. Job Stability and Labor Mobility in Urban Mexico: A Study Based on Duration Models and Transition Analysis[R]. Inter-American Development Bank. RES Working Papers, No. 3117.

[17] CHARMES J, UNNI J. 2000. Employment in the Informal Sector and Informal Employment: New Insights from Recent Surveys in India, Kenya and Tunisia[R]. Fifth Meeting of the Expert Group On Informal Sector Statistics, September 19-21, 2001.

[18] CHARMES J. 2006. Measurement of the contribution of informal sector/Informal employment to GDP in developing countries: some conceptual and methodological issues[R]. Expert Group on Informal Sector Statistics(Delhi Group), New Delhi, India, May 11-12.

[19] CHEN M A, VANEK J, CARR M. 2004. Mainstreaming Informal Employment and Gender in Poverty Reduction: A Handbook for Policy-makers and Other Stakeholders[M]. Ottawa: International Development Research Centre.

[20] CHEN M A. 2007. Rethinking the Informal Economy: Linkages with

the Formal Economy and the Formal Regulatory Environment[R]. Department of Economics and Social Affairs. United Nations. Working Papers No. 46.

[21] CUNNINGHAM, MALONEY. 2001. Heterogeneity among Mexico's microenterprises: An Application of Factor and Cluster Analysis[J]. Economic Development and Cultural Change, 50(1): 131-156.

[22] DAVUTYAN N. 2008. Estimating the Size of Turkey's Informal sector: An Expenditure-based Approach[J]. Journal of Economic Policy Reform, 11(4): 261-271.

[23] DE MEL S, MCKENZIE D, WOODRUFF C. 2008. Returns to Capital in Microenterprises: Evidence from a Field Experiment[J]. Quarterly Journal of Economics, 123(4): 1329-1372.

[24] DE MEL S, MCKENZIE D, WOODRUFF C. 2009. Measuring Microenterprise Profit: Must We Ask How The Sausage is Made? [J]. Journal of Development Economics, 88: 19-31.

[25] DE PAULA A, SCHEINKMAN J. 2006. The informal sector[R]. UCLA Apartment of Economics working paper.

[26] DE SOTO H. 1989. The Other Path: The Invisible Revolution in The Third World[M]. New York: Harper and Row Publishers.

[27] DE SOTO H. 2000. The Mystery of Capital: Why Capitalism Triumphs in the West and Fails Everywhere Else[M]. New York: Basic Books.

[28] DICKENS W T, Lang K. 1985. A Test of Dual Labor Market Theory[J]. American Economic Review, 75(4): 792-805.

[29] EC, IMF, OECD, et al. 2009. System of National Accounts 2008 [M]. New York: United Nations.

[30] ECKHARD S. 2010. The Indian Informal Sector: The Impact of Globalization and Reform[J]. International Labour Review, 149(1): 93-105.

[31] ESCAP, UNSD. 2007. The 1-2 Survey: A Data Collection Strategy for Informal Sector and Informal Employment Statistics[EB/OL]. http://www. css. escwa. org. lb/sd/13_15Apr08/Presentations/ESCWA/4. ppt.

[32] ESTHER K, ISHENGOMA, KAPPEL R. 2006. Economic Growth and Poverty: Does Formalisation of Informal Enterprises Matter? [R]. GIGA Research Program: Transformation in the Process of Globalization, April.

[33] ÉCHEVIN D, MURTIN F. 2008. What Determines Productivity in Senegal? Sectoral Disparities and the Dual Labour Market [R]. Groupe de Recherche en Économie et Développement International, Cahier de recherche 7/15.

[34] FIELD, GARY S. 1990. Labour Market Modelling and The Urban Informal Sector: Theory and Evidence [M] // THURNHAM D, SALOMÉ B, SCHWARZ A (eds). The Informal Sector Revisited. Paris: OECD.

[35] FIELD, GARY S. 2005. A Guide to Multi-sector Labour Market Models[R]. Social Protection Discussion Paper Series, No. 0505.

[36] FIELD. 1975. Rural-Urban Migration, Urban Unemployment and Underemployment, and Job-Search Activity in LDCs[J]. Journal of Development Economics, 2(2): 165-187.

[37] FIELD. 2005. A Welfare Economic Analysis Labor Market Policies in the Harris-Todaro Model? [J]. Journal of Development Economics, 76(1): 127-146.

[38] FIESS N M, FUGAZZA M. 2008. Trade Liberalisation and Informality: New Stylized, Facts, Research Paper[R]. Glasgow: University of Glasgow.

[39] FRIEDMAN, JOHNSON, KAUFMANN, et al. 2000. Dodging the Grabbing Hand: The Determinants of Unofficial Activity in 69 Countries? [J]. Journal of Public Economics, 76(3): 459-493.

[40] FUNKHOUSER, EDWARD. 1996. The urban informal sector in Central America: household survey evidence [J]. World Development, 24(11): 1737-1751.

[41] FUNKHOUSER, EDWARD. 1997. Demand-side and supply-side explanations for barriers to labor market mobility in developing countries: the case of Guatemala[J]. Economic Development and Cultural Change, 45(2): 341-366.

[42] FUNKHOUSER, EDWARD. 1997. Mobility and Labor Market Segmentation: the Urban Labor Market in El Salvador[J]. Economic Development and Cultural Change, 46(1): 123-153.

[43] GALOR, ODED, ZEIRA J. 1993. Income Distribution and Macroeconomics[J]. Review of Economic Studies, 60(1): 35-52.

[44] GASPARINI L, TORNAROLLI L. 2007. Labour Informality in Latin America and the Caribbean: Patterns and Trends from Household Survey Microdata[R]. CEDLAS working paper, No. 46.

[45] GENNARI P, GUERRERO M F, ORHUN Z, et al. 2009. The 1-2 Survey: A tool to implement the unified data collection strategy for informal sector and informal employment statistics[R]. United Nations Development Account Project: Interregional Cooperation on the Measurement of the Informal Sector and Informal Employment, Working Paper No. 1.

[46] GERRY. 1978. Capital Production and Capitalist Production in Dakar: The Crisis of the Self-employed[J]. World Development, 6(9): 1147-1160.

[47] GINDLING T. 1991. Labor Market Segmentation and the Determination of Wages in the Public, Private-Formal and Informal Sectors in San-Jose, Costa-Rica [J]. Economic Development and Cultural Change, 39(3): 585-603.

[48] GLI D G. 2004. Organizing in the Global Informal Economy[R]. Global Labour Institute Working Paper, Bogazici University Social Policy Forum. Changing Role of Unions in the Contemporary World of Labour, November 26-27, Istanbul.

[49] GNTHER, ISABEL, LAUNOV, et al. 2006. Competitive and Segmented Informal Labor Markets[R]. Institute for the Study of Labor (IZA). IZA Discussion Paper, No. 2349, Bonn.

[50] GOLDBERG P, PAVNIK N. 2003. The Response of the Informal Sector to Trade Liberalization[J]. Journal of Development Economics, 72(3): 463-96.

[51] GRIMM M, LAY J, KRÜGER J. 2011. Barriers of Entry and Capital Returns in Informal Activities: Evidence From Sub-Saharan Afri-

ca. Unpublished manuscript.

[52] GRIMM M, LAY J, ROUBAUD F, et al. 2011. Economic Dynamics of Informal Firms During Growth and Crisis: Evidence from Madagascar, 1995 to 2004[EB/OL]. [2013-08-09]. www.csae.ox.ac.uk/conferences/2011-EDiA/papers/737-Vaillant.pdf.

[53] GUENTHER, ISABEL, LAUNOV A. 2006. Competitive and Segmented Informal Labor Markets [R]. Georg-August-Universitaet Goettingen. Ibero-America Institute for Economic Research Discussion Paper, No. 153.

[54] HARRIS J, TODARO M. 1970. Migration, Unemployment, and Development: A Two Sector Analysis[J]. American Economic Review, 60(1): 126-142.

[55] HART K. 1973. Informal Income Opportunities and Urban Employment in Ghana[J]. Journal of Modern African Studies, 11(1): 61-89.

[56] HECKMAN J, HOTZ V. 1986. An Investigation of the Labor Market Earnings of Panamian Males[J]. Journal of Human Resources, 21(4): 507-542.

[57] HECKMAN, JAMES J, ICHIMURA H, et al. 1998. Characterizing Selection Bias Using Experimental Data[J]. Econometrica, 66(5): 1017-1098.

[58] HOUSE, WILLIAM J. 1984. Nairobi's Informal Sector: Dynamic Entrepreneurs or Surplus Labor? [J]. Economic Development and Cultural Change, 32(2): 277-302.

[59] HUSSMANNS R. 2004. Statistical Definition of Informal Employment: Guidelines Endorsed By the Seventeenth International Conference of Labor Statisticians(2003)[R]. The 7th Meeting of the expert Group on Informal Sector Statistics(Delhi Group), New Delhi.

[60] ILO, WTO. 2009. Globalization and informal jobs in developing countries[M]. Geneva: ILO and WTO.

[61] ILO. 1972. Employment, Income and Equality: A Strategy for Increasing Productive Employment in Kenya[M]. Geneva: ILO.

[62] ILO. 2002. Decent Work and the Informal Economy, Report VI[R]. Geneva: ILO. International Labour Conference, 90 Session.

[63] ILO. 2002. Women and Men in the Informal Economy: A Statistical Picture[M]. Geneva: ILO.

[64] ILO. 2003. Resolution Concerning Statistics of Employment in the Informal Sector [R]. the 15th International Conference of Labour Statisticians, January.

[65] ILO. 2004. Why Neither Formal Nor Informal May be Best for Workers [R]. ILO Socio-Economic Security Program, Geneva.

[66] ILO. 2007. Rolling back Informality[R]. Asian Employment Forum: Growth, Employment and Decent Work, Beijing, People's Republic of China, August 13-15.

[67] ISHENGOMA E K, KAPPEL R. 2006. Economic Growth and Poverty: Does Formalisation of Informal Sector Matters? [R]. German Institute of Global and Area Studies. GIGA Working Papers 20. Hamburg.

[68] JOSHI K, HASAN R, AMORANTO G. 2009. Surveys of Informal Sector Enterprises: Some Measurement Issues [R]. The Special IARIW-SAIM Conference on Measuring the Informal Economy in Developing Countries, Kathmandu, September 23-26.

[69] JUTTING J, PARLEVLIET J, XENOGIANI, et al. 2007. Informal Employment Reloaded[R]. OECD Development Centre Working Paper, No. 266, Paris: OECD.

[70] KAR A, SAVIO G, UN-ESCWA. 2000. Estimation Methods of the Informal Sector: Strengths and Weaknesses[R]. Expert Group Meeting on National Accounts, May 12-14, Cairo.

[71] KEMAL M A. 2007. A Fresh Assessment of the Underground Economy and Tax Evasion in Pakistan: Causes, Consequences, and Linkages with the Formal Economy[R]. PIDE-Working Papers, No. 13, Pakistan Institute of Development Economics.

[72] KIM B. 2003. Informal Economic Activities of Soviet Households: Size and Dynamics[J]. Journal of Comparative Economics, 31(3): 532-551.

[73] KOLLI R. 2007. The Informal Sector in the National Accounts of India[R]. The International Conference on Experiences and Challenges

in Measuring National Income and Wealth in Transition Economies, China, Beijing, September 18-21.

[74] KREMER M, LEE J, ROBINSON J. 2008. The Return to Capital for Small Retailers in Kenya: Evidence from Inventories. Manuscript, Harvard University.

[75] KULSHRESHTHA. 2009. On Measuring Informal Sector: Conceptual and Estimational Issues[R]. the Special IARIW-SAIM Conference on Measuring the Informal Economy in Developing Countries, Kathmandu, September 23-26.

[76] LA PORTA, RAFAEL, SHLEIFER A. 2008. The Unofficial Economy and Economic Development[R]. Tuck School of Business Working Paper, No. 2009-57.

[77] LANJOUW J, LANJOUW P. 2001. The Rural Non-farm Sector: Issues and Evidence From Developing Countries[J]. Agricultural Economics, 26(1): 1-23.

[78] LAUNOV, ANDREY, GÜNTHER, et al. 2006. Competitive and Segmented Informal Labor Markets[R]. Proceedings of the German Development Economics Conference, Berlin, Verein für Socialpolitik, Research Committee Development Economics.

[79] LAZEAR, EDWARD P. 2005. Entrepreneurship[J]. Journal of Labor Economics, 23(1): 649-680.

[80] LEVY, SANTIAGO. 2008. Good Intentions, Bad Outcomes: Social Policy, Informality, and Economic Growth in Mexico[M]. Washington: The Brookings Institution Press.

[81] LEWIS, ARTHUR W. 1954. Economic Development with Unlimited Supplies of Labour[J]. Manchester School, 22(2): 139-191.

[82] LOAYZA N V. 1997. The Economics of the Informal Sector: A Simple Model and Some Empirical Evidence from Latin America[M]. Washington: The World Bank.

[83] LUCAS, ROBERT E, JR. 1978. On the Size Distribution of Business Firms[J]. The Bell Journal of Economics, 9(2): 508-523.

[84] LUCIAN-LIVIU A, BYUNG-YEON K. 2002. Households' Activities in Informal Economy: Size and Behavioural Aspects[J]. Roma-

nian Journal of Economic Forecasting, 3(4): 11-12.

[85] LUCIAN-LIVIU A, NICOLAE M. 2003. Use of Households Survey Data to Estimate the Size of the Informal Economy in Romania[M] // United Nations Economic Commission for Europe (eds). Non-observed Economy in National Accounts: Survey of National Practices. Geneva: United Nations.

[86] LUTTIKHUIZEN, OUDHOF J. 1992. Informal Economy, A Time Use Approach, Guide-book to Statistics on the Hidden Economy [M]. Economic Commission for Europe, Statistical Division. New York: United Nations.

[87] MAGNAC T. 1991. Segmented or Competitive Labor Markets[J]. Econometrica, 59(1): 165-187.

[88] MAITI D, MARJIT S. 2007. Trade Liberalization, Production Organization and Informal Sector of the Developing Countries[J]. Journal of International Trade and Economic Development, 17 (3): 453-461.

[89] MALONEY, WILLIAM F. 1997. Labor market structure in LDCs: Time Series Evidence on Competing Views[G]. World Bank working paper, No. 1940.

[90] MALONEY, WILLIAM F. 1999. Does informality imply segmentation in urban labor markets? Evidence from sectoral transitions in Mexico[J]. The World Bank Economic Review, 13(2): 275-302.

[91] MALONEY, WILLIAM F. 2004. Informality revisited? [J]. World Development, 32(7): 1159-1178.

[92] MARCOUILLER D, DE CASTILLA V R, WOODRUFF C. 1997. Formal Measures of the Informal Sector Wage Gap in Mexico, El Salvador and Peru[J]. Economic Development and Cultural Change, 45: 367-392.

[93] MARCOUILLER D, DE CASTILLA V R, WOODRUFF C. 1997. Formal Measures of the Informal-Sector Wage Gap in Mexico, El Salvador and Peru[J]. Economic Development and Cultural Change, 45 (1): 367-392.

[94] MARJIT S, GHOSH S, BISWAS A. 2007. Informality, Corruption and Trade Reform[J]. European Journal of Political Economy, 23

(3)：777-789.

[95] MARJIT S，KAR S. 2007. The Urban Informal Sector and Poverty：Effect of Trade Reform and Capital Mobility in India[R]. Working Paper No. 2007-09，Poverty and Economic Policy，MPIA，September.

[96] MAZUMDAR D，SARKAR S. 2008. Globalization，Labour Markets and Inequality in India[M]. New York：Routeledge.

[97] MAZUMDAR D. 1976. The Urban Informal Sector[J]. World Development，4(8)：655-679.

[98] MCKENZIE D J，WOODRUFF C. 2006. Do Entry Costs Provide an Empirical Basis for Poverty Traps? Evidence from Mexican Micro-enterprises[J]. Economic Development and Cultural Change，55(1)：3-42.

[99] MILLIN M，COETZEE C. 2007. Informal(Business) Sector Survey for Hibiscus Coast Local Municipality，Pietermaritzburg[R]. KZN：Landmark.

[100] MISATI R N. 2007. The Role of the Informal Sector in Investment in Sub-Saharan Africa[R]. Kenya Institute for Public Policy Research and Analysis(KIPPRA)，Nairobi.

[101] MITRA S. 2009. Informal Sector and Competition：A Comprehensive Agenda for Research and Action[C]. the OECD Global Competition Forum，Paris，February 19-20.

[102] MLINGA R S，WELLS J. 2002. Collaboration Between Informal and Formal Enterprises in the Construction Sector in Tanzania[J]. Habitat International，26：269-280.

[103] MOSER，CAROLINE O N. 1978. Informal sector or petty commodity production：Dualism or dependence in urban development? [J]. World Development，6：1041-1064.

[104] MOSER，CAROLINE O N. 1984. The Informal Sector Reworked：Viability and Vulnerability in Urban Development[J]. Regional Development Dialogue，5(2)：135-178.

[105] NAVARETTI G B，CHECCHI D，TURRINI A. 2003. Adjusting Labour Demand：Multinational vs. National FirmsA Cross-European

Analysis[J]. Journal of the European Economic Association, 1(2): 708-719.

[106] ÑOPO, HUGO, VALENZUELA P. 2007. Becoming an entrepreneur[R]. IZA Discussion Paper Series No. 2716.

[107] OECD, ILO, IMF. 2002. Measuring the Non-observed Economy—A Handbook. Statistical Committee of the CIS, Paris.

[108] OOSTENDORP R H, TRUNG T Q, TUNG N T. 2009. The Changing Role of Non-Farm Household Enterprises in Vietnam[J]. World Development, 37(3): 632-644.

[109] PERRY, GUILLERMO E, et al. 2007. Informality: Exit and Exclusion[M]. Washington D C: The World Bank.

[110] PETERSEN H. 1982. Size of the public sector, economic growth and the informal economy: Development trends in the Federal Republic of Germany[J]. Review of Income and Wealth, 28(2): 191-215.

[111] PIETERS J, MORENO-MONROY A I, Erumban A A. 2010. Formal-Informal Production Linkages and Informal Sector Heterogeneity: Evidence From Indian Manufacturing[EB/OL]. www.iariw.org/papers/2010/poster2Pieters.pdf.

[112] PORTES A, CASTELLS M, BENTON L A. 1989. The Informal Economy: Studies in Advanced and Less Developed Countries[M]. Baltimore: The Johns Hopkins University Press.

[113] PORTES A, CASTELLS M, BENTON L. 1989. The Informal Economy: Studies in Advanced and Less Developed Countries[M]. Baltimore: Johns Hopkins University Press.

[114] PORTES A, SCHAUFFLER R. 1993. Competing Perspectives on the Latin American Informal Sector[J]. Population and Development Review, 19(1): 33-60.

[115] PORTES A. 1994. The Informal Economy and Its Paradoxes[M] // SMELSER N J, SWEDBERG R. (eds). The Handbook of Economic Sociology. Princeton: Princeton University Press.

[116] RANIS, GUSTAV, STEWART F. 1999. V-goods and the Role of the Urban Informal Sector in Development[J]. Economic Develop-

ment and Cultural Change, 47(2): 259-288.

[117] RANIS, GUSTAV. 2006. Is Dualism Worth Revisiting? [M] // Alain de Janvry and Ravi Kanb(eds). Poverty, Inequality and Development: Essays in Honor of Erik Thorbecke. New York: Springer.

[118] RAUCH, JAMES E. 1991. Modelling the informal sector informally [J]. Journal of Development Economics, 35: 33-47.

[119] RAY D. 1998. Development Economics[M]. Princeton: Princeton University Press.

[120] RAZAFINDRAKOTO M, ROUBAUD F. 2006. Governance, Democracy and Poverty Reduction: Lessons Drawn from the 1-2-3 Surveys in Francophone Africa[J]. The African Statistical Journal, 5 (2): 43-82.

[121] RENOOY P H. 1990. The Informal Economy: Meaning, Measurement and Social Significance[M]. Amsterdam: Netherlands Geographical Studies Association.

[122] ROSENZWEIG M. 1988. Labor Markets in Low Income Countries [M] // CHENERY H, SRINIVASAN T N. (eds). Handbook of Development Economics. Amsterdam: North Holland.

[123] ROSSANA GALLI R, KUCERA D. 2003. Informal employment in Latin America: movements over business cycles and the effects of worker rights[R]. International Institute for Labour Studies. Decent Work Research Programme Discussion Paper No. 145, Geneva.

[124] SAAVEDRA, JAIME, CHONG A. 1999. Structural reform, institutions, and earnings: evidence from the formal and informal sectors in urban Peru[J]. The Journal of Development Studies, 35(4): 95-116.

[125] SAAVEDRA, JAIME, TORERO M. 2000. Labor market reforms and their impact on formal labor demand and job market turnover: the case of Peru[R]. Inter-American Development Bank Research Network working paper No. R-394.

[126] SAM O, OLOFIN, ABIODUN O, et al. 2009. Trade Reforms, Informal Sector Activity and Employment[R]. A Research Discussion Paper prepared for the joint WTO-ILO Workshop on Global Trade

and Employment, August 31-September 1, Geneva.

[127] SANGA D. 2008. Informal Sector and Informal Employment Measurement in African Countries, Workshop on Household Surveys and Measurement of Labour Force[R]. Lesotho, Maseru, April 14-18.

[128] SCHÜNDELN M. 2006. Modeling Firm Dynamics to Identify the Cost of Financing Constraints in Ghanaian Manufacturing. Manuscript, Harvard University.

[129] SETHURAMAN S V. 1981. The Urban Informal Sector in Developing Countries: Employment, Poverty and Environment[M]. Geneva: ILO.

[130] STIGLITZ J E. 1976. The Efficiency Wage Hypothesis, surplus Labor, and the Distribution of Labour in LDCs[J]. Oxford Economic Papers, 2: 185-207.

[131] THOMAS J. 1992. Informal Economic Activity, LSE, Handbooks in Economics[M]. London: Harvester Wheatsheaf.

[132] TODARO M P. 1969. A Model of Labor Migration and Urban Unemployment in Less Developed Countries[J]. American Economic Review, 39: 138-148.

[133] TODARO M P. 1994. Economic Development[M]. 5th eds. New York, London: Longman.

[134] TOKMAN V E. 2001. Integrating the Informal Sector into the Modernisation Process[J]. South Africa Institute for Architects Review, 21(1): 45-60.

[135] UDRY C, ANAGOL S. 2006. The Return to Capital in Ghana[J]. American Economic Review, 96(2): 388-393.

[136] ULYSSEA G. 2006. Regulation of Entry, Labor Market Institutions and the Informal Sector[J]. Journal of Development Economics, 41(6): 1-13.

[137] UN-ESCWA. 2008. Measuring Informal Sector and Informal Employment[R]. National Workshop on Informal Employment and Informal Sector Data Collection: Strategy, Tools and Advocacy, April 13-15, Amman.

[138] VENEZUELA, FOX L, et al. 2009. Realizing the Potential of the Labor Force in Africa: Barriers and Opportunities[EB/OL]. [2013-

08-09]. http://www. un. org/News/briefings/docs//2008/080509_Africa. doc. htm.

[139] VERICK S. 2006. The Impact of Globalisation on the Informal Sector in Africa[R]. Working Paper, Economic and Social Policy Division, United Nations Economic Commission for Africa(ECA) and Institute for the Study of Labour(IZA), Washington.

[140] VULETIN G. 2006. What is The Size of The Pie? Measuring the Informal Economy in Latin American and the Caribbean[R]. International Monetary Fund. Forthcoming IMF Working Paper. Washington D C.

[141] World Bank. 2007. Concept of the Informal Sector[EB/OL]. [2013-08-09]. http://www. Inweb18. worldbank. org.

[142] 蔡昉,都阳,高文书. 2004. 就业弹性、自然失业和宏观经济政策[J]. 经济研究(9).

[143] 蔡昉. 2002. 2002 年中国人口与劳动问题报告:城乡就业问题与对策[M]. 北京:社会科学文献出版社.

[144] 蔡昉. 2006. 人口与劳动绿皮书(2006)中国人口与劳动问题报告 No. 7:人口转变的社会经济后果[M]. 北京:社会科学文献出版社.

[145] 蔡昉. 2007. 中国经济面临的转折及其对发展和改革的挑战[J]. 中国社会科学(3).

[146] 曹俊文. 2003. 非正规部门就业统计调查方法的选择[J]. 上海统计(5).

[147] 陈淮. 2001. 发展非正规就业是一项战略选择[J]. 经济纵横(5).

[148] 陈淮. 2001. 非正规就业:战略与政策[J]. 宏观经济研究(2).

[149] 程超泽. 1999. 中国经济隐忧[M]. 北京:外文出版社.

[150] 丁从明,陈仲常. 2010. 经济增长为什么没有带来就业增加[J]. 南方经济(1).

[151] 丁金宏,冷熙亮,宋秀坤,等. 2001. 中国对非正规就业概念的移植与发展[J]. 中国人口科学(6).

[152] 东方社奇. 1999. 非正规部门统计核算初探[J]. 统计与决策(2).

[153] 杜金柱,斯琴. 2002. 敏感性问题调查的几种方法与比较[J]. 中国统计(12).

[154] 方明月,聂辉华,江艇,等. 2010. 中国工业企业就业弹性估计[J]. 世界经济(8).

[155] 傅京燕. 2003. 我国非正规就业发展中存在的问题与对策[J]. 价格月刊(2).

[156] 高玲芬,孙淑芬. 1998. 非正规部门的经验测算方法统计研究[J]. 统计研究(5).

[157] 高铁梅. 2006. 计量经济分析方法与建模:EVIEWS 应用及实例[M]. 北京:清华大学出版社.

[158] 耿强. 2010. 中国宏观经济波动中的外部冲击效应研究——基于金融加速器理论的动态一般均衡数值模拟分析[J]. 经济评论(5).

[159] 国家统计局. 2003. 中国国民经济核算体系(2002)[M]. 北京:中国统计出版社.

[160] 国家统计局. 2006. 中国经济普查年鉴(2004)[M]. 北京:中国统计出版社.

[161] 胡鞍钢,杨韵新. 2001. 非正规就业:未来就业的发展趋势[J]. 中国社会保障(6).

[162] 胡鞍钢,杨韵新. 2001. 就业模式转变:从正规化到非正规化——我国城镇非正规就业状况分析[J]. 管理世界(2).

[163] 胡鞍钢,赵黎. 2006. 我国转型期城镇非正规就业与非正规经济:1990—2004[J]. 清华大学学报:哲学社会科学版,21(3).

[164] 胡凤霞,姚先国. 2011. 城镇居民非正规就业选择与劳动力市场分割——一个面板数据的实证[J]. 浙江大学学报:人文社会科学版,41(2).

[165] 黄桂田. 2010. 供给冲击、需求冲击与经济周期效应——基于中国数据的实证分析[J]. 金融研究(6).

[166] 黄乾,原新. 2002. 非正规部门就业:效应与对策[J]. 财经问题研究(4).

[167] 黄宗智. 2009. 中国被忽视的非正规经济:现实与理论[J]. 开放时代(2).

[168] 简新华,余江. 2007. 基于冗员的中国就业弹性估计[J]. 经济研究(6).

[169] 蒋萍. 2005. 也谈非正规就业[J]. 统计研究(6).

[170] 蒋萍. 2006. 非法生产与 GDP[J]. 经济科学(6).

[171] 金一虹. 2006. 女性非正规就业:现状与对策[J]. 河海大学学报:哲学社会科学版(1).

[172] 劳动和社会保障部规划财务司. 2001. 十城市下岗职工、失业人员、离

退休人员基本情况抽样调查报告.

[173] 冷熙亮,丁金宏.2000.城市非正规就业发展及其问题——以上海为例的探讨[J].社会(11).

[174] 冷熙亮.2001.国外非正规就业动态及其理论发展[J].南京社会科学(5).

[175] 李金昌,徐蔼婷.2005.未被观测经济估算方法新探[J].统计研究(11).

[176] 李金昌,徐蔼婷.2007.中国货币供应与产出关系的再检验[J].财贸经济(2).

[177] 李培林.2009.当前我国就业形势的特点和变化[J].社会科学研究(2).

[178] 李强,唐壮.2002.城市农民工与城市中的非正规就业[J].社会学研究(6).

[179] 刘丹丹,马长琳.2005.非正规部门的调查及测算方法探讨[J].统计与信息论坛(4).

[180] 刘洪,程庆生.2004.非正规经济的国际比较及对我国的借鉴[J].统计研究(7).

[181] 刘精明.2006.劳动力市场结构变迁与人力资本收益[J].社会学研究(6).

[182] 卢二坡.2008.转型期中国经济短期波动对长期增长影响的实证研究[J].管理世界(12).

[183] 陆梦龙.2007.经济演进与就业弹性测算[J].经济与管理(11).

[184] 聂辉华,谭松涛,王宇锋.2008.创新、企业规模和市场竞争——基于中国企业层面面板数据的分析[J].世界经济(7).

[185] 邱东,杨仲山.2004.当代国民经济统计学主流[M].大连:东北财经大学出版社.

[186] 时立荣,马方.2003.全球化与非正规就业政策[J].东北师大学报:哲学社会科学版(1).

[187] 宋晓梧.2001.中国社会保障制度改革[M].北京:清华大学出版社.

[188] 田大洲.2009.我国个体经济就业的实证研究[J].统计教育(8).

[189] 万向东.2008.农民工非正式就业的进入条件和效果[J].管理世界(8).

[190] 万向东.2009.农民工非正式就业研究的回顾与展望[J].中山大学学报:社会科学版(1).

[191] 王晓明. 2010. 银行信贷与资产价格的顺周期关系研究[J]. 金融研究(3).

[192] 王志凯，钟昌彪. 2005. 流动人口管理和非正规就业研究，中国经济改革研究基金会社会招标项目报告[R].

[193] 吴润生，左颖. 2001. 关于中国开展非正规部门核算的几个问题[J]. 统计研究(5).

[194] 吴龙宝，李宏. 2004. 个体经济发展对现金流通的影响[J]. 金融理论与实践(4).

[195] 吴要武. 2009. 非正规就业者的未来[J]. 经济研究(7).

[196] 谢攀. 2010. 劳动报酬、经济周期与二元劳动力市场——基于周期性反应函数的估计[J]. 数量经济技术经济研究(9).

[197] 徐蔼婷，李金昌. 2010. 中国货币流通速度及变化规律：一个新的视角[J]. 财贸经济(10).

[198] 徐蔼婷，李金昌. 2012. 非正规部门角色定位与发展机理：基于机构部门的考察[J]. 统计研究(6).

[199] 徐蔼婷，刘波，李金昌. 2012. 居民收入分配如何影响非正规经济规模——基于城镇中等收入阶层收入份额的考察[J]. 经济学家(4).

[200] 徐蔼婷. 2006. 未被观测经济估算方法新论——以浙江省数据为例[J]. 浙江社会科学(3).

[201] 徐蔼婷. 2007. 中国未被观测经济规模——基于 MIMIC 模型和经济普查数据的新发现[J]. 统计研究(9).

[202] 徐蔼婷. 2008. 非正规部门生产规模的估算：劳动力投入分析法[J]. 经济学家(6).

[203] 徐蔼婷. 2008. 未被观测经济规模估算：收支差异法的适用性与创新性研究[J]. 统计研究(12).

[204] 徐蔼婷. 2009. 未被观测经济估算方法与应用研究[M]. 北京：中国统计出版社.

[205] 徐蔼婷. 2009. 月度工业生产发展速度指标解读：差异比较与经验启示——以 OECD 国家为例[J]. 统计研究(9).

[206] 徐蔼婷. 2011. 基于 SNA 生产观的生产负担不均等测度与分解[J]. 统计研究(4).

[207] 徐林清. 2008. 劳动力市场分割对农村劳动供给行为的影响分析[J]. 经济体制改革(3).

[208] 许宪春.1999.联合国新SNA需要进一步发展和完善[J].统计与信息论坛(3).

[209] 叶世芳.2001.如何开展对非正规部门的统计[J].统计研究(3).

[210] 殷剑峰.2010.二十一世纪中国经济周期平稳化现象研究[J].中国社会科学(4).

[211] 尹晓颖,闻小培,薛德升.2007.国外非正规部门相关概念辨析及启示[J].世界经济地理(1).

[212] 尹晓颖,闫小培,薛德升.2010.国内外对非正规部门的政策[J].城市问题(8).

[213] 尹宗成.2010.通货膨胀与宏观经济波动相关性研究——宏观经济波动的测度[J].价格理论与实践(10).

[214] 张车伟,蔡昉.2002.就业弹性的变化趋势研究[J].中国工业经济(5).

[215] 张成思.2010.随机波动与经济周期平稳化研究[J].财贸经济(1).

[216] 张华初.2002.非正规就业:发展现状与政策措施[J].管理世界(11).

[217] 张兴华.2002.非正规部门与城乡就业矛盾的缓解[J].中国农村经济(3).

[218] 张彦.2009.对上海市人口非正规就业规模的估算与分析[J].中国人口科学(3).

[219] 张彦.2010.非正规就业:概念辨析及价值考量[J].南京社会科学(4).

[220] 张彦.2010.社会转型期城市非正规就业政策调整和制度创新研究[J].科学发展(1).

[221] [美] 艾德加·L. 法伊格.1991.地下经济学[M].上海:上海三联书店.

[222] [秘鲁] 赫尔南多·德·索托.2007.另一条道路[M].于海生,译.北京:华夏出版社.

[223] [印度] 国家公共财政及政策研究所.1995.黑色经济活动分析[M].黄兵,等,译.北京:经济管理出版社.